丛书编委会

主　任　黄汉升
副主任　朱锦懋　苏　明　胡志刚
编　委（按姓氏笔画顺序排列）
　　　　　马　达　叶雪梅　许益秀　刘恭祥　陈清华　宋鲁闽
　　　　　林富明　林　钦　林　赟　胡志刚　俞如旺　黄宇星
　　　　　黄培蓉　虞永飞

教师教育专业课堂教学技能训练系列教材
2007福建师范大学重点教学改革与创新项目

【第二版】
美术微格教学

○ 黄培蓉 编著

厦门大学出版社 国家一级出版社
XIAMEN UNIVERSITY PRESS 全国百佳图书出版单位

内容提要

  本书以心理学、教育学和美术课程与教学论的理论知识为基础,紧密结合我国中小学美术课堂教学的实际情况,在参考了有关微格教学以及美术课堂教学技能研究资料的基础上,根据美术学科教学的特点,对微格教学的概念、特点和实施步骤及评价方案做了详细的阐述;对每个美术课堂教学技能的概念与作用、类型与构成要素、应用与评价作了可操作性的论述和讲解。全书力求以服务美术新教师教学为出发点,提倡"新课程"、"新理念"、"新方法",对各个技能进行了全方位的介绍,突出实践性和可操作性,以帮助读者掌握课堂教学的各项教学技能,提高教师教学的实际应用能力。书中课例的运用力图结合当前基础美术教育新课程改革的现状,采用了中小学美术新课程改革的一些典型课例作为本书编写的案例。

  本书可作为高等师范院校美术教育专业和各级教育学院的微格教学培训教材或参考书,也可作为中学美术教师的继续教育用书和教学参考书。

总　序

　　微格教学在20世纪80年代引入我国，作为训练师范生教学技能的有效方式，目前已广泛应用于高师院校的教师教育专业课程。实践表明，微格教学有助于克服传统的教育类课程偏重理论灌输的局限，使教学理论的学习与操作技能的锻炼得到有机的统一，学生的教育教学实践能力明显提高。十几年来，福建师范大学各学院陆续开展微格教学，取得了一定成绩。在此基础上，今年正式将微格教学纳入"福建师范大学2007本科人才培养方案"，在各学院设置以微格教学为基本方式的必修课程——"课堂教学技能"。我们相信，教师教育专业课程体系的改革必将为微格教学质量的提高创造更好的条件。

　　众所周知，微格教学需要一定的硬件设施。福建师范大学经过十几年的努力，微格教学的基础建设已具一定规模。但是，包括教材在内的课程体系建设也是十分重要的，甚至更加重要。为学习兄弟院校的宝贵经验，学校组织13个学院的学科教学教研室主任分批到北京师范大学、首都师范大学、北京教育学院和陕西师范大学等参观考察。教育科学技术学院和各专业学院的有关教师共同申报了"福建师范大学教师教育专业'微格教学'课程建设"课题，并纳入"2007年福建师范大学重点教学改革与创新项目"。课题组在梳理、总结历年微格教学经验的基础上，制定了各学院教师教育专业"课堂教学技能"课程标准，并编写了这套"教师教育专业微格教学技能训练系列教材"。

　　这套系列教材的编写者大都是教师教育专业本科教学的一线教师，编写者有较厚实的教育理论修养，又有丰富的教学技能训练

经验,因此,教材既有精要的理论阐述,又有透辟的实例剖析,理论与实践相结合,易于操作,实用性强。教材还依据我国基础教育课程改革对教师的新要求,拓展了教学技能的外延,增加了说课技能、评课技能、调控技能、多媒体教学技能、教学设计技能等内容,既注意到教学技能的共同规范,又切合基础教育各学科课程的特点。

  编写这套教材的初衷是吸收近年来国内外教师教育的研究成果,融入本科教学,使之成为引玉之砖,对我国的教师教育专业"课堂教学技能"类课程的教学有所帮助,对教师教育课程建设的科学化有所借鉴。

  当然,在多学科的系列教材中,求得统一体例与学科特点之间的平衡并不是容易的事情,这套教材有些疏失在所难免。但做任何事情,行动是最重要的,只有行动起来,才能在实践中得到检验,在过程中不断完善。

教师教育专业课堂教学技能训练系列教材编写委员会
2007 年 10 月 10 日

目 录

第一章 微格教学理论与实践 …………………………………………… 1

第一节 微格教学概述 …………………………………………… 1
一、什么是微格教学 …………………………………………… 1
二、微格教学的产生和发展 …………………………………… 2
三、微格教学的理论依据 ……………………………………… 5
四、微格教学的基本特点 ……………………………………… 7
五、微格教学的作用 …………………………………………… 9

第二节 微格教学的开展模式 …………………………………… 10
一、斯坦福大学及芝加哥大学模式(美国) …………………… 10
二、悉尼大学模式(澳大利亚) ………………………………… 12
三、新乌斯特大学及斯特灵大学模式(英国) ………………… 14
四、对各国微格教学模式的分析 ……………………………… 17
五、我国的微格教研模式 ……………………………………… 19

第三节 微格教学设计与教案编写 ……………………………… 20
一、微格教学的教学设计 ……………………………………… 20
二、微格教学教案的编写 ……………………………………… 21

第四节 微格教学过程的组织实施 ……………………………… 22
一、理论学习和辅导 …………………………………………… 22
二、教学技能分析 ……………………………………………… 23
三、组织示范观摩 ……………………………………………… 23
四、指导备课 …………………………………………………… 24
五、角色扮演 …………………………………………………… 24
六、反馈评议 …………………………………………………… 25
七、修改教案,反复训练 ……………………………………… 26

第五节 微格教学技能的评价与反馈 …………………………… 26

  一、微格教学评价的意义和作用 …………………………………… 27
  二、评价指标体系的建立 …………………………………………… 29
  三、微格教学评价的实施 …………………………………………… 30
  四、微格教学中的反馈 ……………………………………………… 35
  思考与练习 …………………………………………………………… 36

第二章 微格教室的组成与使用 …………………………………………… 37
 第一节 微格教室的组成 …………………………………………… 37
  一、微格教室的特点 ………………………………………………… 37
  二、微格教室的设计 ………………………………………………… 38
  三、微格教室常用设备 ……………………………………………… 39
 第二节 福建师大微格教室的使用 ……………………………………… 40
  一、微格教室系统构成 ……………………………………………… 40
  二、微格教学系统整体功能设计 …………………………………… 44
  三、微格教室设备使用 ……………………………………………… 45
  四、微格教学过程的控制 …………………………………………… 47
  五、微格教学技能评价软件使用 …………………………………… 55
  思考与练习 …………………………………………………………… 58

第三章 美术教学语言技能 ………………………………………………… 59
 第一节 教学语言技能概述 ………………………………………… 59
 第二节 教学语言的作用 …………………………………………… 60
  一、传递知识信息 …………………………………………………… 60
  二、组织课堂教学 …………………………………………………… 61
  三、启发学生学习 …………………………………………………… 62
  四、发挥示范作用 …………………………………………………… 65
  五、实现情感交流 …………………………………………………… 65
 第三节 教学语言技能的构成要素 ……………………………………… 66
  一、基本语言技能 …………………………………………………… 66
  二、特殊语言技能 …………………………………………………… 68
 第四节 美术课堂教学语言的类型 ……………………………………… 74
  一、一般教学语言与美术专业语言 ………………………………… 75
  二、口头表达语言、书面语言和体态语言 ………………………… 76
 第五节 教学语言技能的应用 …………………………………………… 77
  一、运用教学语言技能的技巧 ……………………………………… 77

　　二、如何提高教学语言技能 ……………………………………… 80
　　三、在运用美术教学语言技能时应注意的几个问题 …………… 80
　第六节　教学语言技能评价单 ……………………………………… 84
　　思考与练习 …………………………………………………………… 85

第四章　美术教学体态语言技能 …………………………………… 86
　第一节　体态语言技能概述 ………………………………………… 86
　　一、什么是体态语言 ………………………………………………… 86
　　二、体态语言的特点 ………………………………………………… 86
　第二节　体态语言在教学中的作用 ………………………………… 87
　　一、能替代有声语言 ………………………………………………… 87
　　二、能辅助有声语言,增强有声语言的表达效果 ………………… 87
　　三、能扩大教师教学信息的传递量,增加学生对有用信息的
　　　　接受量 …………………………………………………………… 88
　　四、能真实地反映教师的气质和人格,强化教师的角色意识,
　　　　增加教师对自身的约束力 ……………………………………… 88
　第三节　体态语言的分类 …………………………………………… 88
　　一、视—动符号系统 ………………………………………………… 88
　　二、时空组织系统 …………………………………………………… 89
　　三、目光接触系统 …………………………………………………… 89
　　四、辅助言语系统 …………………………………………………… 89
　第四节　体态语言技能的应用 ……………………………………… 90
　　一、眼神变化 ………………………………………………………… 90
　　二、表情变化 ………………………………………………………… 93
　　三、手势变化 ………………………………………………………… 96
　　四、体态变化 ………………………………………………………… 99
　第五节　教态变化技能评价单 ……………………………………… 103
　　思考与练习 …………………………………………………………… 104

第五章　美术教学组织技能 ………………………………………… 105
　第一节　美术教学组织技能概述 …………………………………… 105
　第二节　组织课堂教学的作用 ……………………………………… 105
　　一、组织和维持学生的注意 ………………………………………… 105
　　二、引起学生的兴趣和动机 ………………………………………… 106
　　三、加强学生的自信心和进取心 …………………………………… 106

　　四、帮助学生建立良好的行为标准 …………………………………… 106
　　五、创造良好的课堂气氛 ……………………………………………… 106
　第三节　组织技能的构成要素 …………………………………………… 107
　　一、提出要求 …………………………………………………………… 107
　　二、安排程序 …………………………………………………………… 107
　　三、指导和引导 ………………………………………………………… 108
　　四、鼓励与纠正 ………………………………………………………… 108
　　五、总结 ………………………………………………………………… 108
　第四节　组织技能的类型 ………………………………………………… 108
　　一、管理性组织 ………………………………………………………… 108
　　二、指导性组织 ………………………………………………………… 109
　　三、组织学生自学 ……………………………………………………… 110
　第五节　课堂组织管理技能的应用 ……………………………………… 111
　　一、注意组织课堂教学的方式与时机 ………………………………… 111
　　二、注意身教与示范 …………………………………………………… 111
　　三、注意严格要求与耐心说服 ………………………………………… 112
　　四、注意面向全体学生 ………………………………………………… 112
　第六节　组织技能评价单 ………………………………………………… 113
　　思考与练习 ……………………………………………………………… 113

第六章　美术教学设计技能 ………………………………………………… 114
　第一节　美术教学设计技能概述 ………………………………………… 114
　　一、什么是教学设计 …………………………………………………… 114
　　二、什么是美术教学设计技能 ………………………………………… 114
　第二节　美术教学设计技能的作用 ……………………………………… 115
　　一、促进教学的系统化与科学化 ……………………………………… 115
　　二、促进教学理论与实践的结合 ……………………………………… 115
　　三、促进教师素质与能力的提高 ……………………………………… 115
　　四、促进师生关系的建立 ……………………………………………… 115
　第三节　美术教学设计的基本要素 ……………………………………… 115
　　一、教学对象 …………………………………………………………… 115
　　二、教学目标 …………………………………………………………… 116
　　三、教学策略 …………………………………………………………… 116
　　四、教学评价 …………………………………………………………… 116

　　五、教学设计模式的构成 …………………………………………… 116
　第四节　美术教学设计前期的分析 …………………………………… 122
　　一、学习需要的分析 ……………………………………………… 122
　　二、学习内容分析 ………………………………………………… 123
　　三、学习者分析 …………………………………………………… 126
　　四、美术课堂教学环境分析 ……………………………………… 130
　第五节　美术教学前期的设计技能 …………………………………… 131
　　一、美术教学目标的设计 ………………………………………… 131
　　二、美术教材的设计 ……………………………………………… 136
　第六节　美术教学策略的设计技能 …………………………………… 141
　　一、教学方法的分类 ……………………………………………… 141
　　二、美术新课程提倡的三种学习方式 …………………………… 142
　　三、美术教学中特殊的学习方法 ………………………………… 143
　　四、教学方法选择的依据 ………………………………………… 144
　第七节　教学过程的设计 ……………………………………………… 148
　　一、学生学习过程的表述 ………………………………………… 148
　　二、教学过程设计的原则 ………………………………………… 150
　　三、教学过程流程图的编制 ……………………………………… 151
　　四、教学媒体的设计 ……………………………………………… 151
　　五、教学评价的设计 ……………………………………………… 154
　第八节　教学设计技能评价单 ………………………………………… 166
　　思考与练习 ………………………………………………………… 167

第七章　美术教学导入技能 …………………………………………… 168
　第一节　导入技能概述 ………………………………………………… 168
　第二节　课堂教学导入艺术的作用 …………………………………… 168
　　一、提示学生有意注意，进入学习准备状态 …………………… 169
　　二、明确教学目标任务，形成学生学习期待 …………………… 169
　　三、引起美术学习兴趣，激发学生求知欲望 …………………… 169
　　四、点燃学生的思维火花，增强独立思考能力 ………………… 169
　　五、创设愉悦的教学氛围，形成积极的学习心态 ……………… 170
　第三节　导入的类型与设计 …………………………………………… 170
　　一、语言类导入法 ………………………………………………… 170
　　二、游戏类导入法 ………………………………………………… 173

三、展示类导入法 …………………………………… 174
四、演示类导入法 …………………………………… 175
五、实验类导入法 …………………………………… 176
六、问题类导入法 …………………………………… 177
七、表演类导入法 …………………………………… 179
八、跨科渐入法 ……………………………………… 180
九、应时类导入法 …………………………………… 181

第四节 导入技能的应用 …………………………………… 181
一、导入的目的性和针对性要强 …………………… 181
二、导入要简洁 ……………………………………… 181
三、导入要有启发性和关联性 ……………………… 182
四、导入要有趣味性 ………………………………… 182
五、导入要有艺术性 ………………………………… 182
六、导入要有多样性 ………………………………… 182

第五节 导入技能评价单 …………………………………… 183
思考与练习 …………………………………………… 183

第八章 美术教学提问技能 …………………………………… 184

第一节 提问技能概述 ……………………………………… 184
第二节 课堂教学提问艺术的作用 ………………………… 185
一、激发兴趣,集中注意 ……………………………… 185
二、启发思维,调控课堂 ……………………………… 185
三、沟通情感,获取反馈 ……………………………… 186
四、促进新旧知识联系 ……………………………… 186
五、培养口头表达能力 ……………………………… 187

第三节 提问技能的构成要素 ……………………………… 187
一、提问框架 ………………………………………… 187
二、语言措辞 ………………………………………… 187
三、分配和指导 ……………………………………… 188
四、停顿和语速 ……………………………………… 188
五、反应与探询 ……………………………………… 189

第四节 提问的类型 ………………………………………… 190
一、回忆性提问 ……………………………………… 190
二、感知性和理解性提问 …………………………… 192

三、分析性提问 …… 194
四、综合性提问 …… 195
五、评价性提问 …… 196

第五节 运用提问技能的原则和策略 …… 197
一、提问的原则 …… 197
二、提问的策略 …… 198

第六节 提问技能的应用 …… 200
一、运用提问技能的方法与技巧 …… 200
二、运用提问技能的注意事项 …… 203

第七节 提问技能评价单 …… 205
思考与练习 …… 205

第九章 美术教学板书、板画技能 …… 207

第一节 板书、板画技能概述 …… 207

第二节 板书、板画的作用 …… 208
一、板书的作用 …… 208
二、板画的作用 …… 210

第三节 板书、板画技能的构成要素 …… 211
一、书写和绘图 …… 211
二、内容的编排 …… 211
三、版面的布局 …… 211
四、时间的掌握 …… 212

第四节 板书、板画技能的类型 …… 212
一、具有版式设计意味的板书、板画 …… 212
二、一般板书形式 …… 214

第五节 板书、板画技能的应用 …… 216
一、板书、板画设计的方法 …… 216
二、运用板书技能的原则 …… 218

第六节 板书技能评价单 …… 220
思考与练习 …… 220

第十章 美术教学讲解技能 …… 221

第一节 讲解技能概述 …… 221

第二节 讲解技能的作用 …… 222
一、有利于突破教学难点及突出教学重点 …… 222

二、有利于提高课堂效率 …………………………………… 222
三、有利于提高学生的学习兴趣 ………………………………… 222
四、有利于培养学生的学习能力 ………………………………… 223
五、有利于对学生进行思想教育 ………………………………… 223

第三节　讲解技能的构成要素 ………………………………… 223
一、建立讲解的结构框架 ………………………………………… 223
二、突出重点 ……………………………………………………… 227
三、突破难点 ……………………………………………………… 228
四、语言表达 ……………………………………………………… 228
五、使用例证 ……………………………………………………… 230
六、反馈与调整 …………………………………………………… 233
七、情感控制 ……………………………………………………… 234

第四节　讲解技能的类型 ……………………………………… 234
一、描述、叙述性讲解 …………………………………………… 234
二、说明、解释性讲解 …………………………………………… 235

第五节　讲解技能的应用 ……………………………………… 241
一、充分准备 ……………………………………………………… 241
二、了解学生 ……………………………………………………… 242
三、组织有序 ……………………………………………………… 242
四、讲解精练及与其他教学技能相结合 ………………………… 242
五、注意反馈和控制 ……………………………………………… 243

第六节　讲解技能评价单 ……………………………………… 243
思考与练习 ………………………………………………………… 244

第十一章　美术教学演示技能 ………………………………… 245

第一节　演示技能概述 ………………………………………… 245
第二节　演示技能的作用 ……………………………………… 245
一、增强感性认识，形成正确的表象 …………………………… 245
二、培养学生的美术操作技能 …………………………………… 247
三、培养学生的观察力、想象力和审美感受力 ………………… 247
四、有利于突破教学难点 ………………………………………… 248
五、提高学生的学习兴趣 ………………………………………… 254
六、增强记忆 ……………………………………………………… 255

第三节　演示技能的构成要素 ………………………………… 255

目 录

    一、演示媒体的选择 ………………………………………… 255
    二、演示媒体的优化 ………………………………………… 258
    三、演示的程序安排 ………………………………………… 258
    四、演示的操作控制 ………………………………………… 260
    五、组织引导 ……………………………………………… 260
  第四节 演示技能的类型 ……………………………………… 261
    一、范画、范例的演示 …………………………………… 261
    二、模像演示 ……………………………………………… 262
    三、实验演示 ……………………………………………… 263
    四、电化教学演示 ………………………………………… 263
  第五节 演示技能的应用 ……………………………………… 281
    一、目标性原则 …………………………………………… 281
    二、直观性原则 …………………………………………… 282
    三、科学性原则 …………………………………………… 282
    四、参与性原则 …………………………………………… 282
    五、安全性原则 …………………………………………… 282
  第六节 演示技能评价单 ……………………………………… 282
  思考与练习 …………………………………………………… 283

第十二章 美术教学强化技能 …………………………………… 284
  第一节 强化技能概述 ………………………………………… 284
  第二节 强化技能的作用 ……………………………………… 285
    一、在课堂组织方面 ……………………………………… 285
    二、在学生学习方面 ……………………………………… 286
    三、在情感培养方面 ……………………………………… 286
    四、在课堂教学方面 ……………………………………… 287
  第三节 强化技能的类型 ……………………………………… 288
    一、语言强化 ……………………………………………… 288
    二、动作强化 ……………………………………………… 290
    三、标志强化 ……………………………………………… 292
    四、活动强化 ……………………………………………… 293
  第四节 强化技能的应用 ……………………………………… 294
    一、应用强化技能的技巧 ………………………………… 294
    二、运用强化技能的原则 ………………………………… 298

第五节　强化技能评价单 300
  思考与练习 301

第十三章　美术教学结束技能 302
第一节　结束技能概述 302
第二节　结束技能的作用 303
  一、整理作用 303
  二、审美作用 303
  三、评价作用 303
  四、检测作用 303
  五、创作作用 304
第三节　结束技能的构成要素 304
  一、给出信号 304
  二、提示要点 304
  三、检验学习结果 305
  四、应用巩固 305
  五、拓展延伸 305
第四节　结束技能的类型 305
  一、总结归纳式 306
  二、分析比较式 307
  三、巩固练习式 308
  四、展开活动式 309
  五、拓展延伸式 309
第五节　结束技能的应用 310
  一、应用结束技能的基本要求 310
  二、应用结束技能应该避免的几个问题 311
  三、应用结束技能的原则 312
第六节　结束技能评价单 314
  思考与练习 314

第十四章　美术教学说课与评课技能 316
第一节　说课技能 316
  一、说课技能概述 316
  二、说课技能的作用 317
  三、说课与备课、上课的关系 318

目 录

  四、说课技能的内容 ………………………………………… 319
  五、说课技能的应用 ………………………………………… 325
  六、说课技能评价单 ………………………………………… 332
 第二节 评课技能 ……………………………………………… 333
  一、评课技能概述 …………………………………………… 333
  二、评课技能的作用 ………………………………………… 333
  三、评课的内容 ……………………………………………… 334
  四、评课技能的应用 ………………………………………… 338
  五、评课技能评价单 ………………………………………… 341
  思考与练习 …………………………………………………… 341

参考文献 ………………………………………………………… 343
后 记 ………………………………………………………… 345

第一章 微格教学理论与实践

第一节 微格教学概述

一、什么是微格教学

微格教学来自英文 Microteaching,可译为"微型教学"、"微观教学"、"小型教学"等,国内称之为"微格教学",是一种利用现代教学技术手段来培训教师教学技能的教学方法。通常,让参加培训的学员(师范生或在职教师)分成若干小组,在导师的理论指导下,对一小组学生进行 10 分钟左右的"微格教学",并当场将实况摄录下来。然后在指导教师引导下,组织小组成员一起反复观看录制成的视听材料,同时进行讨论和评议,最后由导师进行小结。让所有学员轮流进行多次微格教学训练,使他们的教学技能、技巧有所提高,提高教师的整体素质。

微型教学的创始人,美国斯坦福大学爱伦(Dwght W. Allen)教授将它定义为:"它是一种缩小了的可控制的教学环境,使准备成为或已经是教师的人有可能集中掌握某一特定的教学技能和教学内容。"其实,微格教学是一种通过"讲课→观摩→分析→评价"的方法,借助音视频记录装置和实验室的教学练习,对需要掌握的知识、技能进行选择性的模拟,使师范生及在职教师的各种教学行为的训练可被观察、分析和评价。

结合我国实际,可定义为:"微格教学是一个有目的、有控制的实践系统。它使师范生和教师能集中解决某一特定的教学行为,或在有控制的条件下进行学习。它是建立在教育教学理论、视听理论和教学技术基础上,系统训练教师教学技能的方法。"①

二、微格教学的产生和发展

（一）微格教学的产生

第二次世界大战后,直到20世纪50年代中期,美国的教育状况没有多大改观。1957年10月苏联第一颗人造地球卫星上天,引起美国朝野和教育界的极大震惊。于是,美国从20世纪50年代末开始,开展了较大规模的教育改革运动,其主要目标是为了改变教育状况,使美国的教育水平与现代科学技术的发展相适应。改革涉及教育思想、教育结构、教育评价、教师培训、教学管理以及课程现代化等方面。作为培训教师手段的微格教学,伴随着现代科学技术的应用,在美国教育改革浪潮中应运而生。

作为教育改革的一部分,美国大学的教育学院对师范生的培训方法进行改革。斯坦福大学的爱伦和他的同事认为,师资培训的科学化、现代化是师范教育改革的主要任务之一。多年来,师范生在毕业前都要进行教育实习,要像教师一样到课堂上去授课,再由指导教师提出指导意见。爱伦教授和他的同事发现在师范生的"角色扮演"(相当于我国的实习试讲)过程中存在许多问题,主要有:(1)初登讲台的实习生很难适应正式的教学环境;(2)每个实习生试讲时间太长,指导教师很难自始至终地认真听讲、记录和评估;(3)给实习生评价意见多属印象性的,较笼统,实习生难以操作和改正,一般也没有机会立即改正;(4)试讲学生对自己的教学没有直观感受,难以进行客观的自我评估。

爱伦和同事经过多次反复试验,由师范生自己选择教学内容,缩短教学时间,并用摄像机记录教学过程,以便课后对整个过程进行更细致的观察和研究。1963年,斯坦福大学爱伦教授第一个将手提式摄像机带入课堂,应用于师资培训,创立了微格教学。

（二）微格教学的发展

微格教学出现后,迅速在美国各地得到推广、应用和研究。20世纪60年代末传入英国、德国等欧洲各国,20世纪70年代又传入日本、澳大利亚、新加坡等国家和我国的香港地区,20世纪80年代开始传入中国内地、印度、泰国、印尼以及非洲的一些国家。

在英国,微格教学得到了教师们的支持,该课程的每个部分都引起了教师的广泛兴趣。微格教学课程通常被安排在第四学年,学生在教育实习前先学

---

① 孟宪恺:《微格教学基本教程》,师范大学出版社1992年版,第1页。

第一章 微格教学理论与实践

习"微格教学概论"、"课堂交流技巧"的理论和实践及"课堂交流与相互作用分析"。微格教学课程共安排42周,每周5学时,共计210学时,师范生接受了微格教学训练后,再到各中学进行教育实习。20世纪70年代初,澳大利亚悉尼大学教育学院注意到微格教学对师范教育和在职教师进修的促进作用,在初步实践的基础上,由国家投资进行了微格教学课程的开发项目,并编写出版了一套(共五册)《悉尼微格教学技能》教材,在国内外引起了强烈反响,并得到广泛推广。经进一步应用实践,悉尼大学微格教学项目小组又将第一、二分册重新编写,并于1983年出版。教材中的培训技能包括强化技能、基本提问技能、变化技能、讲解技能、导入和结束技能及高层次提问技能,对以上六项技能还配以完整的录像示范资料,使微格教学培训课程更加生动、有效。

微格教学在发展过程中,吸收了许多新的教育思想和方法,使之不断系统化并日趋完善。譬如,美国著名教育心理学家布鲁姆的"教育目标分类"和"掌握学习"理论,加涅的"学习的条件"、"学习的分类"等学习与教学的著名原理,均为微格教学中教学目标的制定、教学技能的划分、教学设计的思想方法提供了理论基础和依据。弗朗德的"师生相互作用分析"为分析教师教学和学生学习行为提供了记录范畴和分析方法。录像机、电子计算机等教育新媒体的运用,为行为的记录和分析创造了更为理想的条件。目前,许多国家不仅已将微格教学列为师资培训的必修课程,而且还应用于其他教育类别的技能训练中,如职业技术教育、特殊教育、医学、军事、体育、戏剧、舞蹈等,并获得了良好的效果。

(三)我国微格教学的发展

20世纪80年代,微格教学开始传入我国,北京教育学院80年代中期首次从英国引进了微格教学。从此,微格教学开始在全国各地推广开来。

1.微格教学培训的开展

自1983年起,北京教育学院受国家教委师范司的委托,举办了两期外国专家微格教学讲习班、五期国内微格教学讲习班,培养了一批我国开展微格教学的实践和研究人才。1986年原上海教育学院开始运用微格教学,开展在职教师的教育培训,取得了很好的效果。按照国家教育委员会师范教育司的意见和要求,1989年三四月间,在北京教育学院举办了两期"微格教学研讨班",全国有70多所教育学院的教师参加了学习和研讨。

1991年6月至7月,受国家教育委员会外资贷款办公室委托,在北京举办了"世界银行贷款项目院校教师教育与微格教学讲习班",聘请了澳大利亚悉尼大学教育学院的克利夫·特尼(Cliff Turney)和肯·阿尔提斯(Ken Eltis)两位教授任主讲教师。两位专家介绍了师范教育中微格教学课程的地位、微格教学的基本教学技能分析及实施。1992年1月,同样性质的讲习班在原北京师范学院举办,聘请了英国诺丁汉大学的乔治·布朗和帕丁顿夫妇三位专家来为我国的高师教育工作者介绍微格教学课程在师范教育中的应用,促进了微格教学在国内高等师范教育中的发展。

1992年2月,全国性的教学研究组织——"世界银行贷款中学教师培训项目"微格教学协作组在海南教育学院正式成立,协作组挂靠在北京教育学院下,并定期出版《微格教学研究》专刊。1992年12月,由北京教育学院和四川教育学院联合举办的全国首期微格教学高级研讨班在成都举办,会议讨论了微格教学的理论和实践问题。微格教学的实践活动已从全国教育学院系统和师范院校发展到中师、幼师、小学,国内一些院校已开发出各具特色的微格教学示范录像带,探讨了微格教学的某些理论问题,开始编写适应不同层次教育工作者的培训教材和分学科的微格教学教材。

1994年4月及1997年4月,分别在海南省琼山市及湖南省常德市召开了微格教学现场会暨全国微格教学研究会年会,各地市教育局在会上介绍了在中小学推广微格教学的经验,并作了实地考察,交流了国内外微格教学理论研究和实践方面的经验,促进了我国微格教学研究的发展。

1998年10月,全国微格教学协作组年会在云南教育学院召开,来自美国的微格教学创始人之一——爱伦教授作了"关于微格教学新旧模式对比"的报告,展示了新型微格教学的实习与评价模式;来自香港的任伯江教授作了"优质教学,以微格教学为首"的演讲。大会交流的论文从数量到质量均超过以往各届,表明我国的微格教学研究经过十多年的探索,已不断深入,成效显著。

2. 微格教学实验的开展

20世纪80年代中期,随着我国电化教育的重新崛起,微格教学在国内开始受到重视。1988年10月,中国第一次派代表参加联合国教科文组织在香港举行的"亚太地区微格教学国际交流会",正式把微格教学列入国内研究项目,随之各地逐步开展了微格教学实验。如北京丰台区教科所从1989年秋季开始,首先在一所条件较差的农村小学进行"利用微格教学培训教师掌握教学技能、提高教学水平"的实验,取得了较好的效果。几年来,他们不断扩大实验范围,充实实验内容,探索培训规律,积极摸索适合该区特点的微格教学培训模式。又如海南省琼山市教育局教研室从1992年10月开始,共举办了六期微格教学骨干培训班,先后选定了四所小学和教师进修学校、琼山中学作为微格教学的实验点。通过试点,总结经验教训。1993年下半年全市逐步推广微格教学。

3.微格教学研究的深入

我国开展微格教学十几年来,大中专院校及广大中小学的教育工作者撰写出了一批质量较高的科研论文。先后出版了《微格教学初步》(孙文杰)、《微格教学与教学测量》(陈献芳等)、《微格教学》(王维平)、《微格教学数学教程》(金井平)、《教师教学技能》(郭友)等一批专著。

1991年,由全国微格教学协作组秘书长孟宪恺主编的《微格教学基本教程》出版。1992年,北京教育学院与河南平顶山矿务局教师进修学校合作出版了《微格教学(示范带)》5集,并先后在该院学报上刊登了《微格教学研究》专刊5期,为全国从事微格教学研究和教学实践的同志提供了参考资料。1997年,北京教育学院孙立仁主编的《微格教学理论与实践研究》以及配套的中小学各学科微格教学教程的出版,标志着微格教学的研究和实践在我国不断地深入开展,为教师的专业化发展发挥了重要的作用。

三、微格教学的理论依据

(一)以系统的思想为指导研究培训教学技能

教学过程是复杂的,是由许多环节和师生许多具体活动构成的一个整体。因此,教学是一个系统,教学过程是一个系统的运行过程。所谓系统,是由相互联系、相互制约、相互作用的要素构成的,具有特定功能的有机整体。要对系统进行研究,首先必须对其构成要素进行分解和研究;要使系统达到优化,首先必须使各要素达到优化。对教学研究也是如此,教学技能是教学系统的基本构成要素,要使课堂教学达到优化,实现教学的总体目标,首先要使每一个教学技能达到优化,然后再把它们有机组合起来,相互作用而形成教学的整体。

(二)示范为被培训者提供信息及模仿的样板

示范是对事实、观念、过程形象化的解释,通过实际动作、电视等进行演示,来说明某件事是如何进行的,以便让被培训者学会应该如何去做。在微格教学培训中,为被培训者提供多种风格的教学示范,辅以对各种技能的说明,使他们获得直接的感受,有了模仿的样板。示范无论是通过实际动作还是电视提供的,都是从视听两个方面作用于被培训者的感官的。许多实验已经证明,视听并用的方法能使信息接受者获得大量的信息,比只用语言描述的方法好得多。

人类在利用自身的各种感官接受信息时,由于各种感官的分辨率不同,感受时不同,接受信息的比率也不同。但如果把几种感官综合起来利用,就会获得更多更全面的信息。信息传输量的香农(C. E. Shannon)—维纳(Norbert Wiener)公式如下:

$$S = B\log_2(1+\frac{P}{N})$$

公式中 S 代表接收的信息量，B 表示通道的频带宽度，N 是原有信息量，P 是所传递的信息量。其中频带宽度 B 与学习者所接收的信息量成正比。在微格教学中用视听结合的方法提供技能示范，会使被培训者接收的信息量大大增加，对某种教学技能更好地感知。

（三）技能训练是掌握复杂活动的途径

在微格教学中，主要是通过对教学技能的分解和分别训练，使被培训者形成教学能力。技能按其本身的特点，可分为动作技能和心智技能两种。苏联心理学家加里培林等人在对心智技能的研究中，建立了心智活动分阶段形成的学说，他们认为："心智活动是一个从外部的物质活动向内部的心理活动的转化过程。"

在微格教学训练中，同样也包括心智技能和动作技能两个方面。它的外部物质活动是以讲解、角色扮演、录像示范等为支柱而进行的，通过观察使被培训者形成对活动过程和效果的感知，形成表象。在准备教学和实际训练中，再以此为基础进行各种语言阶段的心智活动。根据动作技能和心智技能形成过程具有不同的阶段性，即掌握局部动作阶段、初步掌握完整动作阶段、动作协调和完善阶段的特点，在微格教学训练中即可分技能、分阶段逐步进行，当每一个技能都掌握以后再把它们综合起来，形成较为完善的课堂教学能力。这种学习和训练教师教学技能的方法，是符合心理学中动作技能和心智技能形成规律和原理的。

（四）直接的反馈对改变人的行为有重要作用

反馈是控制的基本方法和过程，其目的是使控制者知道以往的活动或过程的结果，并以此调节下一步活动的过程，实现所要达到的目的。反馈应同时具有两个条件，一是准确性，二是及时性，两者缺一不可。准确性是指反馈信息必须真实可靠，错误的反馈信息会导致做出错误的判断，而使控制失效。及时性是指反馈的速度要大于受控体状态改变的速度，即反馈要在下一次决策之前完成，只有这样才能起到有意义的调节作用，才能达到控制的目的。

人的技能学习是以反馈为基础的，学习过程是一个不断反馈强化的过程。在进行有目的的活动时，都有一种获得及时反馈的迫切需求。由于科学技术的迅速发展，录像技术被广泛地应用于艺术、体操、军事、医学、教育等各种训练活动之中，为被培训者及时得到准确的反馈创造了有利条件。微格教学中利用各种现代技术条件为被培训者提供训练的反馈信息，正是满足人类学习

的这种要求,以保证被培训者教学技能的迅速形成。

心理学研究已经证明,人类在观察了自身行为后所得到的反馈刺激,要比他人提供的反馈强烈得多。如果一个教师在教学中有不雅观的行为习惯,当别人提出时改正可能较慢,而当他自己观察到的时候,就会立刻注意,急于改正。反馈对于达到一定的目的具有重要的作用。微格教学就是要为师范生或在职教师在教学技能训练时提供及时、准确、自我反馈的刺激,帮助他们较好地形成教学技能。

(五)定性分析与定量评价相结合,有利于被培训者改进提高

在微格教学中对被培训者的评价是形成性评价,不把评价结果作为最终成绩。或对某人教学技能高低进行定性,作为学习者改进、提高教学技能的依据,明确自己在哪些方面还存在着不足或问题。微格教学的评价,有自我分析、小组分析、指导教师分析三结合的定性分析评价,也有按照一定评价标准制定的评价量表的定量分析,以量化的结果说明在哪些指标上还存在问题,以及技能整体所达到的程度。定量分析给出具体的量化结果,定性分析找出产生不足的原因,指出努力的方向,被评价者容易接受。因此,两种评价相结合有利于被培训者加以改进和提高,完善自己的教学技能。

四、微格教学的基本特点

微格教学将复杂的教学过程作了科学细分,并应用现代化的视听技术,对细分了的教学技能逐项进行训练,帮助师范生和在职教师掌握有关的教学技能,提高他们的教育、教学能力。微格教学具有如下特点:

(一)技能单一集中性

微格教学是将复杂的教学过程细分为容易掌握的单项技能,如导入技能、讲解技能、提问技能、强化技能、演示技能、组织技能、结束技能等等,使每一项技能都成为可描述、可观察和可培训的,并能逐项进行分析研究和训练,以提高培训效能。

(二)目标明确可控性

微格教学中的课堂教学技能以单一的形式逐一出现,使培训目标明确,容易控制。课堂教学过程是各项教学技能的综合运用,只有对每项细分的技能都反复培训、熟练掌握,才能形成完美的综合艺术。微格教学培训系统是一个受控制的实践系统,要重视每一项教学技能的分析研究,使培训者在受控制的条件下朝着明确的目标发展,最终提高综合课堂教学能力。

（三）参加的人数少

在训练过程中学生角色一般由7～10名学生组成，而且学生可以频繁地调换。实践表明，这样便于机动灵活地实施微格教学，深入进行讨论与评价。

（四）上课时间短

微格教学每次实践过程的时间很短，通常只有5～10分钟。在这期间集中训练某一单项教学技能，如讲解技能或板书技能，以便在较短的时间内掌握这项技能。

（五）运用视听设备

借助现代视听设备真实记录课堂互动细节，使受训者获得自己教学行为的直接反馈，并可运用慢速、定格等手段，在课后进行反复讨论、自我分析和再次实践，以行为结果确定个别进度，强调合格标准。

（六）反馈及时全面性

微格教学利用了现代视听设备作为记录手段，真实而准确记录了教学的全过程。这样，对执教者而言，课后所接收到的反馈信息有来自导师的，也有来自听课同伴，更为主要的是来自自己的教学信息，反馈是及时而全面的。

（七）角色转换多元性

微格教学突破了传统的教师培训的理论灌输或师徒传带模式，运用了现代化的摄像技术，对课堂教学技能研究既有理论指导，又有观察、示范、实践、反馈、评议等内容。在微格教学课程中，每个人从学习者到执教者，再转为评议者，如此不断地转换角色，反复地从理论到实践，经过实践再进行理论分析、比较研究，这种角色转换多元化的培训方式，既体现了教学方法、教学模式的改进，又体现了新形势下教育观念的更新。

（八）评价科学合理

传统训练中的评价主要是凭经验和印象，带有很大的主观性。微格教学中的评价因参评者的范围广，评价内容比较具体，评价方法比较合理，可操作性强，使评价结果包含的个人主观因素成分减少，因此，比较科学合理。

（九）心理负担小

由于微格教学上课持续时间短，教学内容少，而且班级人数不多，这样，可以使受训者的紧张感与焦虑感减少到比较弱的程度，从而减轻受训者的实质性心理紧张。又由于评价既指出不足，更要肯定优点，会增强受训者的自信心与成功感。另外，微格教学的环境是经过特殊安排的，是在一定的控制条件下进行实践活动，避免了学生的干扰，因而也减轻了受训者的心理负担。

五、微格教学的作用

从以上的特点我们可以看到，首先，微格教学具有理论联系实际、目的明确、重点突出、反馈及时、自我教育、利于创新、心理压力小等特征，容易被受训者接受。其次，微格教学培训是在微型课堂中进行的角色扮演。其过程是在事前对微格教学理论进行了学习和研究，确定了培训技能，又在观看了教学示范录像的基础上编写教案，然后进行微格教学实践。在教学实践的过程中用现代化手段准确记录教学实况，再经过重放录像、自我分析和讨论评价后，对教案进行修改。如果微格教学实践中存在的问题较多，还可以再反复进行实践，直到达到预期的效果。这些过程都为受训者提高教学技能创造了和谐的氛围和条件。微格教学还具有以下方面的作用：

（一）完善和丰富了培训内容

多年来，师范院校对未来的教师进行职前的技能训练，主要措施是开设教学法课程。然而，传统的教学法在培训师范生教学技能方面，目标笼统、不具体，师范生不能很好地掌握这些技能。微格教学让学生感到有兴趣、有意义、有价值，而且容易学习。微格教学训练目标的完成，是通过具体的内容细节和实际的操作步骤进行的。而且，对这些细节和步骤的了解和掌握，是通过受训者亲自参与实践活动来实现的，培训内容具体、有效。

（二）培训方法科学合理

传统的培训方法主要是通过教师的言传身教，使师范生理解教学、学习教学，但由于言传身教的粗犷性和随意性，师范生很难把握教学的原理和原则。而微格教学则将日常复杂的课堂教学分解简化，创造出一种可操作、易重复、易观测的教学环境。师范生在学习、把握教学时，不再仅靠心领神会，而是通过不断学习、实践，不断改进来进行。同时，微格教学按照人类行为的形成规律来设计整个教学过程。它的训练前提是：人类行为的塑造和改进是一个逐步实现或达到的过程。一个从未登过讲台的人，必须经过多次反复的训练，才能培养成为一个训练有素的职业教师。

（三）理论联系实际

微格教学把传统的以理论灌输为特点的教师培训改变为以技能训练为主体的教师培训，这就抓住了提高教师教学能力的关键。但是，微格教学的技能训练并没有脱离理论的指导。培训对象在学习每一项教学技能的开端都要学习有关的理论，在微格教学的每一个步骤中，都有教育专家或专职教师的理论指导，这就使技能更容易与教学理论相结合。

(四)真实反馈与过程的有效调控

微格教学把传统的脑记、笔录为主要根据的反馈,改变为以摄像、放像为主要手段的反馈,为技能评价提供了真实而全面的反馈信息。有了这种反馈信息就可以非常客观、准确地评价,使评价更为有效。在此基础上,被评价者可以提出更好的改进措施,以调控自己的教学行为,迅速地掌握教学技能。

总之,微格教学实践,能够更快更好地促进教师课堂教学能力的提高,促使教师尽快从"生手"型变成"熟手"型教师,并向专家型教师发展。

第二节 微格教学的开展模式

微格教学从 20 世纪 60 年代初产生至今已有 40 多年的历史,培训对象从师范生发展到在职教师及许多其他行业的从业人员,应用地域也已发展到世界各国。微格教学在发展应用的过程中,实践者结合了本国的国情,融入了各种教育观念和思想,由此产生了多种模式。

一、斯坦福大学及芝加哥大学模式(美国)

(一)斯坦福大学的"行为改变"模式

美国的斯坦福大学是微格教学的起源地。爱伦和他的同事经过数年的探索、试验、研究,在 1963 年确立了微格教学的基本模式,从此微格教学从美国迅速走向世界。微格教学在世界各国推广、应用的过程中,逐渐产生了一些变化模式,尤其是 20 世纪 80 年代初在非洲一些国家的应用中,由于当地教育环境较差,教育资源匮乏,必须在新的环境资源条件下,对较复杂、正规的早期微格教学模式进行改革,由此产生了新的模式。新旧微格教学模式的主要变化对比如下:

1.教学时间

微格教学实习片断的时间从原来长达 20 分钟缩短为 5 分钟,新模式认为 5 分钟即可形成单一概念的片断课。实际上教学时间的长短是根据班级人数、课时安排、场地环境等多种因素而定的。

2.微格教学的学生

过去在微格教学实习时,要从中小学请来真正的学生,这会带来接送、管理、资金等一系列的问题,在新模式中启用同伴,即由教师扮演者的同伴来扮演学生。目前,这种同伴训练方法的效果已被证实是切实可行的。

第一章 微格教学理论与实践

3.小组规模

从原来全组约 20 人减为 4～5 名学生为一组。爱伦认为若小组规模大到约 20 人,则要 19 人去听 1 人讲课,每人要听 19 次,这样的方式使学员听课过多,反而会使学员感到疲劳,抓不住重点,而且因为时间太长,使重教困难。新模式的 5 人小组规模小,导师布置好训练任务后,即让学生自己管理。学生可以自选课题,自找实习场地,即使没有正规的微格教学室,只要有摄像机即可,还能实行重教。小组规模小,能使每个学员得到多次重教机会。当然,小组的活动记录和反馈意见要及时交给指导老师。

4.教学技能

爱伦和他的同事根据经验和参考有关的教育理论文献,以统一意见的方式提出 14 项课堂教学技能,它们是:

(1)变化刺激(stimulus variation);

(2)导入(set induction);

(3)结束(closure);

(4)非语言暗示(silence and nonverbal cues);

(5)强化学生参与(reinforcement of student participation);

(6)流畅的提问(fluency in asking questions);

(7)探查性提问(probing questions);

(8)高水平组织的提问(higher-order questions);

(9)发散性提问(divergent questions);

(10)确认(recognizing attending behavior);

(11)举例说明(illustrating and use of examples);

(12)讲演(lecturing);

(13)有计划的重复(planned repetition);

(14)完整的交流(completeness of communication)。

5.反馈与评价

原来的微格教学模式对每项技能有完整的评价表,评价项目多到有时连执教者的衣着也在评价之列,以至于在重教时,执教者往往失去方向,抓不住重点。在微格教学新模式中,爱伦教授提出了"2+2"的重点反馈方式,即小组每位成员听完课后要提出 2 条表扬性意见及 2 条改进性建议,最后指导教师根据这些反馈信息,总结出 2 条表扬性意见和 2 条改进性建议。这种评价指导方式操作简单,目标明确,重教效果显著。

(二)芝加哥大学的"动力技能模式"

美国芝加哥大学的高奇(Guiltier)和詹科森(Jackson)等人在 1970 年提出了"动力技能模式",他们批评斯坦福模式"很大程度上忽略了各技能之间的关系及技能的恰当组织形式与某一特殊的教学情境的关系"。他们认为"教学是一种有目的的活动,技能在这种有目的教学过程中的应用同样是重要的。在技能训练中,教学内容本身也需要同时考虑在内,这样才能使学生获得恰当的综合使用技能的决策经验"。

芝加哥模式考虑教学中的两个方面——教学内容和教师行为,强调在教学计划中依据学科内容,设计应用各项教学技能的教学过程,这样,教学技能(如强化技能、课堂组织技能等)被作为子系统,而不是彼此孤立的行为来运用。麦可格瑞指出:"动力技能模式的基础是基于学科内容分析的系统化教学计划。它强调所训练的技能必须小心地编排到教学计划中,在课程逻辑结构中,师范生能够将教学活动集中于重要的师生相互作用中。在这个意义上,教学技能被认为是促进中小学生学习的动力因素,提出这些师生间的相互作用,对于促进中小学生学习的逻辑发展是必要的。"

二、悉尼大学模式(澳大利亚)

微格教学由克利夫·特尼(Cliff Turney)等人在 20 世纪 70 年代初引入澳大利亚的悉尼大学。他们开设的"悉尼微型技能"(Sydney micro skills)课程基本上坚持了"细分"和"可观察的行为改进"的斯坦福模式的做法,但做了一些改进。特尼指出:"教学是一个非常复杂的过程,对于刚刚开始从事这一职业的人来说,它需要被分解为有意义的和可获得的各个部分,经过特殊的选择,这些部分是可观察的教学行为或技能,而且是建立在有效教学的基础上的。这些技能的构成表现为将复杂的教学过程分解为相对分立的、便于定义的行为,而且可以迁移到大多数的课堂教学中,并适合于各种有目的的不同组合。"

悉尼大学的微格教学是以教学技能的训练为主线展开的,教育思想和教育教学的理论及实验研究融合在各项教学技能之中。整个微格教学课程分成五个系列,前两个系列包括六项基本的教学技能,后三个系列是三项小综合式的教学技能:

系列 1:(1)强化(reinforcement);

(2)基础提问(basic questioning);

(3)变化(variability);

系列 2:(4)讲解(explaining);
　　　　(5)导入和结束(introductory procedures and closure);
　　　　(6)高层次提问(advanced questioning);
系列 3:(7)纪律和课堂组织(treats classroom management and decipher skills);
系列 4:(8)小组讨论、小组教学和个别化教学(treats skills of guiding small group discussion, small group teaching and individualized teaching);
系列 5:(9)通过发现学习和创造性学习,发展学生思维能力(deals with skills concerned with developing pupils' thinking through guiding discovery learning and fostering creativity)。

澳大利亚悉尼大学对微格教学的开发应用及研究是很有成效的。澳大利亚悉尼的微格教学模式有以下特点:

1.开发出完整的微格教学教材

悉尼大学开发的微格教学教材在世界上享有一定声誉,《悉尼微格教学技能》一书被许多国家采用。对教材中列出的六项课堂教学基本技能——强化技能、一般提问技能、变化技能、讲解技能、导入和结束技能及高层次提问技能,都从教育学和心理学的理论出发加以论述,并且对每项技能都配以生动形象的示范用录像资料。

2.重视学生的自我发展

澳大利亚是一个多民族的移民国家,在学校教育中十分注意尊重每个人的个性,重视发现个人的特点,并给予引导发展,希望每个人都获得成功。学校教育对学生个性差异和心理健康发展颇有研究。在微格教学课程的第一周先安排每个学生在摄像机镜头前做一两分钟的自我介绍或表演,内容自选,轻松自然,然后再让同学们在愉快的气氛中观看评论。这样的活动既提高了学生对微格教学的兴趣,又使师范生消除了面对摄像镜头的紧张心理,为扮演角色时的正常发挥打下良好的基础。

悉尼模式还在充分研究学生认知心理的基础上建立了微型观察室。如新南威尔士大学教育学院内的一组微型观察室,每间面积只有约 2 平方米,导师们考虑到师范生在角色扮演后,希望自己先看到自己的表演录像,或找一位最信得过的好朋友一起观看评议,而微型观察室正好仅供一两位学生闭门观看。执教者可以先与"好朋友"边看边商量,先听取他的看法和意见,在心理学上这时的意见无疑是一个"强刺激",是最容易接受的,也是印象最深的。根据这些意见,学生先写出对自己扮演的角色的评价,这一做法充分体现了微格教学中重视学生自我发展的教育原则。

3.自我评价贯穿微格教学始终

澳大利亚的微格教学模式中,评价是很重要的。评价方式是贯穿于整个过程之中的。评价不是由别人来对某位学生的录像加以评论、分等级打分数,而是通过学生自己在微型观察室中的观看,根据微格教学过程中各个环节的反馈及"好朋友"的反馈信息,自己来评价自己。导师经常以肯定、表扬为主,对存在的问题以提示、暗示等方式启发学生自己发现。最后让学生在评价单上做自我评价,做到的项目画一记号,还没有做到的不画,再根据整个微格教学过程中来自各方面的反馈信息认真地写自我评价,从而提高学生的教学技能和教学实习效果。

澳大利亚的微格教学主要步骤有:

(1)示范。播放教学技能的示范录像,讲解教学技能的构成、有关理论知识及要求,帮助师范生认识教学技能,有重点地观察,用不同的类型示范同一技能,促进对技能的掌握。

(2)角色扮演。为师范生提供实践机会,增强自信心。

(3)反馈。为师范生改进自己的教学行为提供明确、具体的帮助。

(4)重教。在师范生对自己的教学行为非常不满意时才进行,对大多数师范生来说这一步可取消。

从上述步骤可以看出,澳大利亚的微格教学强调四个环节:示范、角色扮演、反馈和重教。没有列出评价这一环节,因为评价是贯穿于全过程中的,而且主要是启发学生自我评价,这正体现了尊重学生的教育原则。

三、新乌斯特大学及斯特灵大学模式(英国)

(一)新乌斯特大学的"社会心理学模式"

20世纪60年代末微格教学引入英国时,当时的一些模式已受到了一些批评。斯通斯(Stones)和莫里斯(Morris)指出:"微格教学的目的和作用需要重新澄清,应该将方向转移到加强教学理论与教学实践的联系上来。"他们两人都认为,"微格教学是一种有价值的革新,比一般的教学有更大程度的可控性,所以强调理论与实践的关系可以挖掘出更大的潜力,可以使师范生掌握教学模式"。

莫里斯等人发现,有社会能力的教师在教学中表现得更为突出,并从社会心理学的角度看待教学,认为教学是一种社会活动技能,教学依赖于人际关系

和师生间的交流。将社会心理学的观点引入微格教学,首先对教学中的社会技能进行定义,并且对师范生进行分技能的训练,然后将各项社会技能综合在一起,整体地运用到完整课的教学中。

布朗(Brown)在1975年将这一模式引入了新乌斯特大学,哈奇(Hargie)于1977年在乌斯特学院进行了这一模式的微格教学。他们认为微格教学需要集合三个方面的要素——计划、角色扮演和反馈认知。

(1)计划的方法,是通过课堂讲授和小组研讨来学习的。师范生学习如何将一个课题分解为各个概念成分,并将这些组织成一个序列;同时,选择合适的教学方法。

(2)角色扮演,首先是训练斯坦福大学模式中的各项技能,如提问、强化、刺激变化、讲解、导入和结束,然后把各项技能综合起来运用到完整课的教学中去。

(3)反馈和认知,是师范生与指导教师一起讨论微型课的录像,使师范生学习在与中小学生相互作用时自己所应充当的角色。这种对师生相互作用的认知将使师范生的教学行为得到改进,并影响序列计划和完整课的教学行为。取消了重教,但师范生在微格教学的各个环节都要进行充分的讨论。

哈奇还强调了与技能相关的理论的重要性,各项教学技能的教学不仅提供音像示范,而且还要说明依据人际关系社会心理学所建立的各项技能的理论基础,这样才能使师范生不仅知道如何应用技能,而且还知道什么时候使用它。微格教学不只是关于行为的改进,而且也应该是关于认知结构的改进。

由于新乌斯特大学在微格教学中强调技能的综合应用,强调学员在微格教学中形成对教学的认知结构,以及依据社会心理学,强调在微格教学中的人际相互作用的情感因素,所以教学技能只是作为微格教学课程的组成部分而没有单独列出来进行训练。

现将他们的微格教学的课程介绍如下,从中可以分析出他们所重视的教学技能成分:

(1)微格教学的理论(以学员小组的组织方式)(microteaching)(group organization)

(2)教一个概念(设备操作训练)(teaching a concept)(equipment operation);

(3)教学计划(教学员小组中的同伴)(lesson planning)(teaching peers);

(4)导入和结束(教实际的学生)(set and closure)(teaching pupils);

(5)教师解释(教实际的学生)(teacher explanation)(teaching pupils);

(6)教师的生动活泼(教实际的学生)(teacher liveliness)(teaching pupils);

(7)学生强化(教实际的学生)(pupil reinforcement)(teaching pupils);

(8)学生参与(教实际的学生)(pupil participation)(teaching pupils);

(9)提问中的流畅(教实际的学生)(fluency in questioning)(teaching pupils);

(10)高水平组织的提问(教实际的学生)(higher order questioning)(teaching pupils);

(11)综合的教学技能(教实际的学生)(integrating the skills)(teaching pupils);

(12)师生相互作用、环境要素(教实际的学生)(teacher/pupil interaction,environmental factors)(teaching pupils)。

(最后两项内容是以综合教学技能的形式设定的。)

(二)斯特灵大学的"认知结构模式"

1969年,斯坦福大学的模式被引入斯特灵大学的微格教学,经过几年的实践和研究,在20世纪70年代中期,麦克因泰尔(McIntyre)等人提出了"认知结构模式"。他们发现斯坦福大学模式中的技能描述和反馈评价只停留在技能行为上,"这些只能给师范生若干个作为假定的教学技能的特殊教学行为方式"(麦克因泰尔、马克莱德,1977)。然而,在这些特殊的教学技能的有效性方面存在着相当程度的不确定性。在课堂教学的经验性研究中,相关的心理学理论和有经验教师的一致意见只能当作合理化的建议,而不是权威性的评价表述。于是,在斯特灵大学,这些教学技能只是作为教学大纲的组成部分,而不是作为理论基础。

斯特灵大学的研究者认为,师范生关于教学的认知结构在他们的教学活动中起决定性的作用。技能训练和反馈的重要性,在于使师范生的认知结构发生改变,这种改变是通过将各项技能中的认知概念有机地结合在一起而形成的。在研究的基础上,他们对师范生在微格教学中认知结构的形成过程进行了如下的推论:

(1)在进入微格教学之前,每个师范生都具有彼此不同的复杂的教学概念的图式(schemata),这些图式与对教学的评价有很大的关系。

(2)个人的图式之间存在着较大的差异,但通过将这些图式与教学内容体系相结合,仍然存在很多的共同之处。

(3)这些图式表现出较高程度的稳定性,但通过微格教学的学习和实践,从中可获取新的结构和概念原则,这些图式将会逐渐发生变化。

(4)师范生的这些图式很大程度上控制着他们的教学行为,并且图式的改变导致教学行为的改变。

建立在这些推论基础上的"认知结构模式",将微格教学对师范生所起的作用解释为使师范生的教学认知结构产生变化,并帮助他们形成自己的作为教师的概念结构。为此,他们强调教学技能应该用"可组织的概念"这些术语来定义,这些术语可以描述由复杂的课堂相互作用所产生的信息过程,而不是由可描述的教学行为来定义教学技能。师范生可以运用这一概念结构,对在教学中什么时候应该用什么教学技能进行决策,并能帮助他们在实际教学活动中感知教学技能,从而形成对技能表现的价值评价。技能示范可以帮助师范生将各项技能的概念有组织地纳入他们的认知结构中。微格教学中的反馈,可以为师范生提供现已存在的教学认知结构的信息,从而改进和扩充这一认知结构。

四、对各国微格教学模式的分析

由于各国各大学进行微格教学的培养目的不同,所依据的理论观点和理论基础不同,各个微格教学模式之间存在着一定的差异,现分析如下:

斯坦福大学所开展的微格教学,是建立在对宏观教学活动的分解,以及进行行为描述的基础上,强调在有控制的条件下对单项技能的训练,强调音像示范和反馈评价的作用。

芝加哥大学的微格教学,强调教学技能应实现教学目的、发挥教学功能。他们认为斯坦福模式在这方面存在的缺陷,是由于技能训练没有很好地与教学内容相结合,没能系统地综合应用各项教学技能所造成的,所以他们强调将各项技能作为子系统经过结合应用到教学中,并强调在应用技能时与教学内容结合在一起进行系统分析,在这种系统计划中获得应用技能的决策经验。芝加哥大学微格教学的目的,是在完整课的教学中培养结合教学内容、综合应用各项教学技能的决策能力和实践能力。

悉尼大学所开展的微格教学,仍然强调对宏观教学活动的分解和对可观察的教学行为进行描述,但对教学技能中的行为在有效性方面进行了较深入的实验研究,使所提出的教学技能满足澳大利亚教育工作者对师范教育的理论观点和实验研究的检验。强调了基于某些教学观点的几项小综合型的教学技能训练,并通过控制实现从单项技能到小综合技能训练的过渡。

新乌斯特大学微格教学的特点是:先进行分技能的训练(同时强调控制变

量），后综合到完整课教学中；强调用社会心理学作为各项技能的理论基础，以此来保证技能应用的有效性；在完整课的综合应用中，强调以社会心理学为基础，通过计划决策和实践形成认知结构。可以看出，新乌斯特大学微格教学的培养目的是建立以社会心理学为基础的课堂教学综合能力。

斯特灵大学微格教学的特点是，指出了斯坦福模式中的技能行为描述在有效性方面存在很大的不确定性。为此，提出用心理学理论和成功的教学经验的概念来描述技能，并形成对技能的价值评价；强调了内部心理机制对外部教学行为的调节和控制作用。基于以上观点，认为微格教学主要是通过改进认知结构来实现对教学行为的改进，并认为认知结构的改进是通过各项技能中的认知概念有机结合在一起而形成的，认知结构可以促进应用教学技能时的决策能力，促进在实际教学中感知教学技能，从而形成对技能的价值评价。由此可见，斯特灵大学微格教学的目的是在综合应用各项教学技能的实践中建立教学的认知结构。

综上所述，我们可以看出各国开展微格教学的情况虽然不尽相同，但斯坦福模式中的教学技能成分和体现科学方法论的一些做法，在各国的微格教学中基本上被保留了下来。同时我们还可以看出各大学在对斯坦福模式进行改进时所共同关心的问题，即这些改进或发展很大程度上都源于对行为描述的教学技能，发现其在教学中的有效性存在着很大程度上的不确定性，从而使实施技能时的目的性和在评价中的价值判断出现困难。但各大学对这一问题的解决方法是不同的，在保证教学技能的目的性、有效性和价值判断方面，芝加哥大学是强调技能与教学内容的结合，从教学内容的系统分析上来实现的；悉尼大学是通过对所提出来的技能行为进行实验验证来实现的；新乌斯特大学是从师生相互作用的角度，强调以人际交往的社会心理学理论作为教学技能的理论基础来解决技能价值不确定的问题；斯特灵大学强调用心理学和成功教学经验的概念原则系统作为技能的理论基础，从而保证技能应用的目的性、有效性和价值判断。

对斯坦福模式的发展还表现出将各项教学技能综合应用到完整课教学中去的趋势，某些大学已经把微格教学深入到综合教学能力的培养这一较为广泛的领域，但对于"综合教学能力"的理解和所依据的理论观点，各大学有较大的差异，但各种综合应用教学技能都是建立在对各技能成分的训练的基础上的，或是建立在对宏观层次的教学活动分析的基础上的，在这一点上又是比较一致的。①

---

① 孙立仁：《微格教学理论与实践研究》，科学出版社1997年版，第7页。

五、我国的微格教研模式

微格教学自 20 世纪 80 年代中期引入我国后,先后在一些教育学院以及高等、中等师范院校和许多中小学展开了积极的研究和实践,并进行了广泛的交流。起初研究和实践主要集中在吸收借鉴国外微格教学的做法,并在实践中移植到自己的微格教学中。随着研究的深入,各地院校也提出了一些共同关心的问题,即微格教学与传统教法之间的区别及微格教学中的科学方法论问题,教学技能中的教育学、心理学理论基础的问题,适合我国国情的教学技能分类的问题,微格教学的技能训练与完整课教学能力之间的关系问题等。这些问题实际上与国外微格教学所提出的问题是类似的,反映出微格教学中的共性问题。北京教育学院微格教学研究室在引进、借鉴国外微格教学的基础上,对以上问题进行了认真的研究,取得了系列研究成果。

各地教育工作者在应用微格教学时,都结合了本地区本学校的实际情况,对微格教学的基本模式有所变通和发展,使之成为发展我国师资培训教育的有效方式。上海市华东理工大学附属中学推行的"微格教研"活动就是微格教学的一种变通模式。该模式采用了微格教学的合理内核,提取微格教学流程中的重要环节,采取摄录像方式,供教研组在教研活动时进行局部的定格研讨。这样,既学习了有关理论,也探讨了具体操作方法,从而获得完整的认识,提高了教师的整体能力和素质。微格教研的基本结构是:先进行在特定课题理论指导下的实际教学的现场观摩与实况录像;再重放录像,观摩录像,进行自我反思与直观再现式同伴研讨;然后进行理性总结、理论升华;最后还要将理论运用到教学实践中去予以检验、拓展。在一所学校的各个教研组中,推行微格教研活动,将教学技能研究的要求与教研组活动结合起来,首先是增强了研究气氛。过去教研组活动,由于教师担任不同年级的课,共同的话题较少,在教研组中的微格教研活动,则形成了浓浓的研究气氛。其次是运用了微格教研的方法,将教研组活动定位于教法、学法研究。录像的形象性和再现功能,使教研活动丰富生动,又因为每次活动只研究一项技能,使研究问题的切入点小,所以开掘就会更深一些。随着资料的积累,更便于做纵向及横向的比较研究。微格教研活动对于经验不足的青年教师是有实际意义的,对于有经验的老教师,也可自我提炼、概括总结教学特点,互相交流,共同提高,起到精化教学的作用。

第三节　微格教学设计与教案编写

教学设计是微格教学过程中的一个重要环节，也是踏入教学实践的第一阶段。

微格教学的教学设计是建立在学习理论、传播理论、系统科学理论基础之上的对教学过程和方法的描述。

师范生在学习完每一项教学技能之后，紧接着要通过一个简短的微型课对所学的教学技能进行实战训练，使其理论在实践过程中得到提高和完善。如何根据教学内容和技能训练目标，对微型课的教学方案和教学过程进行设计，将要训练的教学技能恰如其分地运用于课堂教学过程，是微格教学训练中极其重要的工作。这项工作几乎贯穿了微格教学训练的全过程，我们要求师范生在教学改革实践中从教学设计的高度认识并操作整个过程，使微格教学的训练方案更加科学有序。

一、微格教学的教学设计

微格教学的教学设计是根据课堂教学目标和教学技能训练目标，运用系统方法分析教学问题和需要，建立解决教学问题的教学策略微观方案、试行解决方案、评价试行结果和对方案进行修改的过程。它以优化教学效果和培训教学技能为目的，以学习理论、教学理论和传播理论为理论基础。

微格教学的教学设计与一般的课堂教学设计既有联系，又有区别。一般的课堂教学设计对象是一个完整的单元课，教学过程包括导入、讲解、练习、总结评价等完整的教学阶段。而微格教学通常都是比较简短的，教学内容只是一节课的一部分，便于对某种教学技能进行训练。因此，不能像课堂教学设计那样主要从宏观的结构要素来分析，而是要把一个事实、概念、原理或方法等当作一套过程来具体设计。所以，在微格教学教学技能训练的过程中应有两个教学目标：一是使被培训者掌握教学技能；二是通过技能的运用，实现中小学课堂教学目标。教学技能是实现教学目标的方法和措施，而课堂教学目标所达到的程度是对教学技能的检验和体现，两者紧密联系，互相依存。由此，微格教学的教学设计既要遵循课堂教学设计的原理和方法，又要体现微格教学的教学技能训练特点。

二、微格教学教案的编写

在微格教学中,教案的编写是教师的一项重要工作,它是根据教学理论、教学技能、教学手段,并结合学生实际,把知识正确传授给学生的准备过程。微格教学教案的产生是建立在微格教学的教学设计基础之上的,以"设计"作指导,具体编写微格教学的计划。

(一)微格教学教案编写的内容和要求

(1)确定教学目标。片断教学内容教学目标的确定和整堂课教学目标的确定方法一样,只不过对象是一个片断,所以教学目标的确定应立足于本片断当中。

(2)确定技能目标。即教师课堂教学技能训练目标,针对不同的学员可以有不同的技能要求。

(3)教师教学行为。要求教师把教学过程中的主要教学行为,及要讲授的内容、要提问的问题、要列举的实例、准备做的演示或实验、课堂练习题、师生的活动等,都一一编写在教案内。

(4)标明教学技能。在实践过程中,每处应当运用哪种教学技能,在教案中都应予以标明。当有的地方需要运用好几种教学技能时,就要选其针对性最强的主要技能予以标明。标明教学技能是微格教学教案编写的最大特点,它要求受训者感知教学技能、识别教学技能、应用教学技能,突出体现微格教学以培训教学技能为中心的宗旨。不要以为把教学技能经过组合就是课堂设计,而要根据教学目标结合教学实践决定各种技能的运用,这对师范生来说尤为重要。

(5)预测学生行为。在课堂教学设计中,对学生的行为要进行预测,这些行为包括学生的观察、回答、活动等各个方面,应尽量在教案之中注明,它体现了教师引导学生学习的认知策略。

(6)准备教学媒体。对教学中需要使用的教具、幻灯、录音、图表、标本、实物等各种教学媒体,按照教学流程中的顺序加以注明,以便随时使用。

(7)分配教学时间。每个知识点需要分配的时间预先在教案中注明清楚,以便有效地控制教学进程和教学行为的时间分配。

(二)微格教学教案设计表例

微格教学教案设计的具体格式可以是各种各样的,但大致应该包括教学目标、教师的主要教学行为、对应的教学技能、学生的学习行为、演示器材、媒体和时间分配等项目,导师可以设计好表格(表1-1),发给学生用于教案设计。

表 1-1　微格教学教案设计表

学科：　　　执教者：　　　年级：　　　日期：　　　指导老师：

教学课题	
教学目标	1. 2. 3.
技能目标	1. 2. 3.

时间分配	教师行为	教学技能	学生行为	所用教具仪器和媒体等

第四节　微格教学过程的组织实施

微格教学是一项细致的工作，要有效地提高教师的教学技能，关键是要紧紧抓好微格教学全过程所包含的理论学习、示范观摩、编写教案、角色扮演、反馈评价和修改教案等环节。这些环节环环相扣，联系密切，削弱其中任何一个环节，都会影响培训的效果。我们应针对被培训者的实际情况，落实每一个实施步骤，如图 1-1 所示。

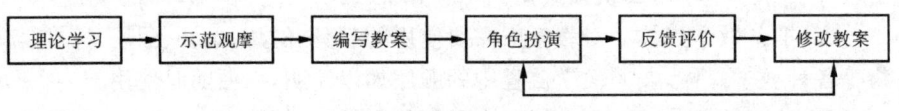

图 1-1　微格教学实施过程

一、理论学习和辅导

在微格教学实践和发展的过程中，融入了许多新的教育观念、教育思想和方法，如布鲁姆的"教育目标分类学"及"掌握学习法"、弗朗德的"师生相互作

第一章 微格教学理论与实践

用分析"理论。具体实践中又有美国爱伦教授的双循环式和英国布朗教授的单循环式等。微格教学培训是一种全新的实践活动,也有其深刻的理论基础,因此,学习和研究新的教学理论是十分必要的。理论辅导的内容包括微格教学的概念、微格教学的目的和作用、学科教学论、各项教学技能理论。理论研究和辅导阶段要确定好教学的组织形式。通常在学习教学理论时,导师以班级为单位作启发报告,讨论和实践则以小组为单位。小组成员6人左右,最好是同一层次的教师或师范生。指导教师要启发小组成员尽快相互了解,对所研讨的问题有共同语言,互相成为"好朋友"。

二、教学技能分析

微格教学的研究方法就是将复杂的教学过程细分为单一的技能,再逐项培训。导师可以根据培训对象的不同层次和需要,有针对性地选定几项技能。一般说来,对于师范生和刚踏上讲台不久的青年教师来说,经过微格教学实践可以及早掌握教态、语言、板书等方面的基本技能;对于有一定教学经验的教师来说,可以通过微格教学实践,深入探讨较深层次的技能,有利于总结经验、互相交流、共同提高教学能力,以达到提高教师整体素质的目标。在技能分析和示范阶段,导师要作启发性报告,分析各项技能的定义、作用、实施类型、方法及运用要领、注意点等,同时将事先编制好的示范录像给学员观看。

三、组织示范观摩

针对各项教学技能,提供相关的课堂教学片断,组织学生进行示范观摩。观看录像后经过小组成员讨论分析,取得共识。这样,学员不仅获得了理论知识,也有了初步的感知。

(一)观摩微格教学示范录像

(1)教学示范录像片断的选择。在选择示范录像时要遵循两条原则:一是水平要高,二是针对性要强。示范的水平越高,学员的起点就越高;针对性越强,该技能的展现就越具体、越典型。

(2)提出观摩教学示范录像片断的要求。在观看示范录像片断时,指导教师要先提出具体要求,明确目标,突出重点,边观看边提。提示时要画龙点睛,简明扼要,不可频繁,以免影响学员观看和思考。

(二)组织学习、讨论、模仿

(1)谈学习体会。各自谈观后感:哪些方面值得学习;对照录像,检查自己的教学与其存在哪些差距。师范生注重前者,在职教师注重后者。

(2)集体讨论。重点交换各自的意见,在要学习的方面达成共识。指导教师也要参加讨论,重点指导。

(3)要点模仿。示范的目的是使受训者进行模仿。许多复杂的社会型行为往往都能通过模仿而获得。实际上,受训者在观看录像时,就已渗透着模仿的意义。这里讲模仿,主要是在指导教师的指导下进行重点模仿。此外,指导教师的亲自示范或提供反面示范,对学员理解教学技能也会起到十分重要的作用。

四、指导备课

(一)组织学员钻研某项教学技能

(1)充分备课,熟悉教材。熟悉教材是至关重要的,如果对教材理解不透彻不深入,甚至出现片面性或错误,就无法体现教学技能。

(2)根据指定教材,针对某项教学技能进行钻研。在熟悉教材的基础上,重点应该考虑教学技能的运用。要正确运用教学技能,对该教学技能的钻研是先决条件,指导教师要正确引导学习者钻研教学技能的理论,联系教材,把理论用于实践。

(二)学员备课

(1)在钻研指定教材和该项教学技能的基础上,编写出教案。教案的格式如表1-1所示。

(2)在指导教师的指导下,交流备课情况,取人之长,补己之短。

(3)对在职教师和师范生要求有别。钻研教材,熟悉教材,理解教材,并结合教学技能备课,对在职教师来说,问题不是很大,但对在校的师范生来说,则是一个比较大的问题。师范生应先接受教学基本理论和教材分析的培训。指导教师在给他们指定教材时,还要对教材进行适当的分析,以帮助师范生正确理解教材,从而结合教学技能的运用进行备课。

五、角色扮演

(一)角色扮演的意义

角色扮演是微格教学的中心环节,是受训者训练教学技能的具体教学实践活动,在活动中每个受训者都要扮演一个角色,进行模拟教学。它改变了传统的老师讲、学生听的教学模式,给受训者以充分的实践机会,从而使师资培训工作上了一个新台阶。

(二)角色扮演的要求

要求主要有两个方面:一方面扮演"教师"者要"真枪实弹",按照自己的备

课计划在控制的条件下,训练教学技能;另一方面扮演"学生"者要充分表现学生的特点,自觉进入特定情境。另外,在角色扮演过程中,任何人不要打断"教学",让"教师"去处理教学中的"麻烦",技术人员在拍摄过程中,不能对"教师"提出约束条件。

培养教学技能,必须通过真实的练习与训练,否则就难以形成技能。微格教学中的角色扮演,给学生提供了上讲台的机会,使他们能把备课时的设想和对单项技能的理解通过自己的实践表现出来,同时进行录像。师范生由原来的被动听课者,变为教学活动的参与者,充分发挥了学生的主体作用,体现了微格教学的优势。

在微格教学实习室内,有教师、学生和摄像人员。教师由接受培训的学员轮流担任,学生也由学员扮演。每节微格教学课的时间控制在 10 分钟左右。为了使"角色扮演"的效果更佳,微格教学实践应该注意以下几点:

(1)在角色扮演前,指导教师要向师范生说明有关角色扮演的规定。

(2)除了执教者和学生以外,减少模拟课堂上其他无关人员,这样当执教者面对摄像镜头时,能缓解紧张情绪。

(3)扮演"教师"者要把自己当成一个"纯粹"的教师,要把自己置身于课堂教学的真情实境之中,一切按照备课计划有控制地进行教学实践活动,训练教学技能。

(4)扮演"学生"者要充分表现学生的特点,自觉进入特定情境。有时也可以让学员扮演一位常答错题的学生,以培训执教者的应变能力。"学生"最好是执教者平时的好朋友,这样初登讲台的执教者能获得一种安全感。

六、反馈评议

反馈评议阶段,首先由执教者将自己的设计目标、主要教学技能和方法、教学过程等向小组成员进行介绍,然后播放微格录像,全组成员和导师共同观摩。观看录像后进行评议,可以由执教者本人先分析自己观看后的体会,检查事先设计的目标是否达到,及自我感觉如何;再由全组成员根据每一项具体的课堂教学技能要求进行评议。评议过程由以下三个环节构成:

(一)学员自评

(1)照镜子,找差距。由教师角色扮演者分析技能应用的方式和效果,看是否达到预期目标。

(2)列出优、缺点,肯定成绩,找出不足之处。如果自己认为很糟、非常不满意,可以申请重新进行角色扮演和录像。指导教师可根据条件和时间,决定

是否重录,尽量做到不挫伤学员的积极性。

（二）组织讨论,集体评议

评议时应以技能理论为指导,分析优、缺点,进行定性评价;根据量化评价表给出成绩,进行量化评价;提出建设性意见,提出如何做可能会更好。指导教师要注意引导,营造一种学术讨论的氛围。

（三）指导教师评议

学习者对指导教师的评价是十分重视的,指导教师的意见举足轻重。因此,指导教师的评价应尽量客观、全面、准确。对于扮演者的成绩和优点要讲足,缺点和不足要讲准、讲主要的。要注意保护学习者的自尊心和积极性,要以讨论者的身份出现,讨论"应该怎样做和怎样做更好",这样效果会更好些。

七、修改教案,反复训练

（一）学员修改教案

根据本人录像,参考技能示范录像和技能理论,对照评议结果,针对不足之处,由学员自己修改教案。

（二）进行重教

根据评议情况,学员进行第二次实践,重复上述过程。

（三）再循环或总结

是否再循环,可以根据培训对象的具体情况及课时安排而定。当然,在课堂教学过程中,各项技能是交织在一起的,任何单项的教学技能都不会单独存在。如培训导入技能,重点研究导入的方式、新旧知识的联系、情境的创设等问题。但导入过程必然用到语言技能,还可能用到提问、板书、演示等技能,只是对这些技能暂不考虑,只重点考虑导入技能的应用情况。

因此,当各项教学技能都经过训练并达到一定水平以后,指导教师应安排学习者进行各项技能的综合训练,也只有对教学技能进行综合训练,才可能最终形成教学能力。

第五节 微格教学技能的评价与反馈

微格教学中的评价是对教学技能的评价,是以一定的目标、需要、期望为准绳的价值判断过程。它通过对各项教学技能指标的考查与分析,对教学构

成、作用、过程、效果等进行科学的价值判断,从而评价受训学员的课堂教学技能水平。在教学技能的学习和形成过程中,评价起着重要的作用,没有评价就不能通过微格教学进行技能改进。

一、微格教学评价的意义和作用

教学评价是依据预定的教学目标,把学生在知识、技能及能力等方面所达到的实际水平同事先确定的教学目标进行对照比较。为此,首先,要在教学过程中为评价提供信息,信息包括知识信息和改进信息。其次,教师的各种综合能力对本教学系统的控制起着决定性的作用。

(一)微格教学评价的意义

微格教学的评价是微格教学的一个重要组成部分。评价的重点是课堂教学的技能技巧方面,评价的目的就在于考查学员对各项课堂教学技能的掌握和提高程度。微格教学评价的意义有以下几方面:

(1)通过评价来比较、区分受训学员的教学能力,获得学员是否掌握某项技能的证据,以便及时指导。

(2)通过评价可以让被评价者看到自己的成绩和不足,好的地方得到强化,缺点和错误得到纠正,从而提高课堂教学技能。

(3)教学技能评价目标的制定一般都体现了方向性和客观性,通过评价目标、评价体系的指引,可以为教学指明方向。因此,教学技能评价具有促进受训学员提高教学技能水平的导向作用。

(二)微格教学中评价的作用

1.及时全面地获取反馈信息

从控制论的观点来看,反馈是很重要的。教育学上的传统反馈形式是执教老师上完课后通过回忆听取来自评课者的反馈和来自学生的反馈。但有时执教者很难理解这些评议,因为他想象不出自己教学行为的形象如何。微格教学则利用现代化的设备,记录全面的现场资料。执教者可以反复观看自己的微格课录像,因而不仅可以得到上述来自评课者和学生的反馈,而且得到了来自执教者自身的反馈,执教者可以自己发现教学行为中的优缺点。从心理学的观点出发,这一反馈无疑是一个强刺激,最能强化行为人的优点,并改变行为人的缺点,所以在微格教学的评价中所接受到的反馈信息是及时全面的。

微格教学又是一个受控制的实践系统。微格教学的评价使师生双方及时全面地获得反馈信息,因而使培训者在有控制的条件下进行教学实践,控制沿着有目标的、正确的方向进行。

2.理论与教学实践紧密结合

从信息论的观点来看,让学员观看示范录像是对复杂的教学过程的一种形象化解释。学员从各种风格的教学示范中得到的是大量声像的信息,而这种信息是最易被接受的,因为视觉神经的信息接受能力要比听觉神经的信息接受能力大得多。在微格教学的理论学习阶段,学员已经从理论上学习分析了各项课堂教学技能的作用、方法和要领;在角色扮演阶段又亲自运用了某项教学技能进行微格课的实践;在微格教学的评价过程中,通过讨论评议,将各项教学技能的理论和实践科学地结合起来,从观察、模仿到综合分析,形成了完整的课堂教学艺术。

3.相互交流,促进提高

微格教学通常采用定性或定量的评价方式。定性评价根据反馈信息,结合课堂教学技能的理论,由小组成员提出各种个人的观点和建议。微格教学的组织形式已使全组师生成了研究教学技能的知己,每位成员都可以直率地提出意见,互相取长补短。微格教学的评价也为执教者本人提供了充分的发言权。这与传统的评课是不同的,这种评价既不是简单地打分,也不是单看教学实践成绩的高低,而是在整个评价过程中发挥集体的智慧,对提高课堂教学质量起了重要作用。

对于师范生来说,微格教学评议的重点是能让他们对照课堂教学的基本技能要领,看到自己课堂教学的不足之处,从而加以改进,使自己尽快掌握课堂教学的基本技能。对于有一定经验的中学教师来说,微格教学要求参加培训的教师能发挥个人教学特长。评议的重点是经验交流,同时在微格教学中暴露出来的不足之处也将在和谐的气氛中得以解决。通过评价使本来已具有一定教学经验的教师在课堂教学技能的掌握运用方面更上一个台阶。

4.促进教学理念与技能的提升

随着时代的发展、科技的进步,在教育改革不断深化的过程中,新教材、新思想、新观点、新方法会不断引入到课堂教学中,教师会面临传统的教学观念与现代化课堂教学观点的矛盾。微格教学融进了国内外许多现代教学理论的观点、技能和方法。经过微格教学的理论研究、课堂教学技能分析示范、微格备课、实习记录等环节,学员对这些新的理论观点、技能方法已有了一定的认识。微格教学评价过程,充分综合了来自各方面的反馈信息,这种全新的评议方法能激发学员学习。在微格教学中应用新理论、新方法,钻研新教材,运用

第一章 微格教学理论与实践

新的课堂教学技能,从而使每位受培训者的职业技能和素质在原有的基础上有所提高、有所发展,并使之适应教育改革的新形势,加快实现现代化课堂教学的进程。

二、评价指标体系的建立

(一)微格教学评价的性质

微格教学的全过程中既有诊断性评价,也有形成性评价。

在微格教学活动中,导师和学员通过各种活动形式,如理论学习研究、技能观摩讨论、相互听课、角色扮演等,得到了来自多方面的反馈信息,从而对学员的课堂教学特点及基本技能运用程度有了一定认识,这就是诊断性评价。

所谓形成性评价,即在微格教学的评价阶段,通过具体的系统性评议讨论,导师和全体成员努力开发对这个过程最为有用的各类证据,探寻并记录下形成这些证据的最为有用的方式。这是微格教学活动群体中每一成员都积极参与的结果。信息反馈和改正提高是形成性评价的必要因素。

微格教学的活动过程中,反馈信息是多方面的,有来自小组同伴的反馈,有来自导师的反馈,也有来自执教者自身的反馈,而且与其他教学活动不同的是微格教学的反馈信息能做到因人而异,既有针对性又有比较性,并通过活动中特有交流方式达到改正提高的目的。参加微格教学学习的个人能学会以前没有掌握的技能要领,能纠正过去尚未察觉的缺点和错误,并明确今后努力提高的方向。微格教学的评价结果不是单纯看被评者的统计得分,而是强调从诊断性评价和形成性评价的比较中来判断价值。无论参与者是师范生还是有一定教学经验的教师,最重要的是提高和发展。

(二)微格教学评价量表的制定

微格教学是以提高课堂教学技能为主要任务的教学研究活动,评价的重点应该以达到技能训练的目标要求为标准,经过比较,判断价值。因此,如何建立合理的课堂教学技能评价量表对于微格教学评价工作来说是十分重要的。

微格教学的评价指标就是根据每项技能的目标要求分解确定的。这些指标必须是具体的、可观察的、可比较的、易操作的,并尽量注意相互间的独立性。下面以教学语言技能的评价为例加以说明(表1-2):

表 1-2　语言技能评价记录表

课题：　　　　　　　　　　　　　　　　　　　　　　　　　执教：

评价项目	好	中	差	权重
1.讲普通话，字音正确	☐	☐	☐	0.10
2.语言流畅，语速、节奏恰当	☐	☐	☐	0.20
3.语言准确，逻辑严密，条理清楚	☐	☐	☐	0.15
4.正确使用学科名词术语，无科学性错误	☐	☐	☐	0.15
5.语言简明形象、生动有趣	☐	☐	☐	0.05
6.遣词造句通俗易懂	☐	☐	☐	0.10
7.语调抑扬顿挫	☐	☐	☐	0.05
8.语言富有启发性	☐	☐	☐	0.10
9.没有不恰当的口头语和废话	☐	☐	☐	0.05
10.音量恰当	☐	☐	☐	0.05

　　根据教学语言技能的作用、方法和要领，确定了评价记录表中的 10 项具体指标。每一条指标在该指标体系中的重要程度，用权重系数表示，各项权重系数之和应该等于 1。每一条指标的评价等级可分为好、中、差三等。

三、微格教学评价的实施

（一）分等评价法

　　导师准备好小组角色扮演的录像资料和各项技能的评价记录表。在播放某一段微格教学的录像资料前可以先请执教者向小组全体成员介绍自己设计这一教学片断的意图，包括教学目标、教学技能方法等。然后导师和全组成员一起观看录像。小组观摩完毕，开始讨论评议。执教者本人可以做观看后的自我评议，评述自己原来设想的教学目标哪些达到了，哪些没有达到。小组评议可以根据每一项课堂教学技能的评价量表来对照分析讨论。导师要启发和鼓励每位学员积极参加小组评议，让学员懂得课堂教学技能的评价能力的提高对于提高课堂教学质量是很有帮助的。通过讨论，大家一起定性地评述运用某项教学技能的情况，肯定优点，提出改进意见。在定性评价的同时，也可以采用定量评价的方式。在观摩微格教学片段时，每位小组成员都是评价员。学员可以利用事先设计好的各种微格教学技能评价记录量表，在每一个评价项目旁边的对应等级处画上"√"。然后，利用教学评价统计软件，将每份评价表的量值逐一输入计算机，经过计算机运算处理后可以打出一定的分数值。

第一章 微格教学理论与实践

这种分等评价法运用了定性和定量评价结合的方式,相对客观。最后,由导师根据小组评议情况和定量结果进行小结,书写评语。

在采用分等评价法时,应注意以下几点:

(1)每位学员在微格教学实习前要了解每项技能的要点。

(2)每位学员在观摩微格教学片断前要仔细阅读有关技能的指标体系中的各项评价内容。

(3)在观摩评价过程中,对微格教学片断中没有涉及的项目以评中间等级为宜。

(4)不必将各个项目的等级相加,因为它们没有可加性。必须强调的是微格教学的评价目的不是看最后得分多少,而是看学员在整个微格教学实施过程中对运用课堂教学技能的理解和掌握程度。

(二)评价统计的方法

评价统计是在评价记录表完成后,由统计员完成以下步骤:

1.填写统计表格

我们以教学语言技能为例,参阅表1-2,统计方法说明如下:

统计员先制定好统计用的表格,如表1-3所示,假如有10人参加评课,对第一项"讲普通话,字音正确",评好的有2人,占总人数的2/10;评中等的有6人,占总人数的6/10;评差的有2人,占总人数的2/10,在统计表格的第1项右边等级比率栏内,分别填入0.2、0.6、0.2,依次将每个评价项目的等级比率分别填入统计表(表1-3)。

表1-3 等级比率统计量表

项目	权重	等级比率		
		好	中	差
1	0.10	2/10=0.2	6/10=0.6	2/10=0.2
2	0.20	3/10=0.3	7/10=0.7	0
3	0.15	1/10=0.1	7/10=0.7	2/10=0.2
4	0.15	5/10=0.5	5/10=0.5	0
5	0.05	0	5/10=0.5	5/10=0.5
6	0.10	2/10=0.2	6/10=0.6	2/10=0.2
7	0.05	4/10=0.4	5/10=0.5	1/10=0.1
8	0.10	1/10=0.1	6/10=0.6	3/10=0.3
9	0.05	1/10=0.1	8/10=0.8	1/10=0.1
10	0.05	2/10=0.2	5/10=0.5	3/10=0.3

2.统计运算

根据表1-3中的数据,可以得到两个矩阵,其中矩阵 A 由各项目的权重组成:

$A = [0.10 \ 0.20 \ 0.15 \ 0.15 \ 0.05 \ 0.10 \ 0.05 \ 0.10 \ 0.05 \ 0.05]$

等级矩阵 R 由各评价项目的等级比率组成:

$$R = \begin{bmatrix} 0.2 & 0.6 & 0.2 \\ 0.3 & 0.7 & 0 \\ 0.1 & 0.7 & 0.2 \\ 0.5 & 0.5 & 0 \\ 0 & 0.5 & 0.5 \\ 0.2 & 0.6 & 0.2 \\ 0.4 & 0.5 & 0.1 \\ 0.1 & 0.6 & 0.3 \\ 0.1 & 0.8 & 0.1 \\ 0.2 & 0.5 & 0.3 \end{bmatrix}$$

矩阵 A 和矩阵 R 的乘积为矩阵 B,矩阵 B 是对教学语言技能的评价矩阵:

$B = A \times R$

$$= [0.10 \ 0.20 \ 0.15 \ 0.15 \ 0.05 \ 0.10 \ 0.05 \ 0.10 \ 0.05 \ 0.05] \times \begin{bmatrix} 0.2 & 0.6 & 0.2 \\ 0.3 & 0.7 & 0 \\ 0.1 & 0.7 & 0.2 \\ 0.5 & 0.5 & 0 \\ 0 & 0.5 & 0.5 \\ 0.2 & 0.6 & 0.2 \\ 0.4 & 0.5 & 0.1 \\ 0.1 & 0.6 & 0.3 \\ 0.1 & 0.8 & 0.1 \\ 0.2 & 0.5 & 0.3 \end{bmatrix}$$

矩阵乘法是矩阵 A 的每一行(横为行,当前只有一行)与矩阵 R 的每一列(竖为列,当前有三列)对应元素的积作为新的矩阵之积的各元素。

即: $B = [0.10 \times 0.2 + 0.20 \times 0.3 + 0.15 \times 0.1 + 0.15 \times 0.5 + \cdots + 0.05 \times 0.2$
$0.10 \times 0.6 + 0.20 \times 0.7 + 0.15 \times 0.7 + 0.15 \times 0.5 + \cdots + 0.05 \times 0.5$
$0.10 \times 0.2 + 0.20 \times 0.0 + 0.15 \times 0.2 + 0.15 \times 0.0 + \cdots + 0.05 \times 0.3]$

$$= [0.235 \ 0.615 \ 0.15]$$

矩阵 B 的结果显示,参加评价的 10 人中,对执教者的课堂教学语言技能各项指标全面评价后,有 23.5% 的人认为好,61.5% 的人认为中等,15% 的人认为差。设每个等级与一百分制分数的对应关系为:好=95 分,中=75 分,差=55 分,则组成分数矩阵 C:

$$C = \begin{pmatrix} 95 \\ 75 \\ 55 \end{pmatrix}$$

用矩阵 $B' = B \times C$,得出最终评价结果:

$$B' = [0.235 \ 0.615 \ 0.15] \times \begin{pmatrix} 95 \\ 75 \\ 55 \end{pmatrix}$$

$$= (0.235 \times 95 + 0.615 \times 75 + 0.15 \times 55)$$

$$= 76.7(分)$$

即被培训者的教学语言技能为 76.7,属于中等水平。

以上方式要用到矩阵计算,或利用计算机运行专门编制的程序,若条件不具备,也可以用下列方法加以简化。

以前面介绍的教学语言技能为例,假设各项评价的等级为好(95 分)、中(75 分)、差(55 分),可填写出下表(表 1-4):

表 1-4 语言技能评价记录表

课题: 执教:

评价项目	好	中	差	权重
1.讲普通话,字音正确	√	□	□	0.10
2.语言流畅、语速、节奏恰当	□	√	□	0.20
3.语言准确、逻辑严密、条理清楚	□	√	□	0.15
4.正确使用专业名词术语	√	□	□	0.15
5.语言简明、生动有趣	□	√	□	0.05
6.遣词造句通俗易懂	□	√	□	0.10
7.语调抑扬顿挫	□	√	□	0.05
8.语言富有启发性	√	□	□	0.10
9.没有不恰当的口头语和废话	√	□	□	0.05
10.体态语配合恰当	□	√	□	0.05

那么某一评价者对试讲者的评分为：用各项所给等级对应的分数乘以各项所对应的权重，统计各项目的得分之和，即

95×0.10＋75×0.20＋75×0.15＋95×0.15＋75×0.05＋75×0.10＋75×0.05＋95×0.10＋95×0.05＋75×0.05＝83（分）

按以上方法，逐张统计出每位评价者的评分，最后计算出平均分即可。

这种方法也能在一定程度上反映出试讲者运用技能的情况。

3.统计程序设计

使用人工计算微格教学的评价统计比较烦琐，有条件的地方可以采用计算机数据处理的方法实现。根据上述原理使用 FoxPro 数据库程序或其他计算机语言编制微格教学评价统计软件，其程序设计思想流程图如图1-2所示。

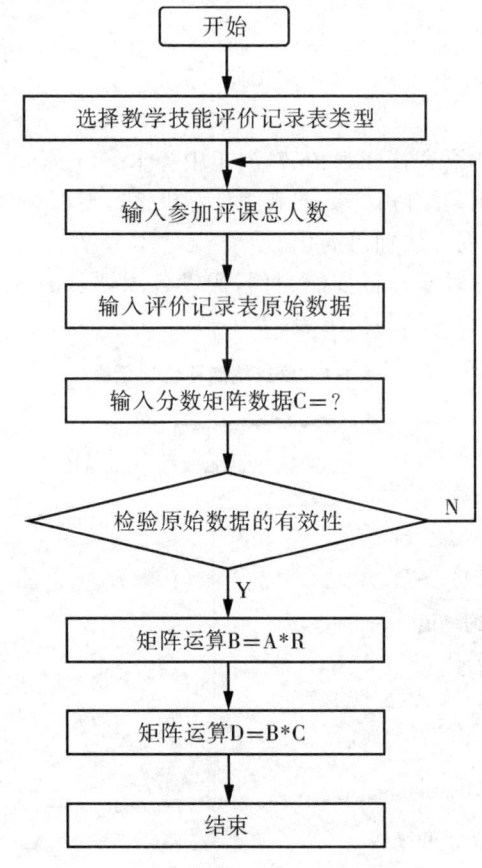

图1-2　教学评价统计程序设计流程图

四、微格教学中的反馈

(一)微格教学反馈的意义

反馈是控制系统的基本方法和过程。教学中的反馈可以有效地强化动机,促进行为的改善。一般教法课的试讲活动,因为在事后评定,反馈环节很微弱,控制调节作用更小,达不到强化的效果。微格教学中的反馈弥补了教法课的不足。借助录像,采用自评、互评、点评相结合的方式对被培训者进行真实、及时的反馈,能很好地发挥反馈的控制调节作用,强化效果好。由于微格教学的技能评价是形成性评价,其理论依据就是反馈原理,因此微格教学的反馈是根据过去的操作情况来调整未来行动的。它根据形成性评价提供的信息,肯定教学技能、理论知识的优势,并诊断出问题,及时改进,提高教学质量,具有很大的调整和矫正作用。微格教学中的反馈是及时反馈,信息量大。在教学技能实践之后,立即以重放录像的形式,为被培训者提供了自我观察教学过程和分析自己教学行为的条件,让学员能够找出自己的优缺点。同时"学生"、"评价人员"和指导老师也可向被培训者指出优缺点和改进意见。通过反馈,被培训者获得大量的信息,并在此基础上进行调控。被培训者能在集思广益的基础上,经过自己的分析、加工和重组,修改完善原有的方案。在多次修改和反复练习的基础上,受训者的教学技能得到了明显的提高。

(二)微格教学中反馈的方式

反馈的方式按时间分为及时反馈、短时反馈和长时反馈。微格教学采用的是形成性评价中的及时反馈或短时反馈,以充分发挥评价的改进功能,做到及时调整和矫正。反馈的方式按信息来源分为他人反馈和自我反馈。微格教学把他人反馈与自我反馈相结合,把来自同行和指导老师的意见与对自身教学行为的分析结合起来,有效地改进教学行为。就教学中的教师而言,自己不易觉察自己的某些行为,如语速太快,面孔呆板,语调低而平淡,知识量过大,行走过于频繁等,他人反馈对解决这些问题比较有效。受训者观看自己的授课录像,这种自我反馈的形式能产生较强的信息刺激,使对诊断出的问题的有效矫正成为可能。在反馈评议的过程中,小组的学员们在一起充分讨论,共同献计献策,提出改进方案,受训学员可再次修改、讲课、录像、评价,使评价反馈起到了改进和提高教学技能的强化作用。

(三)微格教学反馈中应注意的问题

1.加强组织,用好录像

在反馈评价中,指导老师要给予恰当的组织和安排,被评价者要通过重放

录像观察审视自己的教学行为,根据自己确定的目标找出教学中存在的问题,进行自我分析、自我反馈。与此同时,评价人员包括指导教师要根据录像提供的信息,按照一定的评价要求,定性定量地分析被评价对象的教学行为,以他人反馈的方式,给被评价者提供大量的反馈信息。在这个过程中,被评价者获得了非常有效的改进教学的意见,学员评价者提高了评价能力和鉴赏水平,指导教师掌握了学员的训练情况。

2.反馈意见要具体、集中、可行

微格教学强调具体、集中的反馈,并能在重教中立即得到利用。评价人员可根据爱伦教授的"2+2"教学指导法,即对每个被评价者一般只提出两条赞扬性意见和两条改进性意见,反馈意见限制两条。目的在于使评价者和被评价者把注意力集中在最主要、最容易改进的方面,因此针对性强,重点突出,有利于被评价者抓住关键问题,诊断和改进教学行为。

3.选用恰当的反馈形式

评价目标达到程度的反馈信息,对被评价者来说是一个极为敏感的问题。被评价者的自信心、自尊心和情绪都会受到评价结果反馈的影响。特别是简单的否定,可能会使被评价者的自信心动摇,情绪不稳定,甚至产生一些消极的心理行为。因此要注意选择恰当的反馈方式,以避免使被评价者感到焦虑。如多采用启发式,引导学员自我客观认识;或采用讨论作为反馈方式,转移过分关心分数的注意力;还可采用小范围的反馈,或将评价分数、直方图结果和相互作用分析的结论在讨论时交给被评价者本人,防止扩散否定性的评价结果。

思考与练习

1.什么是微格教学?

2.微格教学有哪些基本特点和基本功能?

3.简述微格教学实施的基本步骤及要点。

4.微格教学评价的分类、过程和方法如何?

5.微格教学教案编写有哪些项目?试就一个中学物理教学片段撰写微格教学教案。

第二章
微格教室的组成与使用

第一节 微格教室的组成

微格教学是一个有控制的实践系统,为了顺利地完成微格教学的任务,必须筹建与之配套的符合其特点规律的微格教室。

教学组织形式的小组化是微格教学的重要特征,它决定了微格教室的小型化,其面积一般在20平方米左右,能容纳6~20名学生。微格教室是一个具有真实课堂情境的模拟教室。它除了常规的教学设备如黑板、讲台、学生课桌、计算机、多媒体投影机之外,还要有进行技能学习、实践、评价的现代化视听设备。微格教室应尽量减少外界的干扰,防止受训者受到非智力因素的影响,同时也有利于提高传声器的录音质量。此外,如有条件,还应为微格教室建立配套的资料室,用于保存教学技能的示范资料和被培训者角色扮演的资料,供指导教师、研究人员教学和研究使用。

微格教室的建设可与其他电教用房综合考虑。微格教室视听设备与其他电教设备具有相关性和相似性,因此微格教室的控制室可以和卫星教育电视、闭路电视系统、电视节目制作的控制室合并,把它们有机地联系起来形成一个相互关联的网络,还可把微格教室建设成一个多功能的音像资料视听室。一般情况下,微格教室的教学全貌,可以通过具有良好封闭隔音性能的单向玻璃进行观察,这样有利于研究人员分析讨论,也可通过闭路电视的大屏幕或彩电观察教学。

一、微格教室的特点

随着现代教学理论以及信息技术的发展,新型的现代微格教学系统应该是一个集多媒体教学、视频点播、数字化现场直播、远程监控与评价和信息化

综合管理为一体的数字化网络系统。整体上它应该具备以下特点：

(1)多媒体微格教学；

(2)教育技术技能操作与实训；

(3)微格各室之间交互学习以及视频广播；

(4)基于网络的评价与监控；

(5)基于校园网络的微格系统管理平台。

二、微格教室的设计

(一)现代微格教学系统的设计原则

现代微格教学系统的设计包括实验室设计和教学设备设计两方面内容。因此,现代微格教学系统的设计原则应该从实验室和设备需要两方面出发,遵循以下几个原则：

1.易控性原则

现代微格教学系统是一种智能化、数字化的系统,对它的设计应当满足使用人员操作的真实性、有效性和便利性要求。整个系统的操作简洁明了,即使系统本身,就技术而言,可以是相当复杂的,但是它最终面向用户的交互界面应该是简洁的、容易操作的。易控性在很大程度上满足了教学的需要,简化了学生和在职教师提高教学技能的程序。

2.开放性原则

主要是指硬件设备的通用性,即设备的指标是否和国内外认可的标准相一致或相接近。如在视频的截取录入时,所保存的格式是否具有通用性；监视器的输入输出接口是否与主流的线制一样；设备的开放性是否有利于日后设备的更新或升级等。同时,在设备的选择上也应当顺应时代发展的需要,对微格教学发展趋势做出科学的预测,并予以实现。

3.实用性原则

它是指设计应该注意整个系统的性价比,在保证教学、训练需求的同时,微格教学系统的构建还需要考虑适当的性价比。在设计的过程中,不能一味地选择先进的、价格高的设备,应讲究实用。如视频传输系统,不是越贵的系统整体性能就越好,更多的是体现在个别方面。

(二)现代微格教学系统的设计要求

根据现代微格教学系统的特点和设计原则,现代微格教学系统的设计必须满足下列要求：

(1)微格教学系统必须具有全面的信息化教学环境配置,如多媒体计算

机、实物投影机等,为学生提供真实的信息化教学环境,让学生通过实践掌握信息技术与课程整合的专业技能。在微格教学训练的过程中,指导教师根据现代教学理论与方法引导学生利用信息化教学手段贯穿教学过程,并通过教学设计使学生深入探讨信息技术与学科课程整合的方法与策略。

(2)具有信息化的微格教学过程管理与评价管理平台。微格教学的过程是一个不断修正教学设计与教学方法的实践过程,所以需要改变传统的实践与评价方式,使用信息化的手段与方法,将学生的教学实践过程用文件夹方式管理起来,运用过程性评价的方法,通过学习文件夹的评价方法有机地将教学、学习与评价结合起来。评价过程中着重学生自评、学生互评和小组评价,教师还可以借助"教学过程管理与评价管理平台"监控学生的微格训练过程,并组织不同小组、不同班级的学生进行实时或通过学习文件夹开展研讨与互评活动。

(3)指导教师能够基于网络实现现场实时观察、指导与分时个别指导。在微格教学中往往是多组同时进行,教师通过网络双向性,观察每组学生的教学过程,针对教学过程中出现的问题,及时进行指导,并对优秀的教学方法或出现的常见问题,组织全体学生进行观看、交流、对话。同时,将学生施教过程记录存档。指导教师通过网络随时浏览学生文档,并将评价意见批注在学生的文档中,供学生参考。

(4)学生自我演练、自我修正的管理模式。现代微格教学系统应具有开放性,允许学生反复演练,指导教师与学生之间、学生与学生之间不断沟通、评价,以使学生迅速掌握教学方法与教学技能。因此,管理平台是基于校园网络的,每次微格教学过程,师生可以实时或分时将评价意见批注在视频记录中,学生可以通过网络进行浏览,自己对比,自我评价,不断修正教案,提高教学水平。

三、微格教室常用设备

(一)摄、录、放设备

1.摄像设备

摄像设备的好坏,直接影响角色扮演情况记录的好坏,应该选用质量较好、性能稳定的摄像设备。(1)摄像镜头。摄像镜头有变焦、定焦、自动光圈和手动光圈之分,要根据实际情况选配。(2)摄像机。一般采用低照度,水平分辨力至少在 30 线以上,信噪比在 46 dB 以上的电荷耦合 VCD 摄像机。

2.录像、放像设备

(1)录像设备。一般采用带高频头的VHS录放机,而现代微格教学系统则广泛使用硬盘录像系统。(2)放像机。放像设备要具备有利于教学分析的慢速重放、逐帧重放和完全静止等功能。现在VCD和DVD比较实用,可作为放像设备使用,或直接通过计算机系统将硬盘系统中的数字化音像资料播放出来。

(二)传声设备

微格教室对传声器的要求是失真度小,灵敏度高,指向性强。一般采用高级拾音器,但采用这种拾音器要有专用电源。现在普遍采用一间微格教室中,师生共用一个固定在天花板或黑板上方墙壁上的拾音器的传声方法,效果较好。

(三)控制设备

一般的控制设备是机械式面板控制,但它有如下弱点:一是操作不便,二是一个面板控制器只能控制有限几个摄像头。目前,已开发研制出新一代控制设备,即键盘控制系统。它操作简便,只用一个控制键盘就可控制多个摄像头。另外,还出现了更先进的多媒体控制设备,配置辅助信息沟通系统,使得微格教室和主控室的信息沟通变得更为方便,主控室和微格教室之间距离比较大时,也能迅速沟通,不受任何干扰。

(四)照明设备

角色扮演时,要把整个过程用摄像机拍摄下来,要求微格教室有较好的自然照明条件,以保证画面应有的层次。为了补充自然光线的不足,可在微格教室中加装新闻灯。微格教室要避免日光灯的镇流器的蜂鸣声,应该采用工作时无噪音的节能型电子镇流器,如用线圈镇流器,则要把它安装在室外。

(五)多媒体计算机

多媒体计算机上安装有各种视音频采集、非线性编辑系统及音频处理系统等应用型软件。多媒体计算机可以由一台或多台计算机组成,安放在控制室内,负责整个设备系统的控制、管理和音像制作,并充当视音频展示器。

第二节 福建师大微格教室的使用

一、微格教室系统构成

福建师大微格教学系统由主控室与多间微格教室组成,其中每间微格教室背后配有观察室,系统构成如图2-1所示。

第二章 微格教室的组成与使用

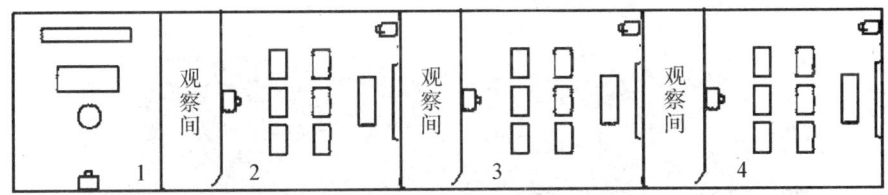

1 主控室；2、3、4 微格教室

图 2-1 福建师大微格教学系统构成示意图

（一）主控室（图 2-2）

图 2-2 主控室

主要配置设备：监控台、主控计算机、摄像头、录像机、VCD、监视器、对讲机等。

主控室设计功能：

（1）控制任一微格教室中的摄像云台和镜头，可以监视和监听任一微格教室的图像和声音。

（2）对微格教室播放教学录像与电视节目。

（3）可以把某个微格教室的情况转播给其他微格教室。

（4）可以录制某个微格教室的教学实况供课后讲评。

(二)微格教室(图 2-3、图 2-4)

图 2-3　微格教室(1)

图 2-4　微格教室(2)

主要配置设备:
(1)多媒体投影机:用于投放教学课件资源。
(2)学生摄像机:用于拍摄在座观摩学生的情况。
(3)教师摄像机:用于拍摄试讲者的教学情况。
(4)教师控制台(讲台,图2-5):用于控制投影机及屏幕的工作,并配备计算机进行多媒体辅助教学,同时记录和播放课堂实录。
(5)回放音箱:用于播放音频声音。

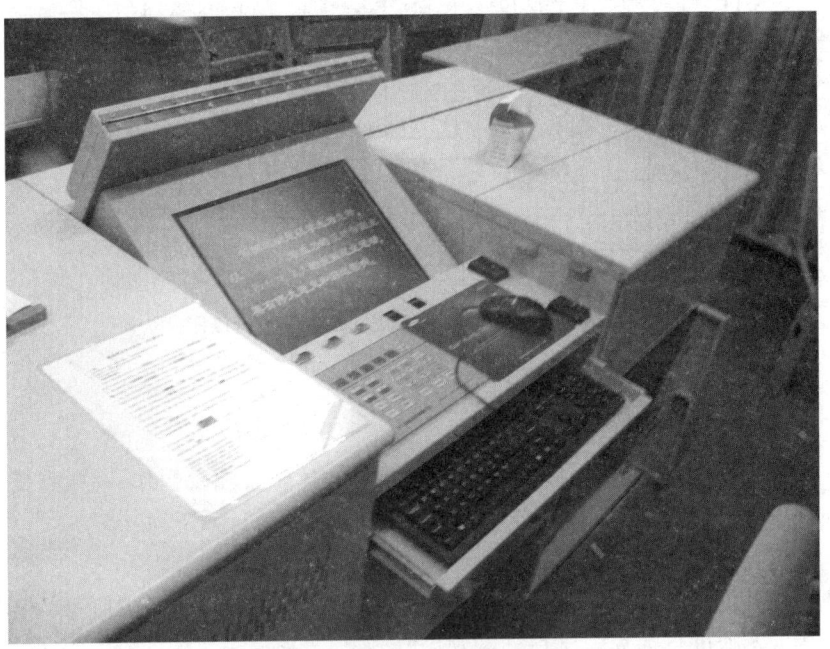

图 2-5 微格教室——教师控制台

多媒体微格教室设备连接如图2-6所示。
微格教室设计功能:
(1)在微格教室中可以呼叫主控室,经允许与主控室对讲。
(2)微格教室中可以控制本室的摄像系统,录制本室的声音和图像,以便对讲课情况进行分析和评估。
(3)分控机可以遥控选择主控室内的哪一台录像机、VCD机等其他影像输出设备进行工作,并能遥控已选择设备的播放、停止等操作。

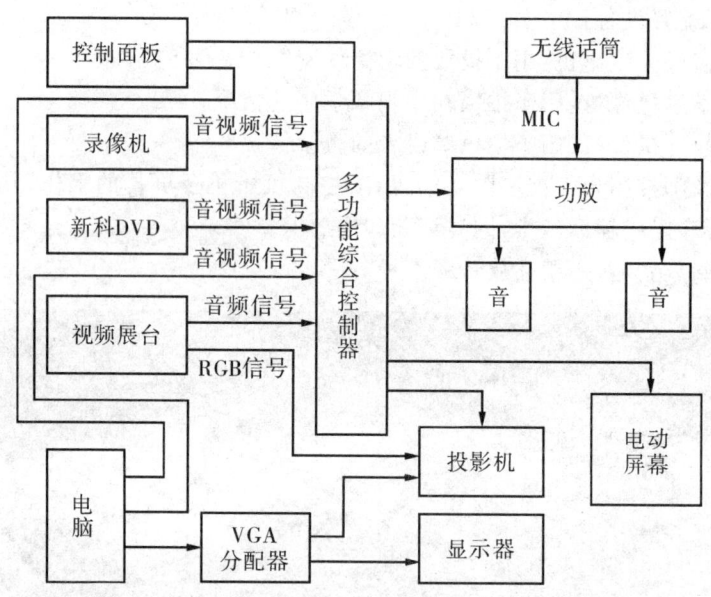

图 2-6　福建师大多媒体微格教室设备连接图

二、微格教学系统整体功能设计

福建师大现代微格教学系统是一个集多媒体影音编辑制作、视频点播、网络现场直播为一体的微格教室系统，系统整体功能设计如下：

(1)该系统采用智能网络控制方式进行系统的控制和管理，可通过系统分别控制各摄像机的动作，选择观看各微格教室的现场教学情况，对各教学现场的学生、老师进行远程教学评估和观摩。

(2)该系统可将各种音视频信号和计算机信号切换到电视机上进行显示。

(3)整个系统可与校园网络有效连接，用户通过校园网也可点播服务器的视频内容。

(4)系统采用数字化录像 MPEG4，实时压缩成 asf 和 mp4 文件格式，两种格式同时存储微格教学内容于服务器上，可用多种方式进行剪辑和合成。

(5)各微格教室可以方便地自行控制摄、录、放、存、删除等全部操作(对资源库文件的修改或删除须经授权方可)。

(6)系统可将各微格教室的现场情况调到中控室的主控计算机上进行观看，同时各微格室通过网络也可方便地播放其他微格教室现场情况，无须中控室进行转播。

(7)管理员不仅可以在系统总控室对整个系统进行控制,同时也可进行远程控制。

(8)控制室能观看到任何一间微格教室的教学情况(通过显示器)。每间微格教室除了可观看到本微格教室的教学情况外,也能通过电视机看到其他微格教室的教学情况。

三、微格教室设备使用

(一)总控制室操作步骤

(1)打开配电箱里的主控室电源。

(2)打开稳压电源的总开关。

(3)打开 UPS 电源:按 UPS 上的 ON 键(长按 2 秒)打开 UPS 电源。

(4)打开控制设备电源(总线控制器、视频处理器、音频处理器、电源控制器)。

(5)打开电脑电源。

(6)打开电视墙电源。

(7)打开操作台上的控制开关。(从右至左:101～103 前、LED 显示屏和活动监视器、101～103 后、104～106 前、104～106 后、备用。)按遥控器上的"TV/AV"键使各电视为 AV 状态。

(8)启动主控服务器程序。双击主控电脑桌面上的 ,启动主控服务器程序,选择"隐藏窗口"。

(9)打开教室电源:双击主控电脑桌面上的 ,选择教室,按"电源打开"按钮。

(10)打开 CMNS-2000 客户端 ,对各微格教室的上课情景进行控制、录像。

(二)多媒体微格教室的使用操作步骤

打开 MFC-Ⅴ型多功能综合控制器的电源即可使用系统。MFC-Ⅴ多媒体综合电教室控制系统的全部设备应用资源均由 MFC-Ⅴ电教室多功能控制面板统一控制管理,操作直观、快捷。控制面板界面分为设备电源控制和切换区、设备功能控制区(图 2-7)。

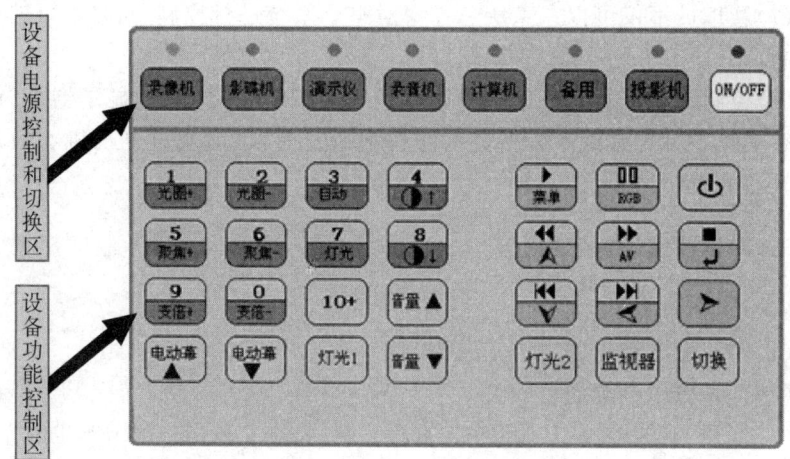

图 2-7　MFC-Ⅴ电教室多功能控制面板

1. 设备电源控制

通过控制面板的按键操作,可控制多媒体电教室所有设备的供电电源,并可控制一个电动幕的升降运动,及两组环境灯光的电源通断。

(1) 在整个系统的供电电源打开后,ON/OFF 按钮上方的指示灯为红色,按 ON/OFF 按钮一下,其上方的指示灯变为绿色,这时就可以对面板上的其他按钮进行操作。

(2) 按下设备电源控制区内的按键,该键上方指示灯点亮,表示对应该键的设备供电电源打开,同时该设备的音视频信号被切换到音视频输出的第一路,当再次按下设备按键时,只起音视频切换功能。

(3) 环境设备(电动幕和灯光)的控制有四个键,分别是"电动幕▲"、"电动幕▼"、"灯光 1"、"灯光 2"。按"电动幕▲",电动幕做上升运动,再按"电动幕▲",电动幕停止运动;按"电动幕▼",电动幕做下降运动,再按"电动幕▼",电动幕停止运动。当电动幕在运动过程中,按反方向的按键可使电动幕停止后马上反方向运动。灯光的控制方式是按一下开,再次按下即关。

(4) 设备电源的关断:设备的电源不能单独切断,需按住 ON/OFF 按键不动,等其上方的红绿灯交替闪烁时即松开,再等待十秒钟左右后全部设备的电源即切断。在全部关断前,控制面板自动执行如下操作:

① 发出投影机遥控关机命令,先实现软关机,让散热风扇运转几分钟,保证了投影机的正常关机,提高投影机的使用寿命。

② 发送电动幕上升命令,保证关机前投影幕全部收上。

第二章 微格教室的组成与使用

2.音视频切换控制

(1)直接按设备电源控制和切换区的前六个选设备按键"录像机"、"影碟机"、"演示仪"、"录音机"、"计算机"、"备用",控制该设备的音视频信号切换到音视频输出的第一路。

(2)按下选设备按键后,再按"切换"键,可将该设备信号切换到音视频输出的第二路;若按下选设备按键后,再按"监视器"键,可将该设备信号切换到音视频输出的第三路。

(3)若需直接将电脑信号切换到投影机,先按"投影机"键,再按"RGB"键或"AV"键即可。

3.设备播放功能控制

(1)录像机控制

按选设备键"录像机",在设备功能控制区的右边即可控制录像机的各种动作,功能控制按键的灰色按键即对应录像机的各功能键。在输出通道1可监视到调节状况。

(2)影碟机控制

按选设备键"影碟机",在设备功能控制区的左边即可控制影碟机的各种动作,功能控制按键的灰色按键即对应影碟机的各功能键。在输出通道1可监视到调节状况。

(3)演示仪控制

演示仪若为遥控控制方式则可通过读码后采用控制面板集中控制,先按下"演示仪"键,设备功能控制区左边的深灰色按键对应演示仪的各功能键。

(4)录音机控制

录音机若为遥控控制方式则可通过读码后采用控制面板集中控制,先按下"录音机"键,设备功能控制区右边的灰色按键对应录音机的各功能键。

(5)投影机和音响的控制

音响的音频信号和投影机的视频信号应是一对输出信号,音量控制键是指控制遥控播放的音量或者控制投影机自带音响的音量。按"投影机"键可实现对投影机的控制,设备功能控制区右边的蓝色按键对应投影机的各功能键。

四、微格教学过程的控制

(一)讲课录制操作

第一步:调整拍摄对象的大小位置

(1)打开微格录制平台(软件)。左键双击桌面"CMNS-2000客户端"图标。

(2)进入 CMNS-2000 客户端管理界面(图 2-8)。

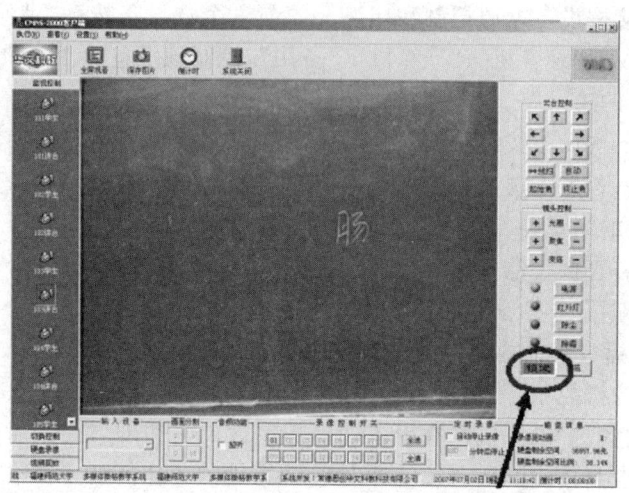

图 2-8　CMNS-2000 客户端管理界面

(3)单击"锁定"按钮,可对教室内教师摄像机的拍摄角度及镜头进行控制(图 2-9)。

"锁定"后方可调节摄像机角度、调焦、大小;调整到试讲者及屏幕的大小、位置适当为止,如图 2-9 所示。

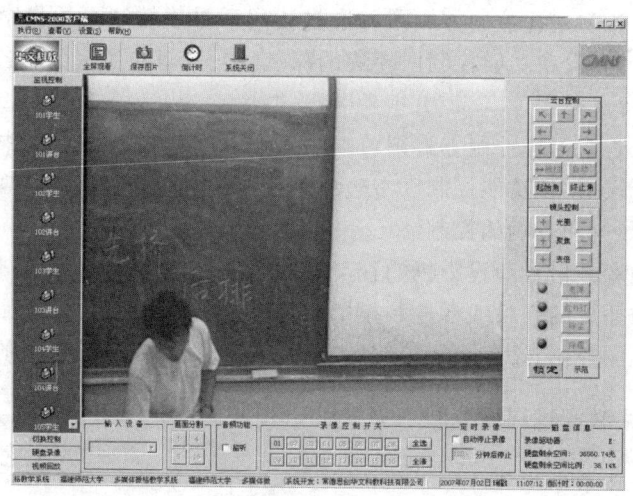

图 2-9　调整画面到合适的位置和大小

(4)再单击"锁定"取消调节,准备录像。

第二步:开始录制

(1)单击下方的"01"录像控制开关,显示"输入"对话框(图2-10)。

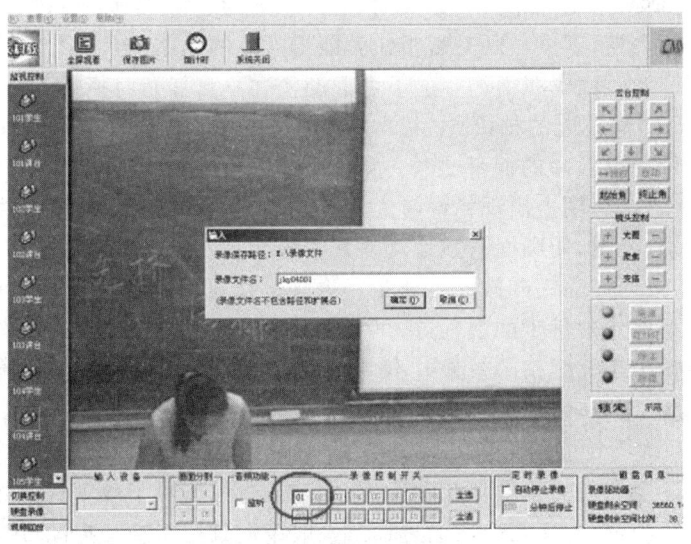

图2-10 输入对话框

(2)输入文件名:jky04001,单击"确定",开始录像。(注意所在路径为E:\录像文件,以便课后拷贝)

(3)单击确定,开始录像。

(4)录像完毕,再次单击"01"停止录像,文件被录于E:\录像文件\jky04001文件中。

(二)同步录制的拍摄技巧(在主控制室中进行)

现场录像既可由各微格教室自行控制,也可由主控制室来控制。在主控室可以完成一些精细镜头组接过程的示教片段和示范教学片段的录制。同步录制应遵循微格教学同步录像真实性原则,使声音、图像得到准确还原。如果采用多媒体投影仪教学,应拉上窗帘,关闭教室照明灯等。声音则用固定机上的机内话筒来拾取,让周围的环境声和教师语言一同进入麦克风,真实还原教室当时的声音环境。同步录像要准确、及时,抓住人物细节,将试讲者的自身习惯,及不易察觉的地方,如多余的动作、习惯性的口头语等捕捉下来,以便进行后期反馈和评价。录像人员注意力要高度集中,根据教师在课堂上随时的变化及时做出反应,使教师各方面技能被完美无缺地记录下来。

1. 引入技能的拍摄

引入是教师如何引导学生进入所学内容的过程。开始时我们一般以全景反映教室的环境气氛，然后将镜头推向教师的特写，重点拍摄教师如何引起学生的注意，留给学生的第一印象如何，捕捉教师的表情、手势等；接着用摇镜头扫过学生的表情，观察教师是否很快就能把学生的思绪引入课堂情境，同时把青年教师开始时因紧张而产生的下意识动作和不自然及时抓拍下来。

2. 教师讲解技能的拍摄

用近景拍摄教师的面部表情，如讲课时习惯性的视觉方向、目光和口形等，教师在语言运用上出现错误时立刻推至特写；教师用多媒体课件讲解，应该调整景别、光圈，使画面清楚地反映其中的文字、公式，让听课教师后期能看清楚画面，以便作为评判教学内容是否合理的依据。但有时听课教师看到的画面并不是课堂中学生的观察点，可穿插用全景拍摄的画面，确定光圈，使画面明暗与学生实际观察的效果差不多，作为教室中的学生视点，以"他"的观看效果评判教师的多媒体课件是否合理。

3. 教师提问技能的拍摄

提问主要表现的是教师和学生相互交流的情况，除了教师行为外，还要拍摄学生的行为，体现交互的活动过程。一般用近景拍摄教师提问，用特写表现学生的回答，用中景并摇镜头拍摄其他同学的反应。

4. 演示技能的拍摄

演示技能是教师给学生演示的某种技能技巧，这个过程中的主体是教师。比如拍摄物理老师演示课堂教学实验，用特写镜头跟着其手部动作，用中近景表现整个演示过程，拍摄仪器部件是否讲清楚，仪器调整是否到位，并将出现的错误或不当的操作及时抓拍下来，作为听课教师评判和纠正的依据；同时也以教室内学生的角度，穿插全景镜头，观察是否都能看清楚演示过程。

5. 教师的板书技能

板书技能包括两个方面，一方面以黑板和教师为中心，另一方面是多媒体画面内容的布局。一般用全景来表现教师对整个黑板的安排；在教师进行板书的过程中，从教师板书的全景推至近景，突出教师板书细节；以中景或近景拍摄多媒体画面，观察字体选择是否美观，大标题、小标题是否分明，反差是否得当，文字、图片、动画等组合运用是否合理；用中景跟镜头表现教师如何运用板书、多媒体内容进行讲解。

6. 教师课堂组织技能的拍摄

组织技能包括两个方面：一是教师组织整个教学内容的能力，它贯穿于整个教学过程中，是教师多方面技能要素的整合；二是教师组织学生、调动学生的情绪的能力。用全景表现课堂气氛,用跟镜头表现教师如何进入学生之中,创设问题情境,组织学生讨论。

7.结束技能的拍摄

用近景或特写表现下课铃响之前,教师对本节课内容的总结,或者对未授完内容的控制,为下一课的讲解做铺垫,并将镜头渐渐拉至全景,表现下课气氛。

(三)试讲回放操作(在微格教室中进行)

(1)单击左下角的"视频回放"按钮,进入回放界面(图2-11)。

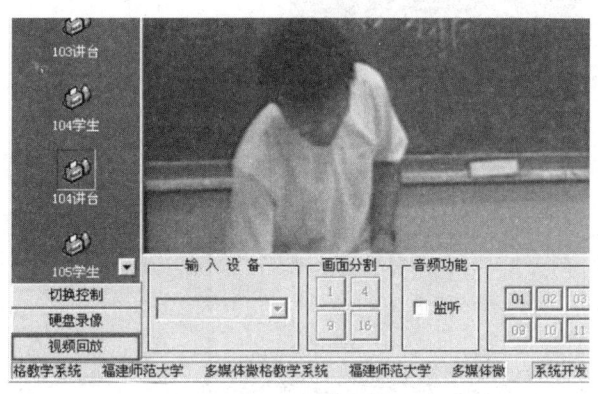

图2-11 "视频回放"按钮(左下角)

(2)单击右边的"文件"下拉按钮,并从下拉文件名列表中选择本人的文件即可(图2-12)。

(3)单击右边的"播放"按钮,即可回放,并可进行暂停、快放、慢放、停止、备份及刻录等操作(图2-13)。

(4)还可通过屏幕下方的进度钮,进行选择性的播放(图2-14)。

(四)音视频导播与点播操作

1.音视频导播服务

总控制室通过软件可实现对每个微格教室中的多媒体设备进行远程操作控制。在总控制室的电视墙上,可以观看到任何一间微格教室的教学情况。教室可通过不同的用户名登录CMNS-2000客户端,观看到其他教室的教学情况。总控制室可将音视频处理器的任一输入信号强制性地送到每一教室。通过该功能教师可以对所有班级或指定某年级的学生讲解教学内容,实现教学实况转播,也可以把某个教室的实况转播给所有的班级或指定的某几个班级,从而实现转播教学。在总控制室中,还可以通过CMNS-2000客户端与各

美术微格教学

图 2-12　视频回放界面

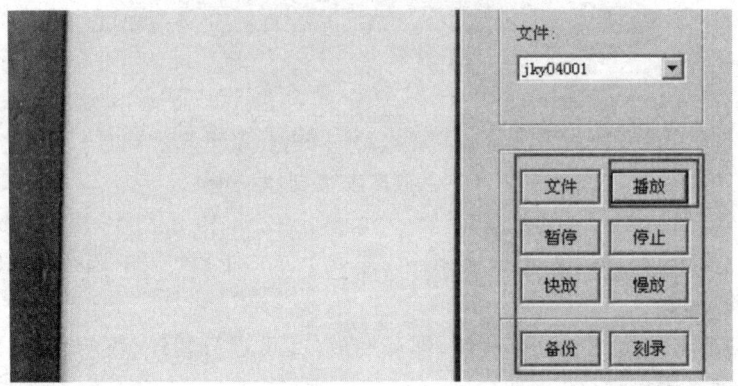

图 2-13　回放过程可进行的操作

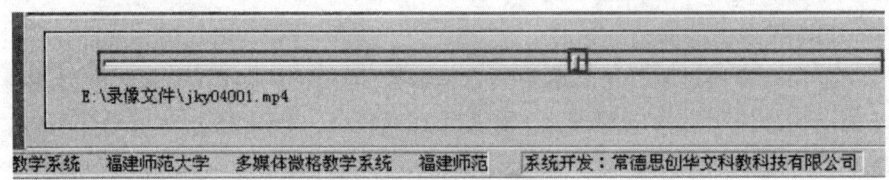

图 2-14　播放进度钮

微格教室进行可视对讲，教室和教室之间也可以进行可视对讲。例如要在 101 教室和 102 教室进行对讲，则可在 101 教室用 102 用户名登录客户端软件,采集到 102 的图像和声音,而在 102 教室用 101 用户名登录客户端软件,采集到 101 的图像和声音,从而实现教室和教室之间的对讲。

2.监视图像切换

主控软件可将系统中的任意一路音视频输入切换到系统中的任意一或多路音视频输出。在操作过程中,所选中的监视器和摄像头将以蓝底白字反相显示。主控室可指导某个微格室与另一个微格室互相观摩学习,进行教学经验交流。其操作方法如下:

(1)点击"监视"按钮,将系统控制状态切换到监视状态。

(2)选择输出的监视器(02.微格一):在软件的主控界面上的"监视器窗口"中选择需要输出的监视器,例如选择"02.微格一"。

(3)选择需要观看的摄像头(03.微格二):在"摄像头窗口"中选择需要监视的摄像头,则该摄像头的图像会显示在所选择的监视器上,例如选择"03.微格二"。

(4)点击"监视"按钮,将系统控制状态切换到监视状态。

(5)选择输出的监视器(03.微格二):在软件的主控界面上的"监视器窗口"中选择需要输出的监视器,例如选择"03.微格二"。

(6)选择需要观看的摄像头(02.微格一):在"摄像头窗口"中选择需要监视的摄像头,则该摄像头的图像会显示在所选择的监视器上,例如选择"02.微格一"。

(7)至此,某个微格室(02.微格一)与另一个微格室(03.微格二)即可以互相观摩学习。

3.VOD 视频点播服务

微格教学系统采用网络交换机进行网络连接,并可与校园网络有效连接,试讲者可将微格技能训练的片段及使用的课件,通过该系统的节目录入和编排功能模块编制成 VOD 点播目录(该步骤可由技术人员完成)。这样老师和学生即可通过校园网点播服务器上的节目内容。在任一台校园网的终端机的 IE 浏览器中,输入 VOD 视频点播服务器的 IP 地址 192.168.10.8,打开主界面,如图 2-15 所示。

在此画面中有"视频选播"、"课件选播"、"首字选播"、"字数选播"、"分类选播"、"编码选播"六个主菜单,将鼠标箭头移到需选的主菜单,该菜单变红色。如要进行视频选播,单击鼠标左键,弹出视频菜单(图 2-16),选择所需的视频文件,单击鼠标左键,进入播放界面。

图 2-15　VOD 点播界面

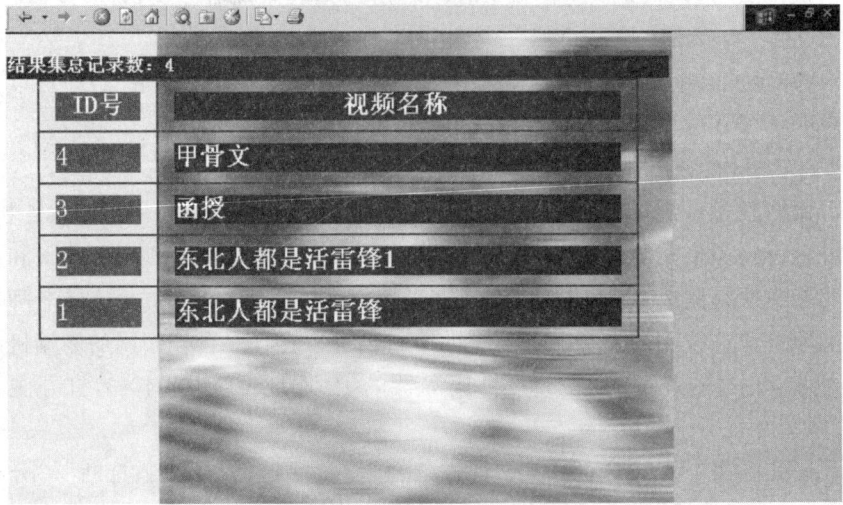

图 2-16　VOD 点播视频菜单

五、微格教学技能评价软件使用

（一）软件介绍

福建师范大学现代微格教学系统采用先进的电脑软件进行教学技能评价，通过该软件系统可以全方位地进行微格教学，并且对教学结果进行准确的记录和合理的评估，从而促进受训者不断地完善教案，提高教学水平与教学效率。该评价软件界面如图2-17所示。

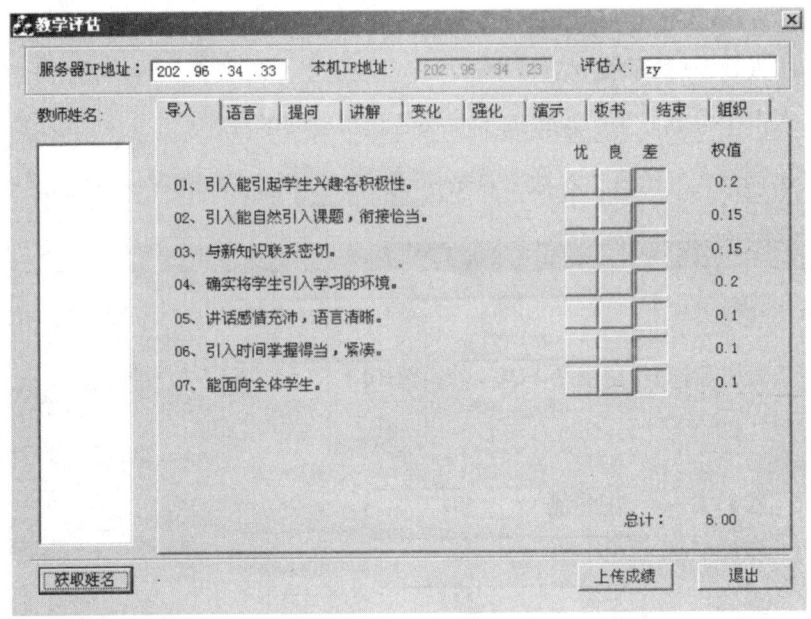

图 2-17　评价软件界面

在服务器 IP 地址栏输入服务器 IP 地址，本机 IP 地址栏输入本机 IP 地址，在评估人一栏输入评估人姓名，再点击"获取姓名"按钮即可。

1. 教学评估内容

该软件系统对教师进行评估的内容严格按照微格教学标准来制定，主要有"导入技能"、"语言技能"、"提问技能"等 10 项评估标准，10 项标准根据权值定为"优"、"良"、"差"三等级，然后系统自动统计进行数字分析，产生评估值。

2. 评估方法

进入系统控制窗口，切换到指定示范点，鼠标左键单击教学评估菜单中的教育评估选项，进入教学评估窗口，填入教师名称和评估人，然后根据微格教学要求对教师进行教学评估，根据教学的实际情况选择权值（优、良、差）。如果评估人要查看各项教学指标，左键单击"统计图"或者"报表"按钮，系统可自动进行数字化统计。

（二）软件使用

1.评课设置

点击菜单栏中的"评课"菜单项中的 S评课设置 菜单项，弹出"评课设置"对话框，如图2-18所示。评课设置以班级为单位，一个班级保存为一个文件夹。在"文件名称"项中输入保存的文件名，在"班级名称"项中输入班级名称，在"人数"项的下拉列表框中选择该班级的学生人数。在"姓名"、"学号"参数输入框中设置好整个班级的学生姓名和相应的学号。点击 保存文件 按钮以保存设置好的班级参数。点击 退出 按钮退出"评课设置"对话框。

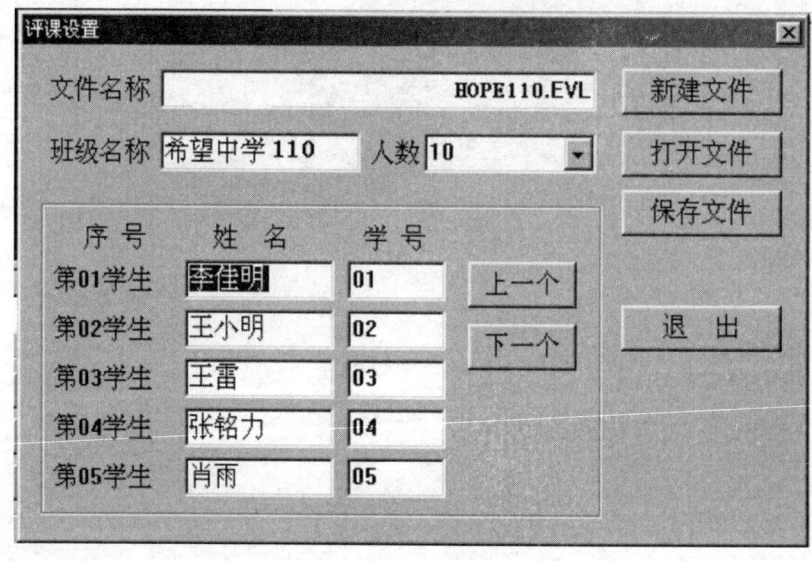

图2-18 评课设置界面

2.评课数据输入

点击菜单栏中的"评课"菜单项中的 D评课标准 菜单项，弹出评课对话框（图2-19），在"学生姓名"和"标题"项的下拉列表框中，选择被评的学生和技能。在"评课技能"框中对各项进行评课。评课完毕后点击 保存文件 按钮以保存评课结果,点击 退出 按钮退出评课对话框。

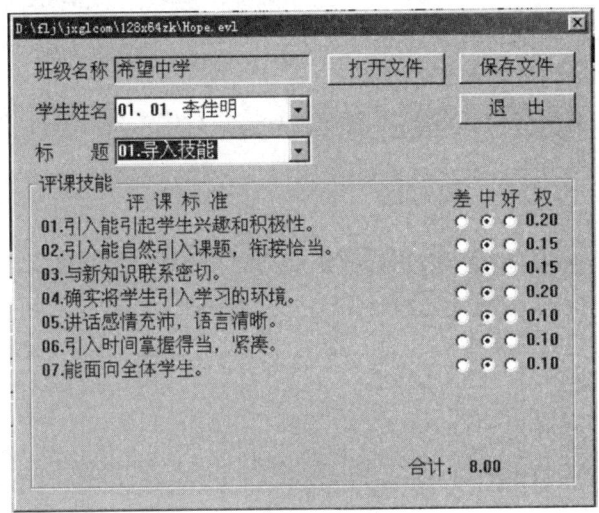

图 2-19 评课数据输入对话框

3.评课结果分析处理

点击菜单栏中的"评课"菜单项中的 C评课成绩 菜单项,弹出"评课成绩"列表框,列表框中将会详细地显示各个学生各部分技能的成绩(图 2-20)。

No.	学...	姓 名	总分	名次	A	B	C	D	E	F...
01	01	李佳明	80.0	5	8.0	8.0	8.0	8.0	8.0	8.0
02	02	王小明	79.90	10	7....	8.0	8.0	8.0	8.0	8.0
03	03	王雷	80.80	3	8....	8.0	8.0	8.0	8.0	8.0
04	04	张铭力	80.0	5	8.0	8.0	8.0	8.0	8.0	8.0
05	05	肖雨	80.90	1	8....	8.0	8.0	8.0	8.0	8.0
06	06	李伟峰	80.90	1	8....	8.0	8.0	8.0	8.0	8.0
07	07	张丽	80.70	4	8....	8.0	8.0	8.0	8.0	8.0
08	08	王刚	80.0	5	8.0	8.0	8.0	8.0	8.0	8.0
09	09	安冒雷	80.0	5	8.0	8.0	8.0	8.0	8.0	8.0
10	10	张立	80.0	5	8.0	8.0	8.0	8.0	8.0	8.0

图 2-20 评课成绩列表

点击"评课"菜单项中的 A评课分析 项,弹出"评课分析"柱形图框,该框以柱形坐标显示该班级各个技能的对比情况。

○ **思考与练习**

1. 微格教学系统的组成是什么？
2. 微格教室的常用设备有哪些？
3. 练习使用福建师范大学微格教室的操作和使用方法。
4. 练习使用福建师范大学微格教学技能评价软件。

第三章 美术教学语言技能

第一节 教学语言技能概述

美术教师在美术课堂上用来讲授美术知识、组织技能训练、激发学生的学习情绪，以完成教学任务所运用的语言，便是美术教学语言。美术教学语言是美术教师完成美术教学任务的主要工具。苏联教育家苏霍姆林斯基说："教师的语言修养在极大的程度上决定着学生在课堂上的脑力劳动的效率。我们深信，高度的语言修养是合理利用时间的重要条件。"①美术教师的教学语言技能是美术教师传递教学信息，提供教学指导的重要的行为方式，是提高美术教学质量的重要保障。

教学语言技能是教师用语言向学生阐明教材、传授知识、提供指导、传递信息的一类教学行为方式。

美术教学语言技能并不独立存在于美术教学之中，它是一切美术教学活动的最基本的行为。美术教师要真正理解并掌握美术教材，上好美术课，搞好美术活动，不能不把自身美术教学语言技能训练放在头等重要位置。

美术教师的语言表达形式是多种多样的，主要有课堂教学口头语言，即信息交流最直接而且使用量最大的各种口头表达方式；书面语言，即书面文字表达方式，如板书、批阅作业的批语等；体态语言，即用示范性或示意性等各种体态语的表达方式。在这三者之中，课堂教学口头语言是课堂教学中语言表达的主要形式。

美术教学语言技能是美术教师用正确的口头语言以及各种具有辅助性的书面语言和身体语言去对学生进行美术知识和技能传授和讲解的行为方式。

---

① 孟宪恺：《微格教学基础教程》，北京师范大学出版社1992年版，第43页。

美术教师的教学语言技能水平,是影响学生学习的重要因素,在引导学生学习,启发学生思维,实现教学目标等方面具有重要作用。

第二节　教学语言的作用

教学语言技能结合其他教学技能所能实现的教学功能是广泛的。在这里仅就教学语言的最基本特征谈其作用。

一、传递知识信息

语言是信息的载体。通过教学语言标准规范的发音、准确的语义、词语的选择和搭配,可以有效地传递知识信息。教学中大量活动需要通过语言的表达和交流来实现,教师使用规范的、准确的教学语言,才能使学生掌握扎实的基础知识。教学语言水平与教学效果是直接相关的。有研究表明"学生的知识学习同教师表达的清晰度有显著的相关",教师的讲解如果含糊不清会直接影响学生的学习成绩。所以准确、清晰地传递知识信息是对教学语言的基本要求。

在美术课堂中,美术教师传授的是美术知识和美术技能,教师应充分运用规范的教学语言进行教学。对教学语言最基本的要求是准确,表达的思想内容要准确地反映教材实际,表达形式要准确地表现思想内容,教师要依据教学大纲和教材要求,科学地组织教学活动,向学生传授知识,沟通情感,教师教学用语的语法、修辞、逻辑都必须经过推敲、斟酌而定。教师在课堂中正确地运用教学语言、清晰地传递教学信息,是教学语言的基本功能。

● **案例 3-1　人物画的早期发展阶段——战国时期**

《人物龙凤图》、《人物御龙帛》是我国发现的最早的绘画,体现出墨笔线条是我国古代绘画的主要造型手段。

1949 年在湖南长沙楚墓中出土的我国战国时期的帛画《人物龙凤图》、《人物御龙帛》,是我国发现的最早的绘画,帛画是画在丝织物上的画。据考证,此帛画是当时的一种陪葬品,它的作用是引导死者的"灵魂"升天。画中宽袖长裙,双手合十,体态婀娜的女子是死者的象征。在妇女上方的龙和凤,据说是引导死者"灵魂"升天的一种神奇力量。这当然是当时迷信思想的反映。

从艺术表现手法上可以看出墨笔线条是我国古代绘画的主要造型手段。

画中妇女苗条的体态反映了当时"楚王爱细腰,宫中多饿死"的审美时尚。①

教师这段小结语言,思想严谨,表达简练,充分表现出了教学语言的准确、清晰的工具性特点。

二、组织课堂教学

美术课堂教学的组织工作,是顺利进行美术教学的保证。如果学生精神涣散、各行其是,甚至违反课堂纪律,教学工作就无法正常进行。组织好课堂教学,是教学语言技能的重要功能。使用恰如其分的语言可以明确学生的思维指向,集中学生的注意力;用鼓励性的语言可以激发学生的求知欲望,调动学习积极性;用激发强化的语言可以引起学生学习的兴趣,稳定课堂纪律;用发自肺腑的教学语言可以实现师生的情感交流。总之,通过丰富的教学语言可以恰当而有效地组织课堂教学。

例如,在低年级美术课堂欣赏教学中,当有的学生注意力不够集中时,教师就可以说:"我看见××同学精神特别集中,眼睛一直看着老师,他肯定能够很快学会欣赏这幅画。"或者说:"同学们,我们来比一比,看谁能做得又对又快。"这些语言都可以有效地组织学生学习。

教师还可以用优美的语言充分展示教学内容的美,激发师生对美的共同感受并赋以鲜明的情感色彩,以此来诱发学生学习美术的内部情感动力,从而达到组织好教学的目的。

例如在花圃一课中,教师是这样描述花的:

花,是植物最美丽的生命形态。它代表着美好、幸福、繁殖……它美化了我们的生活,丰富了我们的精神世界。花卉的造型天生优美,色彩绚丽,人们根据其生长结构及其形态特征展开联想,赋予了不同花卉以不同的象征意义:傲雪凌霜的梅花表示坚毅;体态丰满的牡丹表示富贵;冰清玉洁的荷花表示纯洁;色彩浓烈的红玫瑰表示爱情;梅、兰、菊、竹以其坚韧挺拔的气质和高雅飘逸的品位被誉为代表中国古代文人的"四君子"。

随着时代的推移,花卉作为人类生活不可缺少的组成部分,愈加显示出她的审美价值和无穷魅力。每逢佳节到来的时候人们会以鲜花表示祝愿;朋友生病时,我们会以鲜花表示慰问;与心上人约会时鲜花可以表达心中的爱慕;缅怀故人时,鲜花又代表了思念……我们的家里总会留有一只花瓶,不时地插

---

① 王卉:《中国古代人物画》,金川第一高中分部体艺组网,http://www.ty121.net/jcfb/lwja/200510/427.html,2005-10-27。

满鲜花,让居室满堂生辉,哪怕是一株小小的吊兰都会给我们的生活带来无穷的乐趣！从古至今有无数的画家将花卉作为自己创作的主题,而在今天的社会花卉也越来越多地以图案的形式出现在我们的生活之中。

让学生认识花卉、了解花卉并用自己的创作意图来表现花卉是培养学生审美意识、提高审美能力的重要方面,从而懂得在生活中运用学过的绘画技法装饰我们的环境则是关键。让学生深切感受到花卉的自然美、艺术美,从而能够很快地组织好教学,进入到良好的教学情境之中。

关注人是新课程的核心理念,一切都是为了每一位学生的发展。好的课堂教学语言能够充分体现出学生是学习的主体。

○ 案例3-2 课堂教学组织范例

教师对同学们说:"今天的课堂作业就是让我们走出教室,以校园为主题,画出学校的示意图！"接着,告诉同学们,这堂课的任务首先是观察、体验、分组选择表达方法,然后进行手绘线条练习。教师再问道:"那我们出去之后,在室外我们应该注意什么？"学生争着回答:"要遵守纪律。""要保持安静。"

"还有呢？"教师追问。同学们静了下来。

教师提醒道:"我们出去是——？"

"观察学校的主楼,然后进行手绘线条练习。"

"具体点。"

"校园的一草一木。""房子。""走向世界雕塑。"

"很好。""观察一草一木的结构特点、区别,房子形状、结构的变化。"

为了保证室外活动的顺利进行,教师和同学们达成五点共识。

通过这样的教学语言,老师既能够组织好课堂教学,又能够使课堂气氛活跃,引起学生学习的兴趣,调动学生的自主参与性。

三、启发学生学习

现代教学论的重要观点之一,即认为教学过程是学生发展的过程,保罗·韦地博士在概括"好的教师的12种素质"时,几乎每一种都涉及教师的语言修养,可见教师的语言对学生发展的重要意义。教师充满激情的语言对学生有吸引作用、感染作用和强化作用。教学语言强烈的情感,可以启发学生的思维、启迪学生心灵。像教师常用的形象描述、且诱且导、祈使反激、晓谕事理等多种表达方式,都能对学生产生非常强烈的效果,启迪学生心灵,使他们产生共鸣,使学生乐知、善思。人们形象地比喻说:教师的语言不是蜜,但可以粘住

学生。即使对美术课没有兴趣的学生,也能被吸引过来,驱走他们对学习的冷漠,启动他们积极思维。

○ 案例 3-3　中国古代花鸟画教学片段

　　上中国古代花鸟画这一课时,我彻底改变了自己的角色,把自己转变为与学生具有相同的情感与思维方式的平等关系,打破原来的教学模式,不强求完美,也不再强求教学目标的完整,只求课堂的一两个亮点即可。上课前,我就先与学生聊一些学生关心的热点问题,主要是让学生产生亲近感和认同感。一上课,我就提问一位学生:"美术作品是动态的还是静态的?"学生很快就回答:"是静态的。"我接着问:"美术欣赏过程是静态的还是动态的呢?"学生也很快地回答:"是动态的。"我再问:"那美术欣赏的过程是谁在动?"学生回答:"是欣赏者在动。"我接着再问:"是欣赏者的什么在动?"有的学生回答:"是思维在动。"有的学生回答:"是情感在动。"……通过这样的一番问答和争论,我让学生明白了美术欣赏活动首先需要欣赏者具备积极、主动的态度和情感。

　　接下来,我把原来的"八字教学法"(描述——感受——理解——评价)重新诠释了一番,我用形象的语言这样描述:"我们在欣赏美术作品时,作品是不动的,如果我们也不动,那就谈不上审美活动了。我们怎么才能动起来呢?所谓'情人眼里出西施',首先我们要用含情脉脉的眼睛细细地观察它,并用自己的语言描述它的'花容月貌'。接着就可以异想天开了(启动自己的发散性思维),胡思乱想、想入非非都可以……然后把自己的真情实感用生动的语言说出它的奇妙之处。最后还是不能'为情所困',要结合自己的情况、体验,站在客观的角度谈谈对它的价值、意义的看法和它对自己的启发。……"在我讲解的过程中,有些学生开始感兴趣了,有的开始放下了手上的其他书籍,聚精会神地听着。然后,我要求学生从课本中选择一两件作品欣赏,并谈谈自己的感想和对自己的启发。此时,全班的同学都努力尝试用这个奇特的方法展开欣赏活动,很多同学进入审美的角色,看到了美术的形式美,感受到了画的意境。其中有一位女生欣赏黄筌的《珍禽图》,非常投入和细致。她用很生动的语言描述了形象各异的鸟,使我最感动的是,她说:"在作品的右边有一只幼鸟和一只成鸟,我感受到他们在非常深情地对话、交流,好像是父子或是母女的关系似的。我仿佛听到了成鸟的谆谆教诲和幼鸟的好奇追问……"这幅作品恰恰是黄筌为儿子学画而绘制的临摹范画(但课本并未指出),作品画的全都是珍禽,表面看不出"父爱",课本的文字也没有说明作品的创作原因,父爱是隐藏

的,但是这位女生感受到了。她的体验震惊了当时的我,也感染了大多数同学……①

启发学生时教师的语言要有目的性,提问必须立意鲜明,语言简练,有利于开拓学生的思路,提高分析问题和解决问题的能力。不要提一些简单的、带有暗示性的问题,如"是"、"不是"、"好"、"不好"等。

◎ 案例 3-4 卡通漫画教学片段

师:"请大家把准备好的东西拿出来吧!"
学生拿出的钢勺、金属碟、钢饭盒……照着他们疑惑的脸。
师:"同学们你们看到'镜子'中的你吗?"
"镜子?没有啊!老师。"
师:"就在你们手中噢!"
他们来劲了,一个个把眼睛睁得大大的,凑到自己带的闪光的金属器具中。
师:"再近点,再靠近点!来做个思考的模样。"
"怎么样才是思考呢?"
"老师我们不是要当思想者吧?"一阵哄笑。
师:"对!来一个。"
学生坐在桌子旁像模像样地扮演起来了。
师:"大家觉得怎么样?请大家留意下他的脸部表情,再用你们的镜子照照看。"
师:"疯狂!""生气!""看看自己的五官。夸张点!夸张点!夸张点!再夸张点!"

在同学们兴奋的喧哗声中,他们找到了自己的影像,找到了一张张映在凹陷闪光钢勺(钢碟)里面的自画像,学生兴趣盎然并非常乐意去自我表现。

这种上课方法简单,但形式新颖,消除了学生的心理障碍,使学生感到学习没有负担,是一种享受,一种娱乐,学习就像游戏一样,使学生感到轻松愉快,并在乐趣中吸取知识和掌握技能。学生在这样的引导下,越学越想学、越爱学。有兴趣的学习会事半功倍。德国教育家第斯多惠认为,一个坏的教师奉送真理,一个好的教师则教人发现真理。教学语言运用得当,是成功实施启发性教学的一个重要环节。

---

① 林明训:《中国古代花鸟画》,福建高中新课程网,http://www.gzlcg.cn/Zndex.asp,2007-02-10。

四、发挥示范作用

培养学生的美术语言表达能力是美术课的一项重要内容。要教会学生用规范准确的美术语言表达自己的思想,用完整简练的美术语言说明美术内容,表达自己的美术体验。美术教师的言传身教时时刻刻都在影响和感染着学生。如果说美术教师的行为是无声的语言,有形的榜样,那么美术教师的语言就是有声的行动,无形的楷模。具有较高教学语言技能水平的教师,在教学中能对学生产生潜移默化的影响,使学生从自觉或不自觉地模仿教师,到自己灵活地表达,逐步提高学生的语言表达能力。有关研究表明,使孩子从生下来就处于良好的语言环境中,处于大美术文化语境之中,能发展美术方面的能力。以极其自然、巧妙的语言将学生引进美术的殿堂,让他们对美术着迷,训练学生的美感,引导学生用自己的方式来解释、再现美术。美术教师用自己的言教、身教,激发、培养、发展学生的美术兴趣。古人说得好:"知之者不如好之者,好之者不如乐之者。"兴趣是一切学习的前提和动力,因此美术教师的教学语言对于学生是最具体而直观的示范,对培养学生的美术语言能力起着重要的作用。反之,教师语言的逻辑性,直接影响学生思维的逻辑性和语言表达的条理性。很难想象一个语言条理不清,啰啰唆唆的教师,能培养出语言流畅、层次分明、条理清楚的学生。

例如,教师可以这样介绍民间美术工艺品——风筝:

风筝是同学们熟知并喜欢玩的民间游戏品,是传统的体育运动工具,同时,也是一种民间工艺品。风筝在我国起源较早,最早见于记载的是南北朝时期。开始用于传递书信,唐以后演变成为玩具,又在上面加竹笛和丝弦,风吹后发出的声音如筝一般,故名风筝。风筝又是集科技与艺术于一身,融运动和娱乐为一体的艺术品。在我国南北广为流传。其中,北京、天津、山东潍坊和江苏南通等都是扎制风筝的著名产地。"沙燕"是北京风筝。北京风筝已有300年的历史。其风筝扎制工艺精细、构思奇巧、造型匀称、式样繁多,极具特色,"沙燕"即是代表。北京沙燕风筝,造型夸张,强调燕子双翅的力度与尾翼的舒展,强调燕眼与爪的尖锐敏捷。其图案装饰丰富多彩,头部、腹部为固定的样式,胸部可绘以多种纹样,如蝙蝠纹、云气纹、牡丹纹,取其吉祥之意。其设色艳丽,注意风筝高飞后的远看效果,同时也注意细部描绘技艺和色彩的表现。

五、实现情感交流

课堂教学是师生的双边活动,教师在传递知识信息的同时,必然伴随有师

生的情感交流。情感是艺术的生命,美术教育也可称为情感教育。在美术教学过程中,美术教师声发于情、意寓于情、理融于情,带着具有吸引力和感染力的语言去感染、教育学生,引导学生在美的氛围中学会理解美术作品的感情,体验其情感,积累美术审美经验。教师的语调、节奏、语气的变化,或舒缓平稳,或慷慨激昂,或清新闲谈,或委婉动人,或欢快昂扬,或庄严郑重……凡此种种,均可有效地表达教师的情感、情绪,影响着师生间的情感交流。在此基础上形成的师生间的心理联系,又反过来影响知识信息交流的效率。

著名教师于漪说:"教师的语言要深于传情。语言不是无情物,情是教育的根。教师的语言更是应该包含深情。带着感情教,满怀深情说,所教的课、所说的道理就能在学生中引起共鸣,从而心心相印。"

第三节　教学语言技能的构成要素

教学语言技能由基本语言技能和特殊语言技能两方面因素构成。

一、基本语言技能

这是在社会交际中人人都必须具备的语言技能。从人的思维过程来看,基本语言可分为内部语言和外部语言。

(一)内部教学语言技能的构成要素

1.组织内部语言

从人的思维过程来看,边想边说的"想",就是内部语言,思考"为什么说"、"对谁说"以及说话的意向与要点。负责内部语言的生成与组织的是大脑神经中枢。看到外界事物获得的印象,听到学生回答问题获得的信息,进入大脑,经过闪电般的分析、综合、归纳、演绎或联想、想象,形成内部语言。它不具备书面语言反复修改、仔细斟酌的从容,具有很强的即时性。这就要求必须具备思维的敏捷性和表达的准确性。

2.快速语言编码

能使语言顺利编码的条件有二:一是有一定的语言词汇的储备,二是掌握把词语按正确的语法规则排列的本领。内部语言组织得快,语言就流畅、连贯。内部语言组织得好,说出的话就清晰、有条理。否则,就会出现一些不合适的口头禅、不合适的连接词及较长的停顿时间,让人感到词不达意、结巴或语病过多。

3.运用语言表情达意

当内部语言形成以后,就该用外部语言将它表达出来。通过语意、语音、语调、语速、语量的变化表情达意,使语句通顺,逻辑性强,从而增强表达效果。要做到这一点,就必须在语言的运用上力求丰富多彩。既要有以意美以感心的内部语言,又要有以音美以感耳的口头语言和以形美以感目的态势语言;既有抑扬顿挫,又有轻重缓急;既有高昂的语调,又有低沉的声音。只有适时、适度、适情、适意,灵活运用多样化的语言,才能让听者接受多方语音刺激,调动听的积极性,使学生留下深刻的印象。

(二)外部教学语言技能的构成要素

1.语音和吐字

语音是语言的物质材料。有了语音这一载体,才使得表达信息的符号——语言能以声音的形式发出和被感知。在交际中,特别是在教学中,对语音的基本要求是要规范,即要用普通话语音来讲课。普通话语音正确是教学语言规范的基本条件之一,如有位教师对"多"和"独"的音区别不开,因此在讲"多幕剧"和"独幕剧"的区别时,这位教师若不借助于板书,学生就可能无法听清楚教师的讲课内容。

与语音相关的还有吐字问题,人形容吐字不清是"嘴里像含个热饺子",使人听不清楚。造成吐字不正确的主要原因是发音器官(唇、齿、舌)在发相应的字音时不到位。这种问题,只要有意识地矫正,并且经常练习,养成习惯,是完全可以解决的。

2.音量和语速

音量指声音的大小,声音小听不清楚,声音过大没必要,而且使人听起来不舒服。音量应控制在教室安静的情况下最后一排也能听清楚。音量大小和气息控制有关。要达到一定的音量,就要注意深呼吸;要注意有控制地用气。注意音量的保持,避免听清前半句,听不清后半句。要把每一句的最后一个字都清清楚楚地送进学生的耳朵。

语速是指讲话的速度,耳朵有一定的承受力,超载就听不清。每分钟200~250字为宜(播音员为350字/分钟)。

3.语调和节奏

语调是指讲话时声音的高低升降、抑扬顿挫的变化。适度的语调,可以加强口语表达的生动性。

节奏是指讲话时的快慢变化。它和语速有联系,但不是一回事,每个字的音节长短并不一样,句中句间长短不一的停顿,这种不一就是节奏。善于调节音程徐疾变化,形成和谐的节奏,同样可以加强口语表达的生动性。

4.词汇

没有词就没有语言。一个人只有具备一定的词汇量并能正确、熟练地运用于口头表达中,才具有一定的口语技能。在课堂口语中,对词汇的要求是:

(1)规范:要用普通话的语汇交流。

(2)准确:表达一个意思,客观描述事物,要用恰当的词语,不走样。

(3)生动:注意用词的形象性、可感性,注意词的感情色彩,能启发想象、联想、激发感情。

5.语法

要注意符合语法,否则会让人听不懂或费解。同时还要注意合乎逻辑规律。

以上这些都是基本语言技能,是教师课堂教学用语的基础。

二、特殊语言技能

特殊语言技能是指在特定的交流中形成的语言技能。这里特指教师的课堂口语技能。教师的课堂口语技能是在课堂教学的特殊环境中形成的。在课堂上,教师要从一定的教学目的、教学内容、教学对象出发来组织自己的语言,这就形成了课堂口语的特殊结构。

美术教师的课堂口语技能常见以下几种类型:

(一)引入语言

美术教学中为了提示学生为学习做好准备,协调教学活动,推进学习进程,教师常常使用引入语言(又称组织语言)。一段精妙的引语,能较快地激发学生探新觅胜的情趣,迅速把学生带入教学情境中去,它可以造成学生的"悬念",能使学生明确学习的目的和内容,调动学生学习的积极性和主动性,并立即形成学生想学、爱学、急于学的气氛。引语犹如一条纽带,把已知和未知联系起来,把学生的思路引入探求新知识的轨迹。如果每一节课教师都用"上节课我们讲了……这节课我们来学习……"开头,课堂气氛一定很呆滞,不能吸引学生的注意力。假如教师以一个谜语、一段故事、一句成语、一幅画、标本、模型和实物或是精心设计的问题开头,就能很快地吸引学生的注意力。关于导言设计的内容详见第九章导入技能。

引入语之前,教师要进行心理调节,对讲过的内容做到心中有数,即使前面讲的知识有未成功的地方,也不要受失败情绪的干扰,要调整心态,集中精神,精心设计与后面教学内容衔接的语言。引入要以生动的语言来打动学生,调动其积极性,在上下内容中找出承上启下的结合点,为进一步学习开拓一条通达之道。

案例3-5 设计吉祥物教学片段

欣赏雅典奥运会精彩图片,欣赏结束后。师:谈到奥运会,同学们会想到一个非常可爱的东西(吉祥物)。提问:谁知道2004年雅典奥运会的吉祥物是什么? 生:雅典娜,费沃斯(屏幕上出示图片)。有谁能介绍一下这个吉祥物有什么特点?(学生回答)教师小结:他们长着大脚丫,长长的脖子,小小的脑袋,一个穿着深黄色衣服,一个穿着深蓝色衣服,头和脚为金黄色,十分可爱,雅典娜是智慧女神,费沃斯是光明与音乐之神,体现合作、公平竞争、友谊和平等奥运精神。像这样可爱、美丽的吉祥物到底是怎样设计的呢?引出课题:设计吉祥物。

案例3-6 跳舞的点线教学片段①

(教师先请学生在宣纸上画出一个点和一条线)"小朋友,你觉得这样的点和线漂亮吗?想让你的点和线活起来,跳着舞和你见面吗?"教师充满诱惑的语言紧紧抓住了学生的好奇心,适时课件播放教材中的三幅彩墨中国画吸引学生的视觉,同时也把学生学习的兴趣激发出来了。在欣赏的过程中让他们自己去观察三幅彩墨中国画,直观又生动,欣赏完毕,让学生说说这三幅画中的点和线为什么会跳舞。分析其中点、线、面构成的疏密、粗细、节奏等韵律变化之美。"原来普普通通的点和线竟然能组成这么多漂亮的水墨画,你也想让自己笔下的点和线跳舞吗?"接着揭示今天的学习主题——《跳舞的点和线》,从观察欣赏到课题,从引起学生的兴趣,到勾起学生主动学习的求知欲望,遵循了学生的心理特点,使学生保持对绘画的兴趣并产生着手表现的冲动。让学生在欣赏的过程中带着问题去观察,再结合自己的观察来说一说。虽然画面色彩丰富,但学生却能发现这些点和线都是有规律的。儿童的造型方法生动、变形、夸张,甚至抽象,通过对画面点线构成的分析让小朋友对结构有所认识,以儿童所特有的天性,绘画语言会更生动,更具表现力。

上述这段引语体现出新旧知识的结合点,它包含了绘画内容的结合,美术知识的结合,美术体验的结合。

---

① 沈珏晖:《跳舞的点和线》,富阳教研信息网,http://ms.fyjy.net/notice.php? id=16839,下载时间2007年9月21日。

还有的引语包含着逆向结合、类比结合、顺承结合等等。

引语如同乐曲中的"引子",起着集中注意,引出主题和进入情境的作用。设计好引语,课一开始就能扣住学生的心弦,激发学生的学习兴趣,让学生处在最佳学习状态中。对各种不同的引语,在设计和实施中,为能达到预期目的应注意以下几点:

1.引语要具有较强的目的性和针对性,针对教材的不同内容和学生实际设计出适当的引语。

2.引语要与本节所学知识具有较强的联系,做到温故而知新,要与新课重点紧密相关,并揭示出新旧知识的内在联系。

3.引语要具有较强的直观性、启发性和趣味性,使学生产生丰富联想,起到设疑激趣的作用。

4.引语时间要适度,少则一两句话,只几秒钟,最长不应超过两分钟。否则喧宾夺主,影响讲课进程。

良好的开端是成功的一半,上课开始的导入语能够吸引学生,为上课定调。课堂教学过程中环节的转换时,过渡语使用得当可以使教学环节自然衔接,上下贯通,把一课内容连成整体,给学生以系统感,层次感。

(二)启迪语言

美术教师要注意运用启迪语,通过启发讲述可以把知识顺利地传递给学生,沟通学生与教师的思想感情。启迪语言是一种重要的教学手段,它可以控制话题和思维流向,可以通过设置问题和悬念吸引学生的注意力和兴趣,吸引他们去探索真理。

启迪语言常常要设置情境,启迪学生积极思考,主动探索问题,从而发展思维能力。启迪语言要生动、准确、明晰,要有严密的逻辑性。

例如:在欣赏雕塑作品时,教师是这样启发学生的:"土是地球万物的根源,土孕育了生命、负载了生命。湿润、柔软的土是温暖的,土的灵气经过人的双手便显现出其特有的价值。在人类远古的神话中就有'抟土造人'的传说,中国古代'女娲造人'的故事,说的是女娲仿照自己的模样用泥掺水捏了一个泥人,放在地上便活了起来,女娲从此被奉为创造人类的伟大女神。"

在我们幼年之时,都曾有过玩泥巴的经历,那种凉飕飕、滑溜溜的感觉,从指甲缝中一直渗入心田。古往今来,人类依然寄情土的柔性、黏性和钢性,把自己的才智与情怀融入其中,塑造出了蔚为大观不胜枚举的人物、动物等造型。从中国秦代的兵马俑到名扬海外的四大石窟造像,还有今天我们仍然看得到的民间绝活——彩塑(如天津泥人张彩塑和无锡惠山泥人等)。在这些看似没有生命的泥石之中,饱含着人类的智慧和创造力,涌动着人类丰富的情感体验和审美感受。

案例 3-7　光的艺术教学片段

师:今天的美术课就让我们从黑暗中开始吧!请把灯关掉。没有了光,世界笼罩在一片黑暗中;没有了光,线条不见了;没有了光,形状不见了;没有了光,色彩不见了;没有了光,美仿佛也离开了我们。

教师点燃蜡烛放在示范作品里,然后一一点亮其他作品。

(学生欣赏示范作品,交流、品评。)

师初问:欣赏了这么多美轮美奂的作品,你有什么想说的话吗?

学生自由发言,营造自由、舒适的学习气氛。结合学生的发言内容,教师相机出示课题"光的艺术"。

师再问:这些作品有什么特点?如:材料、方法等方面。

……

师:今天我们学习了"光的艺术",也创作了美轮美奂的作品。其实,在日常生活中"光的艺术"也被广泛应用。播放多媒体教学课件,了解"光的艺术"在生活中的应用。

在我们河北省有一种独特的传统艺术形式,它可以说是一种最早利用光来实现效果的艺术形式,在 2006 年这种古老的艺术形式被列入了非物质文化遗产名录。播放多媒体教学课件"唐山皮影",一起来欣赏这种经历了两千年风风雨雨的独特的光影艺术吧!这样既关注身边环境中"光的艺术"的应用,又注重了传统文化的渗透。从历史到未来,从艺术到生活,让我们用心去寻找美、发现美、创作美、感悟美、传播美。①

恰当使用启迪语言应注意到以下几点:

1.语言要简明。启迪语言中多使用学生理解的常用语,它既有利于学生听懂教师的话,也有利于学生语言的发展,既要注意使用规范性的学科语言,又要采用通俗易懂的口语表达。

2.语言要生动形象。小学生善于形象思维(低年级还有运动思维),教师要使用生动形象的语言,修辞上多用比喻、拟人、类比方法,多使用描摹词语。教师还要注意准确的修辞方法,如对比、设问、重复、排比等。

---

①　佚名:《光的艺术》,富阳教研信息网,http://ms.fyjy.net/notice.php? id=12782,下载时间 2007 年 4 月 15 日。

3.语言的运用过程中要及时反馈调整。教师在启迪语言的运用中要善于观察学生反应,发现学生不感兴趣或未听懂要及时调整内容,改变阐述方法,不要一厢情愿地说下去。讲述中要进退自如,既讲正面又照顾反面,力争分析全面。

(三)阐释语言

阐释语是美术教师在美术教学中的重要语言,能充分发挥美术教师的主导作用,使教师能控制课堂进程,掌握教学进度,完成教学任务,实现教学目标。

教师的阐释语传输教学信息密度高,知识面广,是语言中的精华,也是学生渴望得到的。教师运用熟练的语言技巧,将教师对知识精辟的理解和对真、善、美的热爱,融进生动有效的讲解之中,使学生产生浓厚的学习兴趣,形成积极、主动的学习积极性,从而获得知识。

教师通过阐释,把知识的结构,知识间的纵横向联系,学习中的重点与关键,按学生认识规律传输给学生,使学生牢固掌握。阐述语可以发挥教师正面教育的作用,与学生交流感情,对学生进行思想品德教育,培养学生的道德情感、是非观念等非智力品质。

由于构成美术的物质材料和工具是丰富多样的,它是创造性的、非自然性的,是形象直观性的、非语义性的,是诉情性的、精神愉悦性的。这就使得有些美术内容的阐释不可能像其他课程教学一样客观具体,更多时候阐释内容表达的是那种"似与不似之间"的绝妙感觉,这绝不是几个优美的词句所能形象描绘的。学生审美感受力的获得,是通过直观感受,领悟形式中的内涵而不是一般的智力认识来实现的。这种诠释不是简单的叙述,而是通过类比、暗示以及富有创造力的明喻和诗意化的语言来使读者超越文字、视觉,体验其作品表现的意味。诠释中可基于第一层的表象描述,分别从经验、材料、主题、背景等方面进行诠释,力求挖掘出作品的具体内涵。这一过程既需要借助视觉对形式语言的审视,也需要运用美学知识的判断,更需要批评者利用自己的生活经验和思维能力综合思考。无论我们用多么华丽的辞藻去描绘和赞颂,都不如先尽情享受美术作品,用美术作品本身的力量去触发学生的激情。而教师简短的语言只是出现在鉴赏过程的前后,在学生感受美术作品的空隙中。因此,教师的话要含蓄,要给学生留下想象的空间,不宜太满、太实、太具体,不要用自己对美术作品的理解和想象代替或覆盖学生的艺术想象。教师应该是一座"桥梁",架在美术作品和学生之间。要引导学生自己领略美术作品的形式美——"有一千个读者就有一千个哈姆雷特",让学生运用美学知识,利用自己的生活经验和思维能力,体验作品所表现的意味,力求挖出作品的具体内涵,从而引申出对美术及文化现象的整体感悟,最后回归于对作品最终的准确评判。

适时使用阐释语应做到:

1.规范纯正。阐释语要悦耳动听,把问题阐释得清晰流畅。

2.健康纯洁。阐释语要有很强的示范性和影响力,对学生的言行、习惯乃至思想感情有着潜移默化的作用。

3.准确严谨。教材中概念、定义是对客观事物科学的概括,教师的阐释语必须具有科学性、准确性,以免造成学生理解上的失误和困惑。

4.清晰简练。教师的阐释语受特定教学内容和授课时间的制约,应以最简洁的语言传递最大限度的知识信息量,必须做到阐释时简练流利,有条不紊,通俗易懂,点石成金。

5.生动形象。形象化的阐释语是课堂语言优化的重要特征,它能使那些深奥的道理形象化,抽象的道理具体化,使听者产生如闻其声,如见其人,如历其事的感觉。

6.幽默诙谐。教师直接以生动有趣、诙谐、幽默的语言阐释知识,可以让学生体验轻松愉快的情绪,摆脱苦学的烦恼,进入乐学的境界。

7.语调和谐。阐释语在发音吐字上以嘹亮、圆润、明快为上乘,同时还要求语调的旋律和节奏抑扬顿挫,疏密相间,自然有序,使学生能从容不迫地记录思考。

运用阐释语进行说明、解释可配合提问、讨论、演示等进行,不要长篇大论地讲述,把知识硬灌给学生,应尽量做到少而精。

(四)评核语言

评核语言是指教师对学生的反馈信息进行判断、分析、评价。

(1)评价:对学生的回答反应进行分析评论。

(2)重复:为引起重视,教师重复答案。

(3)更正:对不正确的答案进行分析、纠正。

(4)追问探询:继续提问或提示,引起思考。

(5)扩展延伸:把学生的认识引向深入。

◎ 案例3-8 "用线造型"(初中)教学评价设计思路片段

在学生实践阶段,可以随时指导,但指导的过程也是学生反馈学习成果信息的过程,教师可以利用最佳时间,做出适时、因人而异的评价。如:"想法真好,如果表现出来就更好。""透视基本准确,如果再准确一点就更好,就像你用的线那样好就行了……"还有"你画的打开和没打开的书,这个题材多好啊,既简单又能说明问题,我等待你成功的画面!""噢,方纸盒打开盖更能体现六面体的结构特征及其关系,你的想法是独具个性的,我怎么没想到呢?如果能把想法表现出来,那该有多好啊!大家说是不是这样?"……

教学评价设计思路点评:

评价应考虑质的评价。不错,置身于案例的课堂氛围中,没有哪个学生说出不想学习、不能学习的理由,原因很简单。设计者把对最终结果的量化评价前置到对其学习过程的质的评价,简单的几句话,都对学习起到至关重要的作用,对以后的学习行为、进步和发展更是有激励的作用。正如苏霍姆林斯基所说:"从儿童进学校的第一天起,就要善于看到并不断巩固和发展他们身上的好东西。"

当然,这种质的评价在教学过程中不可随意利用,否则会出现表扬泛滥的现象。在评价时要研究他们的优点特征,使其有针对性,方能有激励作用,要把其与量化评价相结合,达到硬性、软性评价恰到好处地为有效教学发挥作用的目的。正如《为了中华民族的复兴,为了每位学生的发展》中所认为的:"……并不能简单地说量化就是好的、科学的。有效教学既要反对拒绝量化,又要反对过于量化。应该科学地对待定量与定性、过程与结果的结合,全面地反映学生的学业成就与教师的工作表现。"[①]

教师在教学中常常使用评核语,因此要求做到:

(1)要围绕教学目标进行,不分散学生的注意力。

(2)及时归纳判断并给予迅速反应。

(3)恰当使用褒贬语句,忌笼统使用"好极了"、"太对了"一类的词语。

(4)语气缓和,不表现出过激情绪或提问失败后表现沮丧的神情,不使用惩罚性批评等。

(5)有情感,教师情感要出自对教材、对学生、对生活的热爱。情感是自然的流露,要真诚,不要表演,体态表情要配合评核语言使用。

第四节 美术课堂教学语言的类型

美术课堂教学语言按其内容可分为一般教学语言和美术专业语言,按传

---

① 相毅敏主编:《新课程教学设计——美术》,首都师范大学出版社2004年版,第58页。

播的媒体可以分为口头表达语言、书面语言和体态语言等。

一、一般教学语言与美术专业语言

一般教学语言是指表达所有事物通用的教学语言,美术教学中所用的大部分语言是这种语言。比如描述绘画工具材料的肌理、画面的色彩、形体的空间等;说明造型要素、组织原理的知识及其内在的联系;阐明美术表现的内容、画面的结构特征、风格流派及组织教学等,都需要大量使用一般教学语言。一般教学语言又可分为转承语、提问语、指令语、强化语和讲解语等。

转承语出现在两个教学片段之间,起承上启下的作用。广义上讲,导入和结束语也属于转承语之列。这种语言要求连贯自然,能够引起学生的兴趣,产生继续学习的愿望,在内容上能加强新旧知识之间的联系,增强教学的系统性和完整性。

提问语贯穿在课堂教学的整个过程中。有时在学习新知识前提出一个引人入胜的问题,使学生产生新奇感;有时在讲解进行过程中提出问题把学生的认识引向深入;有时在课程将要结束时提出问题,复习巩固新知识,或埋下伏笔,为下节课打下基础。提问语要求明确、清晰、语速较慢,能引起学生思考。发问时要注意学生是否认真听明白了题意。

指令语是指教师让学生做什么的语言,如让学生欣赏画面、作画、讨论、发言等。这种语句要求能引起学生的注意,语言清晰、明确,把学生要做的事情交代清楚。要给学生足够的活动时间,不要流于形式走过场。

强化语是指教师对学生鼓励和帮助的话语。这种语言要注意真诚热情,掌握分寸,注意变换方式,掌握好强化的时机等。

讲解语在教学中使用最广。教师运用讲解语应注意发音正确、吐字清晰、音量适中、语速恰当、语调顿挫、讲究节奏、词汇丰富、用词准确、富于条理、精练生动、情感丰富等。

美术专业语言是指正确运用美术术语,即美术学科的专门用语。这些专门用语是由美术基本概念组成的名词体系,每个都有它特有的定义域,不能随意使用。譬如,常用的形式美规律术语:比例、节奏、动势、对称、均衡、单纯齐一、变化统一、对比调和等;重复、近似、渐变、对比、密集等。

运用美术术语教学还要注意以下几点:(1)要培养学生养成使用美术术语词典的习惯,遇到不确认的术语都要仔细查阅,弄准其含义,教师上课时要通过反复提问及讲解提高学生对术语的认识。(2)碰到常用术语教师应特别说明,对与此术语相关的、相近或相反含义的术语要同时讲解,加强学生对术语的全面了解及分辨能力,并逐步在教学中体会和运用术语。(3)讲解术语时要注意发音,不正确的发音会给学生一个错误或模糊的印象,这不仅"误人子弟",也会给美术术语的运用带来困难。

综上所述,一般教学语言与美术专业术语都是上好一堂美术课的基础,只有充分领会、运用和掌握这些教学语言技能,才能把美术课堂教学做得更好。

二、口头表达语言、书面语言和体态语言

语言是交流的工具,分为口头语言(the spoken language)、书面语言(the written language)和体态语言(the body language)。

语言是美术教学中最直接的工具。美术教学中的语言艺术,与其他学科有着共同点,但也有所不同,它有着自身的特点和规律。在美术课堂教学中,师生之间的交流是多重方式并列进行的。由于美术教育不同于其他一些学科,比较看重知识的掌握、概念的记忆和运用,美术教学在注重美术基本知识和概念的学习基础上,突出美术教学通过视觉观察和欣赏,强调个性化的想象和思维,还要学习一定的美术操作技能,并运用多种材料视觉化地表达自己的情感和思想,即眼、脑、手并重。这需要教师的言传身教,学生的反复体会和琢磨,才能理解和掌握。而教学中教师所用的最直接的工具是口语,教师用语言艺术为学生创设意境,使美术形象更具体、生动;教师用丰富、生动的语言,使学生插上了理想的翅膀,在自己的想象王国中遨游。

美术是视觉艺术,美术学科的教学过程就是感知艺术的过程,就是人通过视觉对艺术感受后激起大脑活动,并引起相应的心理、生理变化的过程。《全日制义务教育美术课程标准》也指出要尊重学生独特的感受和体验,不应以教师的主导思想代替学生的思维。应让学生在主动积极的思维和情感活动中,加深理解和体验,有所感悟和思考,受到美的作品的情感熏陶,享受审美乐趣。因此,美术教师除了应该具有准确、形象、富有激情的口头教学语言以外,还应该具有良好的书面语言和体态语言技能。

书面语言,即书面文字表达,如板书、板画、批阅作业的批语等,这些对课堂教学都极为重要。所谓板书,是指用粉笔在黑板上写的字。但作为教师的职业用语,"板书"往往有其特定的含义,即不仅是指黑板上的粉笔字,更包括整个板面的布置、书写内容的条理性、书写内容与口授内容的协调性等等。教学板书以黑板为文字、符号信息、图形、图表的载体,是美术课堂教学内容的精华,构成美术知识的框架。板书和批阅作业的批语等都是美术教师和学生之

间很重要的书面语言交流方式,也是美术教师全面贯彻德智体美教育方针所必须掌握的教学基本功。关于板书、板画技能的内容详见第六章。

所谓体态语言,是指人在交际(此处指广义的交际,包括交流、沟通、传播等多种含义)过程中,用来传递信息、表达感情、表示态度的非言语的特定身体态势。这种特定的身体态势既可以支持、修饰或者否定言语行为;又可以部分地代替言语行为,发挥独立的表达功能;同时又能表达言语行为难以表达的感情和态度。这种特定的身体态势,既有约定俗成的一面,又有灵活变化的一面。美术教师在授课中伴随有声语言的比比划划,眼神表情等动作,就是体态语言的具体体现。师生彼此之间的每一个眼神,每一个手势,面部的每一种表情和身体的某种态势都可以传情达意。这种非语言交流的运用在整个美术教与学的过程中发挥着不可低估的作用。关于体态语言技能的内容详见第四章。

第五节　教学语言技能的应用

美术教学既是一门科学又是一门艺术,而美术教学的科学和艺术是建立在美术教师具有广博的专业知识和熟练的教学技能基础之上的。一个美术教师如果没有广博深厚的专业基础知识,他的美术教学只能是照本宣科的生搬硬套;没有熟练的美术教学技能,就谈不上美术教学的艺术,更不能把美术教学搞得生动活泼,有效地促进学生的美术学习。美术教学语言技能是美术教师选择较为合适的教学语言培养人才的技能。

一、运用教学语言技能的技巧

掌握美术教学语言固然重要,但关键在于运用。美术教学语言是教师在课堂教学中表达思想、交流感情、传递信息的重要工具,因此,合理发掘和运用教学语言艺术是上好一节课的关键,也是衡量一个教师教学水平的重要标准。

(一)通俗易懂,化抽象为形象

教师要善于用通俗的语言、简单的道理由浅入深地阐述或剖析美术学科中的深奥问题。如讲述"雕塑"的概念时,可以先谈世界著名的雕塑家都是从"玩泥巴"开始的,再让学生初步了解"雕"与"塑"的区别,"雕"是减法,"塑"是加法。

（二）运用生动、准确、形象的比拟和比喻

只有形象、生动的语言才能吸引学生的注意力，提高学生的学习兴趣。教师生动风趣的语言，形象贴切的比拟和比喻往往能达到事半功倍的效果。

例如，"春山淡冶而如笑，夏山苍翠而如滴，秋山明净而如妆，冬山惨淡而如睡。"教师引用画家郭熙《山水训》的四句比拟，从四时山景联想到人物的形象。为什么不说春山如睡，冬山如笑，而说春山如笑，冬山如睡呢？因为春天来了，山上的花开了、叶绿了，雀鸟喧闹、泉水流淌，一切都活跃起来，这些景象与生活中的喜悦、欢乐很相似，所以说春山如笑。冬天里，山上树叶落了，鸟雀少了，自然环境也很安静，一切都沉寂下来，好像人们在沉睡中，所以说"冬山如睡"。在秋天，自然呈现出另一种景象，天空明净、清朗，树叶变色，斑斓可爱，好像人们明丽的装扮，所以说"秋山如妆"。这些比拟的基础就是自然的某些特征和人的生活情感有相似之处，使学生对课本内容具有鲜明的印象。运用比拟讲解，既能使课本内容表达得形象、新鲜，又能使学生的思想产生跳跃性，还能丰富学生的想象力。

形象贴切的比喻使深奥的知识浅显化。教材中的一些概念性的知识表达一般比较抽象、枯燥，甚至深奥难懂。为了使学生感到浅显明了，通俗易懂，教师在讲述的时候，可以使用比喻的手法化深为浅。

再如，在讲形式美规律时，把农民插秧，秧苗插得很整齐，保持一定的株距喻为"单纯齐一"。"蝉噪林愈静，鸟鸣山更幽"、"接天莲叶无穷碧，映日荷花别样红"喻为"调和对比"等等。这样开启了学生的思维，激发了学生的学习兴趣。

（三）幽默风趣的语言、口诀、谚语

教师要善于寓教于乐，让学生在轻松、愉快的氛围中学到丰富的知识，减轻学习负担，激发学习兴趣。一些幽默风趣的教学语言能把枯燥、复杂、难记的知识变得简单易记，而且还使课堂气氛活跃起来，让学生的大脑处于兴奋状态，使记忆保持得更长久些。

例如，有时候，教师在课堂来上一声"半夜鸡叫"，睡觉的同学就会从睡梦中惊醒。或者制造一些幽默的由头，在共同欣赏作品时说一两句小品、相声的台词。或者叫一位学生把调色盘拿过来时就说："翠花，上酸菜。"这都能够活跃课堂气氛。

在教学生活中，教师用幽默熏陶学生，将生活中有趣的情节和对话与他们分享，潜移默化地影响学生。

用简短的口诀总结美术学规律，使学生易于理解和记忆。

例如,谢赫所讲的图绘六法,要达到气韵生动,就离不开技巧,所谓"骨法用笔"、"应物象形"、"随类赋采"、"经营位置"等等,其中都包含着艺术家的艺术技巧。又如:"桂林山水甲天下"、"自古华山一条路"、"黄山天下奇"、"峨眉天下秀"、"青城天下幽",这些民间谚语谈论中国的风景之美时也是谈论中国民族精神之美。

美术学不乏生产和生活中的谚语,教师可以结合教学实际情况,让学生讨论,使感悟变成实践能力。

例如,在讲艺术家的创造是一种长期的辛勤的创造性劳动这一道理时,教师引用齐白石的"采花辛苦蜜方甜",设计以下两个问题让学生分析讨论:(1)"蜜"指的是什么?(2)"采花"又是指什么?这句话说明了哪些美术学道理?这里所说的"蜜"就是指艺术美,而"采花"的过程正是通过艺术家的创造性劳动对生活进行提炼的过程,也是艺术家的思想情感与生活相熔铸的过程。所谓"甜"则比喻欣赏者被唤起的强烈的美感。

通过提出问题,让学生来分析和讨论,诱发学生的思维动机和探究欲望,也加深了学生对知识的理解。

(四)让诗意与美术理论有机融合

例如:"秋风萧瑟,洪波涌起,日月之行,若出其中,星汉灿烂,若出其里。"这是魏曹操脍炙人口的山水诗《观沧海》,从美学的角度我们可以挖掘山水画所描绘的大自然的壮美。又如,为了使学生对自然景物有深刻的观察和感受,教师讲隋代展子虔的卷轴山水画《游春图》时,教师这么说:"这幅画青绿设色,景物浓丽。画面上山间白云浮动,湖面微风拂水,景物舒展、开阔,人物神态悠闲,或伫马路侧,或荡舟湖心。山水、云烟、草木都呈现出浓郁的春意。在自然景象中各种景物互相联系,形成一个和谐的整体。宋代的山水画家郭熙曾说:'山得水而活,得草木而华,得烟云而秀媚。'又说:'山无云则不秀,无水则不媚,无道路则不活。'这些都是讲自然整体和谐的美。在《游春图》中这种自然的和谐体现得很鲜明。在画面上还可看到'远水无波'、'远山无纹'的表现方法,说明画家对自然景物的观察极其细微。"

运用熟知的名诗绝句,揭示其中蕴涵的美学知识,寓教于美,能加深学生的感受与理解。

口头语言表达能力是教师重要的基本功之一,从中可以体现教师的教学风格,对教学目标的实现也起到至关重要的作用,教师在备课过程中不仅要动笔写教案,还要动口讲一讲,练一练,语言才能清晰、准确、生动、流畅,有节奏、有条理且不失幽默、风趣、诙谐。教师的语言设计犹如文学作品的创作,平时

要善于积累,把突发的灵感和他人的经验记下,多积累,常改进,多讲多练,必然会水到渠成,成为一名深受学生喜爱的教师。

二、如何提高教学语言技能

(一)多阅读书籍

要提高教学语言技能,教师必须经常加强学习,博览群书,积累词汇,丰富教学语言,不仅要广泛阅读美术书籍,还要留心其他学科知识的积累,并随时记录,做到知识渊博。

(二)深入备课,钻研教材,实现脱稿教学

教师对课程标准、教材必须了如指掌,融会贯通,做到心中有书。这样,课堂语言才能得心应手,运用自如,讲起来才能深入浅出,生动有趣,抓住重点,突破难点。教师还要将教案和讲稿上的书面语言转化为口头语言,掌握脱稿讲课的本领。要做到脱稿讲课,一方面要在备课上下苦工夫,真正理解和熟练把握讲授内容,使其真正成为自己的认识和体验,即化为自然得体的内部语言;另一方面要加强语言表达的训练,提高在语言表达的同时运用逻辑思维和组织语言的能力。

(三)熟悉、了解学生的语言体验

要根据学生的年龄、特点(包括兴趣爱好、知识基础、学习习惯、理解能力、思维能力等),从而确定所授内容的表达方式,把自己的内部语言转化为适宜的外部语言,并不断实践、总结、改进和提高。

(四)反复实践,不断提高

教师语言表达能力的提高主要靠刻苦的锻炼和反复实践。多读多说,有目的、有针对性地练。普通话不过关的,要在普通话发音上下工夫;语调、语速把握不准的,要在抑扬顿挫上多斟酌;至于口头吐字不清晰的,则要下苦工夫练习。

三、在运用美术教学语言技能时应注意的几个问题

(一)美术学科性

教学语言是用以传道、授业、解惑的工作用语,是教书育人的重要工具。教学语言传递的是某个学科的教学信息,必须运用本学科的专门用语,也即专业术语来进行。因为专业术语是一定学科范围内的共同用语,运用它们进行教学,有利于交流。新教师容易犯的一个错误就是针对教学内容一直试图使用自己的语言来表达、解释,其结果往往表达得不伦不类,不但语言不严谨,甚

至可能出现错误。

美术教师应重视语言的形象艺术性,让深奥的知识变得浅显易懂,繁重的学习变得轻松愉快,使学生在"润物细无声"中获得知识和营养。

在教学中,由于美术是一门实践性很强的学科,正确的造型审美方法主要是靠训练获得的,而训练又必须在有限的课时内进行,这就要求老师的语言要精准,能抓住教学的重点,帮助学生理解复杂的理论。如上"人物面部特征"一课时,教师语言提示"三停五眼"、"画人笑,眉开眼弯嘴上翘;画人哭,眉掉眼垂嘴下落;画人怒,垂眼落嘴眉皱掉。"这些语言精练准确,既合乎逻辑,又顾及了学生的认知能力,学生容易理解。至于"结构素描"、"明暗素描"、"平面构成"、"立体构成"、"形式与风格"等专业术语,可用一些描述性语言帮助学生理解,以方便进一步学习。

教学应该建立在活泼、通俗易懂的教学语言上,教师不断扩展自己的知识面,丰富自己的教学语言,在教学中就能达到化复杂为简单,化抽象为具体,化模糊为生动的教学效果。精练准确的语言来自教师客观敏锐的视觉洞察,它是教学的基本功,也是美术教学的精髓。精练准确的语言也来自教师的主观努力,是教学实践经验的积累,是美术教学的关键。

(二)科学性

科学的语言是传授教学内容科学准确的重要保证。首先,用词必须准确。其次,必须合乎事物自身发展变化的规律,合乎人们认识事物的规律,也就是说,必须合乎逻辑。教学活动的主要目的是向学生传授科学文化知识。因此教学语言必须具有严密的科学性,这也是对教学语言的基本要求。科学文化知识,必须借助精确的语言,才能准确无误地表达其内容。科学的表达方法即语言周到严密,含义准确,遣词用句精当,合乎语法规律。这样才能揭示事物的本质,给人以清晰的正确认识。教学语言的逻辑性是科学性原则的组成部分。教学语言的逻辑性就是运用逻辑推理进行教学论证,因此必须注意教材的内在规律,把握教学内容各部分之间的本质联系。譬如,在透视基本知识的教学中,有关色彩平行透视、成角透视的内容就应该特别注意教学语言的逻辑性,在学生已掌握的美术知识基础上根据学生所学的知识进行严密的论证,从而得出结论,这样才能使学生的思路随着教师的讲解一环扣一环,达到理解掌握的境界。

教学语言中最忌讳概念不清。这容易引起条理混乱,学生听后不知所云,如坠五里云雾;或曲解定义,以致谬种流传,误人子弟。教学语言中的这些毛病很可能在讲课中造成逻辑混乱,使讲课内容失去科学性,影响知识信息的有效传递。例如,有的美术教师分不清"线造型"与"面造型"的内涵,在上结构素描课时说:"不要上明暗,要用线描。"在美术教学中,线描注重用线的方式,追求线本身的审美趣味。而结构素描教学的出发点是强化学生的结构表现意识,学会分析处理物象结构及其结合的能力。学生有了线造型基础之后,再来学习结构素描,就比较容易。在结构素描学习中应既注意透视原理的正确运用,也要从线造型的线型意识中跳脱出来,用线取直,始终树立"面"的意识,把复合的物象结构概括成各种不同的面再加以连接。混淆了"线造型"与"面造型"的内涵,这显然是错误的。因为上的是结构素描课,所以教师的教学语言要注意"线造型"与"面造型"两种方法的区别,不要让"方法"变形,否则设置这一教学内容就没有意义了。若教学语言中用词不准确,传递信息就会产生误差。因此,应正确使用教学语言中的词汇和术语,语句应通顺,合乎规范。忌用"可能"、"大概"这些似是而非、模棱两可的不确切词语。

(三) 简明性

教学语言的简明性是由教学活动的特定环境和表达方式所决定的。上课的时间有限,在有限的时间内要把规定的知识传授给学生,语言表达必须简明扼要。若语言不简明,一方面会给学生吸收教学信息带来极大困难,而且冗长的语句会使学生抓不住重点;另一方面也养成了学生听课的一种坏习惯,即只有教师再三重复的内容才是需要掌握和认真学习的,长此以往,学生主动学习的能力和注意力将受到一定的影响。

美术教师不要把语言的重心放到评价美术作品的内容和形象上,更不可用语言代替学生对美术作品抒发感受。尽管语言的表述是重要的,但美术课毕竟不是语文课。要真正体现美术课的价值,就必须在美术课上充分展示美术的特殊性和不可替代性。因此,对处在现实和幻想交织时期的青少年来说,由于思维的发展、感情的丰富,他们不仅善于联想,更喜欢想象,喜欢沉醉于语言无法描述的美术的感受世界之中。因此,过多的语言往往会干扰学生对美术作品的感受或欣赏,更易抹杀学生独特的艺术想象,喧宾夺主,从而削弱了美术教学的独特魅力;有鉴于此,美术教师要切实保证学生有足够的时间和精力,完整而充分地感受美术作品,使学生在审美过程中获得愉悦的感受与体验,并留出一定的时间和空间,引导他们从自己的情感体验中对美术作品加以自由想象,把青春的欢乐和忧愁融入对美术的想象中。这就要求教师力争做到教学语言简洁、明确,出现的时间恰到好处,切忌语言庞杂、冗长、平淡、空洞。

（四）启发性

教学语言的启发性，是指教师的语言对学生能起到调动自觉性和积极性的作用。教师的语言是否具有启发性，在某种意义上来说，就是看他的语言是否拨动了学生的心弦，是否对学生产生了激励作用，从而达到了培养人才的目的。启发性有三重意义：启发学生对学习目的的意义的认识，激发他们的学习兴趣、热情和求知欲；启发学生联想、想象、分析、对比、归纳、演绎；启发学生的情感和审美情趣。

在美术教学中，运用积极的启发性语言引导学生进行正确的思维，是提高教学质量的一个重要环节。学生的学习是一种对客观世界的认识活动。这种认识活动必须依赖于人的思维活动来进行。从某种意义上来说，教学就是对学生进行思维训练。具有良好思维能力的人才能深刻地掌握知识，灵活地运用知识，发展自己的能力。积极的启发性教学语言能激发学生的学习兴趣，唤起他们的求知欲，并能开拓思维境界，有助于学生的智力开发，这样就有可能使教学效率提高。启发性教学语言还能促进学生对知识的迁移、内化、物化，从而转化成学生的能力，因此，教师要根据不同年龄学生的思维活动的特点，运用启发性的语言引导学生积极思维，正确领悟知识的内涵，这样，才能达到学习的目的。因此，强调美术课教学语言的形象性、生动性和启发性，是上好美术课的必备前提。

（五）感染性

教学语言是传递教学信息的工具，要使之达到预期的效果，所用的语言必须能为学生所接受。首先，要注意语言的外部形式，这是语言富有感染性的主要因素。声音过低、吐字不清、节奏不适，都会影响学生对信息的接收；声音过高、语气太重，也不会收到好的效果。因此，教学语言的声调高低要适度，节奏快慢要合理；既不要用平淡的语言无表情地去讲授重大而有趣的问题，也不要用激昂慷慨的言辞去讲授那些本来平淡无奇的事实。其次，要了解学生的语言，会运用学生的语言。在教学中，仅仅能模仿学生的语言是不够的，教师不仅要说学生能听得懂的话，而且在语言运用上要比学生高一筹。同时，还要求教师的语言要跟学生当时的思维联系起来，跟学生的接受水平相一致。这就要求教师的教学语言不是一字不差地背诵讲义，而是在充分准备的基础上，一边按计划讲解，一边注意观察学生的反应，从学生的表情上"洞察一切"，发现学生有难以理解的问题，应随时选配学生易懂的词句，或更改叙述的结构再一次说明，直到学生理解为止。只有这样，教师的语言才会更加富有感染性，学生的语言在教师的影响下才会发展进步。

此外,教师富有感染性的美的教学语言对学生来说是一种艺术享受,学生喜欢教师的教学语言有艺术魅力,特别是美术课的语言,要求用富有情感性、形象性、幽默性的教学语言为美术课"画龙点睛"。有时需要教师应用清新优美的语言,饱含激情,打动学生;有时需要幽默、机智的语言,妙趣横生,感染学生;有时需要教师列举大量真实数据,如数家珍,说服学生。这样可以创设更为真切的体验情境,并使学生在语言的感染下更快地走进艺术情景,并加深对美术的感受,增强艺术表现力。这就要求教师具有广博的学识,高深的修养和热爱学生的心,才会有艺术的语言,才能给人启迪,给人力量,使学生在和风细雨的吹拂滋润下受到教育。

第六节 教学语言技能评价单

日期_____ 任课教师_____

请您在听课时对以下各项目评价,在恰当等级打"√"。

序号	评价项目	等级				权重
		优	良	中	差	
1	普通话讲得准确。					0.1
2	吐字清楚、速度、节奏适当。					0.1
3	语调有起伏,富于变化。					0.05
4	用语规范、准确。					0.15
5	语言目的明确,主次分明,表达简明,重复恰当。					0.15
6	语言流畅、连贯、有条理。					0.1
7	语言生动、形象,有激励作用。					0.07
8	语汇科学、多样、无语病。					0.1
9	语言有启发性和应变性。					0.1
10	使用体态语,眼神、手势、微笑等恰当,能起强化作用。					0.08

您还有什么意见或建议:

思考与练习

1. 从不同的角度,论述教学语言技能在美术微格技能中的重要作用。

2. 教学语言技能是由哪些要素构成的?

3. 作一段自己的教学语言的录音(10分钟),两人一组,交换听、评并提出改进意见。

4. 选择一段有利于培训语言技能的教材内容,编写微格教案,分小组进行角色扮演,并录像。再以小组为单位,分别对每个人的吐字、发音、音量、语速、语调、节奏和态势等几方面做出评价。

第四章
美术教学体态语言技能

第一节　体态语言技能概述

一、什么是体态语言

体态语言又称可视语言、非语言行为、态势语言。体态语言是教师在课堂教学中呈现出的面部表情、眼神、动作姿态、人际距离、个人修养和辅助语言等，属非语言行为。在狭义上理解为教师站在三尺讲台上的姿势形态，是美术课堂教学中师生进行信息交流的重要通道。优美和谐的教态不仅给学生美的享受，同时也是教师个人气质和修养的自然流露，更重要的是它能辅助语言传授，对有声语言起到恰到好处的补充、配合、修饰作用，教师通过表情可以让语言的表达更加准确、丰富；热情洋溢的微笑、友善慈祥的面容可以使学生获得最直观、最形象、最真切的感受，更容易为学生所理解、记忆。教师亲切而自信的目光、期待而专注的眼神可以使学生产生安全感，消除恐惧感，缩短教师与学生的感情距离，融洽师生关系，调控课堂秩序，是科学完成教学任务的重要手段。

美术课堂上，教师的一言一行、一举一动流露出热爱和关心学生的情感信息：当学生向老师质疑、发问或回答教师的问题时，教师带着真诚、善意的微笑注视着学生；学生回答问题完毕，教师亲切、赞许地点点头，或面带着微笑答疑、纠正，都会增加师生间的了解和感情。以姿势助言语，以眼神传真情，能把学生迅速带进知识的殿堂，遨游于知识的海洋中。

二、体态语言的特点

第一，动作性。体态语言不同于口头语言，口头语言凭借语音、词汇、语法构成的语言体系传递信息,而体态语言则依靠举止神态传情达意。

第二,微妙性。体态语言的传情达意,多凭面部表情,特别是用眼睛说话,用眼波传情。因为这样的活动是在无声的情态中进行的,就带着含蓄性与隐蔽性。眼睛还具有很大的灵活性,在一一笑之间,往往可以传递各种信息,带出其他的种种表情,形成复杂的感情世界。

第三,感染性。体态语言的传情达意,时而含而不露,时而极富鼓动,这就从两个极端扣动感情的心弦,引发学生积极地思考问题。语言的感染力,也就油然而生。

第四,辅助性。体态语言与口头语言往往结合使用,体态语言在人们传情达意的过程中,主要起辅助作用。它的辅助功能:一是可以提高口头表达的生动性,二是可以提高信息传递的准确性,三是可以提高传情达意的明确性。

第二节　体态语言在教学中的作用

一、能替代有声语言

教师向学生传递信息,是使用有声语言还是使用无声语言,往往受客观情境的制约。有时适宜用有声语言,有时则适宜用无声的体态语言。例如,同学们正安静地做作业,一学生悄悄站起来用手势表示他要外出一下;教师如果允许,只消点点头(体态语)就可以了,而不宜使用有声语言,以免分散大家的注意力。再如,教师讲课时,一学生左顾右盼,这时,教师若使用有声语言制止该生,会干扰整个教学进程,如果用一个恰当的暗示动作即使用无声的体态语言,不仅不影响其他同学听课,而且会比严厉的批评、呵斥或其他提示性的有声语言效果更好,更能使学生遵守课堂纪律,专心听讲。

二、能辅助有声语言,增强有声语言的表达效果

例如教师讲述感情成分浓厚的观点或事件,或分析感情浓厚的课文时,如果教师语言平平板板,言而无情,难免学生怀疑教师讲述是否出自内心,是否具有真理,从而使讲授内容的可信度下降,减弱教学效果;如果仅仅试图通过语气、语速、语调的变化来表达感情,其效果也会流于一般;而如果配合以喜悦的面部表情,或辅之以相应的手势动作,则能加强教师情感信息的传递,加深学生对教师有声语言内涵的理解,从而收到较理想的教学效果。

三、能扩大教师教学信息的传递量，增加学生对有用信息的接受量

实践证明，课堂教学效果与学生对有用信息的接受量成正比。要加大学生对教师所发出的有用信息的接受量，就必须增加对学生信息接受感官的刺激。在保持教师有声语言传递量的同时，恰当地使教师的体态语言作用于学生的视觉系统，这就较之单一地用有声语言作用于学生的听觉系统，不仅增加了教师教学信息的传递量，尤其扩大了对学生感官的刺激面，容易引起和保持学生大脑皮质的兴奋，增强他们信息接受系统的摄取功能，从而有效地提高课堂教学效果。

四、能真实地反映教师的气质和人格，强化教师的角色意识，增加教师对自身的约束力

有声语言可以修饰，有时并不一定反映教师的真实心理和人格特征；行为动作则不然，由于它是教师内心活动的直接显示，因而学生能通过教师的形体语言观察教师的气质、性格和品行涵养，形成对教师的种种评价，并对教学产生影响。这就促使教师在课堂教学中，加强自己的角色意识，规范自己的行为动作，从而提高体态语言的表达效果。

第三节　体态语言的分类

根据社会心理学家的分类，丰富多样的体态语言行为被归纳为四个系统。

一、视—动符号系统

面部表情、手势、体态变化等都属于这个系统。动态无声的皱眉、微笑或静态无声的站立、倚靠、坐态等，以及眼镜、妆容、发型、服装都在教学活动中起到一定的作用。

1.面部表情。课堂上师生之间情感的交流，是创造和谐的课堂气氛、良好的智力环境的重要因素，在交流中教师的面部表情对激发学生的情感有特殊的重要作用。心理学家研究表明，仅人的脸部就可做出数万种不同的表情。许多教师都懂得微笑的意义，他们即使再累或身体不适，走进教室时也总是面带微笑。

2.手势。手势是人体敏锐丰富的表意传情器之一，它以众多的不同造型，描摹着事物的复杂状貌，传递着人们的潜在心声，披露着心灵深处的微妙情

第四章 美术教学体态语言技能

感。课堂上,一个恰当的手势可加深学生对讲课内容的理解与感受,激发学生的想象和思维。对于一些空间概念与原理之间的抽象关系,用手势辅助口语教学,可将抽象的事物具体化、形象化,收到事半功倍的教学效果。

3.体态。教师自然大方的姿势给学生以轻松和美的感受。而拘谨、单调的姿势易使学生厌烦。初上讲台的教师容易紧张,站着不知手脚该怎么放,紧张的心情、姿态将学生的注意力吸引到教师身上而离开讲课的内容,影响教学效果。教师的体态应使学生感到既端庄严肃,又亲切自然。

4.仪表。指的是一个人的整体外表对他人的影响,它构成人的具体形象。虽然仪表受衣着、发型和一般修饰的影响,但更直接受人的性格和行为方式的影响。教师的仪表从某种意义上反映教师的个性,特别是对于不太熟悉老师的学生来说,更容易受教师仪表的影响。一位教师如果风度翩翩、神采奕奕地走上讲台,学生就容易产生兴奋喜悦的情感。因此,教师要注意仪表美,穿着整洁、大方,体现个人特色,不过于花哨、不追赶时髦。

二、时空组织系统

教师和学生在课堂上是共处于一个时空之中,教学过程中时间的安排、空间距离的变换不时地影响着师生间的交流。

1.时间控制。时间控制一方面指教师对课堂和各程序的时间安排、控制;另一方面是教学的时间停顿。如提出问题后留给学生思考的时间该多长,示范、观察模型或教具该多久等。教师对时间的不同安排会向学生传递不同的信息,学生的反应和课堂秩序也会起微妙的变化。

2.空间距离。与他人相处时,每个人总是把自己置于或近或远的位置上,保持一定的距离。人们用空间互相传递感情、欲望和兴趣。在课堂教学中,教师通过变换自己在教室内的位置,走近或远离某些学生,表达强有力的信息或暗示,达到组织管理课堂教学的目的。

三、目光接触系统

师生间目光接触,眼神的交流,是最直接的心灵沟通。教师温和关切的目光使学生感受到教师时刻在关心自己、爱护自己。教师在课堂教学中也经常运用目光进行课堂控制。

四、辅助言语系统

辅助言语系统包括辅助言语和类言语。前者指言语声音的音质、音量、声

调、语速、节奏和言语停顿。类言语指的是无固定意义的发声,如笑、叹息、口头语。虽然它们无固定意义,但在特定情境下所传递的信息、发挥的作用是不可忽视的。

第四节 体态语言技能的应用

教师在课堂上面对着几十个活生生的人,在准确、流畅、生动地表达讲授内容的同时,还要抓住每个学生的注意力,有效地调控学生,维持好课堂纪律,避免他们分神,这就需要设法同每个学生建立联系,使每个学生都感到教师在同他们直接对话。在这方面体态语言大有用武之地。

一、眼神变化

最能体现人的内在精神的莫过于眼睛,眼睛是人身上的焦点。我国东晋画家顾恺之很重视眼神的刻画,所谓"四体妍蚩本无关于妙处,传神写照正在阿堵中"。心理学家也认为,眼睛可以表达无声的语言,眼神里丰富的词汇,往往比有声语言更有感染力。《诗经》里的"巧笑倩兮,美目盼兮"和南朝(陈)徐陵《洛阳道》一诗中"相看不得语,密意眼中来"都是说用眉毛和眼睛的变化来传达某种微妙的意思。

人的瞳孔是不能自行控制的,在亮度不变的情况下,瞳孔的放大和收缩表示一个人的态度或心情。如果一个人感到兴奋时,他的瞳孔会扩张到比平时大四倍并显得更有神采。相反,在生气或情绪低落时,人的瞳孔会收缩到很小。所以,在进行感情交流时,只要注视对方的眼睛,彼此的沟通就会建立起来。

在课堂教学中,教师要善于运用眼神变化这种交流手段,一方面,能通过学生的眼睛,洞察其内心世界,了解学生是否在认真思考;另一方面,教师还要会利用自己的眼睛,对教学过程进行调控。教师的眼神应做到以下两点:

(一)积极的眼神变化

1.正确选择目光投放点,赢得信任。例如,上课铃声一响,学生便向教室鱼贯而入,此时教室里嬉闹谈笑声还会此起彼伏。教师走上讲台若以严肃的目光扫视全班,或紧盯调皮的学生,教室就会立即安静下来,学生马上会把注意力转移到学习上来。课堂上教师的目光一般应放在倒数第二、三排位置比较合适,会给学生一种依赖感。如双目炯炯有神,能振奋学生的精神;呆滞的目光给学生一种智力欠佳的印象,使学生感到该教师难以承担教学重任;而焦

躁的目光则是缺乏自控能力、不太沉着老练的表现。在教学中,特别是在教学内容的讲解和提问中,教师切忌目光游离不定,注视天花板或窗户,这对师生之间信息的交流是十分不利的。

2.用目光给予信号,强化教学内容。教师目光的变化要与教学内容一致,要根据教学内容的需要,配之以适当的目光,以帮助学生更准确地理解教学内容。比如明澈见底的目光表示心怀坦荡,狡黠诡秘的目光表示聪慧幽默,炯炯有神的目光表示精神焕发,执著专一的目光表示志存高远,睿智犀利的目光表示聪明机敏,坚毅不屈的目光表示自强自信。教学过程中避免只用一种目光,这样会给学生造成呆板单调的印象。

3.加强目光巡视,消除"教学死角"。教学过程中,教师不时地用眼睛环视整个课堂,可使全体学生都感到教师在关注他们,从而调动他们的参与感,此即环视法。环视由纵向角度和横向角度组成。

纵向角度是指教师视线的上下线角度。如果视线过低,就只能看到前几排的学生,照顾不到后面大多数的学生;而视线过高又会使学生感到教师盛气凌人。正确的做法是眼睛保持平视,并且把视线落在教室中排偏后的学生身上,这样,既可以弥补与后排学生因空间距离大而带来的沟通缺陷,也不会使前排的学生受到冷落。

横向角度是指教师视线的左右角度。教学过程中,不能把视线长时间地停留在某一点上。根据心理学家的研究,教学过程主要是教师的逻辑思维过程,大脑的左半球呈优势状态,因而注视左边的时间比右边的时间长。经常存在的问题是背对学生注视黑板过久,正对学生仰视屋顶,侧视一个方位或注视讲稿、前排学生或个别学生。

4.对不同的情形采用不同的目光交流,目光交流可以调控学生的认知。教学过程中,教师与学生的目光有意识地接触是一种十分有效的交流方式,它可传递出各种信息。当学生全神贯注地听讲,教师此时与学生目光的接触,是对学生注意听讲这一行为的一种确认,这种确认会对学生产生强化作用。当学生回答问题时,教师用信任的目光与学生目光接触,表明教师在认真聆听他的发言。当学生回答问题不畅时,教师以期待、专注的目光望着学生,会使学生用心思考,力求回答准确。如果学生回答问题跑了题,教师可用皱眉等方式来委婉地表达自己的感情,这比用语言直接表达更容易使学生接受,更富表现力。如果回答问题具有创造性,教师应投以赞许、激励的目光,以激发其进取心。如果课堂讨论出现分歧,教师就投以高兴、宽容的目光,以培养学生大胆质疑的习惯和能力。对于精力不集中的学生,教师可用冷漠的目光注视他几秒钟,待双方目光接触后再移开,这样既起到了告诫作用,又保护了学生的自尊心。

5.注视的信息判读。注视学生是传达教学信息,建立双向交流,缩短心理距离,增强讲解效果的需要,也是教师的一种坦然、自信和投入的表现。相反,如果过多地盯着讲稿,会给学生造成一种羞涩、拘谨、缺乏自信或准备不足的感觉;如果两眼不时向窗外瞟去,则会给学生造成一种"身在曹营心在汉"的感觉。当然,注视学生也不是要求教师一味盯着学生看。除了要对某个学生发出指示性信息,或观察学生的反应外,过多地盯着学生看,会使学生觉得"意味深长",感到不自在或紧张。

视线向下,表示高尚、爱护、宽容的心理状态。教师对学生的谈话只有站得高一些,才会有上述心理优势。视线停留在学生双眼与嘴之间的倒三角形区,为社交注视,是教学中常用的视线交流位置。视线停留在双眼与前额之间,可造成严肃的气氛,具有强调、指令的作用,有时用于批评学生的错误。

为了提高学习效率,教师还要注意控制学生的视线。讲课时将手势或教具移至师生视线之间,以达到强化之目的。比如:在对书本、图表、幻灯、投影等进行说明时,教师的讲话内容不但要与媒体教具有关,而且必须用笔、教鞭等进行指示,边指边念出所指示部位的名称。如果教师要把学生的目光转移到自己身上,只需把笔或教鞭等移到自己和对方眼睛相互连接的直线上,能有效地使他们的目光集中到教师身上,这样,学生既看教师也专心听教师讲话,信息的吸收量增大。讲课时教师把重点写在黑板上,而且用不同颜色的粉笔画线标记,这也是一种对学生视线的控制方法。

总之,教学中教师切忌那种鄙视不屑的目光、凌厉威逼乃至凶悍暴怒的目光,或轻佻放荡乃至邪狎诱惑的目光。要记住,千万不要忘记自己的神圣职责,面对学生时请正确使用自己的目光。

(二)避免消极的眼神

1.教师讲课时不能老耷拉着眼皮,目光呆滞,以免感染学生情绪,使他们提不起精神,昏昏欲睡。

2.教师讲课时不能长时间盯住某一名同学,以免使被注视对象心慌意乱,不知所措。

3.教师讲课时不能东张西望或目视天花板、地板,使学生以为教师心绪不宁,分散他们听课的注意力。

4.教师讲课时不能一直盯着教科书或教案,无暇顾及学生。师生缺乏交流,会使学生感觉教师在自言自语,而对教师所讲内容兴趣骤减,进而借机开小差,或使课堂纪律混乱。

5.教师不能用怀疑的目光看学生回答问题。这样不仅造成学生心理紧张,而且会使学生对自己回答的内容失去自信,磕磕巴巴、张口结舌。教师在学生回答错误时,不能投以烦躁、轻蔑的目光,让学生感到难堪,刺伤他们的自尊心。这会让学生感觉老师让他们回答问题,不是为了提高他们的学习成绩,而是有意整治他们,便会对教师的提问产生对立心理,以后不愿回答老师的提问。

6.课堂上当学生对某些问题提出新颖的解题思路或巧妙的运算方法时,不能给予冷漠和不屑一顾的目光,否则不仅打消了学生的上进心,更不利于学生创新精神和求异思维的培养。

7.课堂上学生讨论问题出现分歧时,既不能对同教师意见一致的同学投以袒护的目光,更不能对持不同意见的同学投以压制的目光,否则不仅不利于老师民主形象的树立,更不利于学生发散思维和大胆质疑能力的培养。

8.对违反纪律的同学,老师不能投以敌意和厌恶的目光,否则会使学生产生逆反心理,加大了说服教育的难度和阻力。

9.不能总是注意学习好的,而使学习一般和较差的同学产生冷落感,否则不仅会打击这部分同学学习的积极性,而且会使他们与教师产生情感隔阂。

总之,老师的眼神,应以前视为主,统摄全班学生,要目中有人,使每个学生都能感到老师在关注自己。该眉飞色舞的时候就不要紧锁眉头,该热情奔放的时候就要眉眼舒张。教师要以眼传神,把喜怒哀乐、褒贬扬抑等不同感情色彩,用眼神表现出来。

二、表情变化

面部表情和其他体态语言行为相比,最容易为人所感知,因为人与人的直接交流是面对面的,首先进入视线的便是面部表情。发自内心的表情最能打动别人。苏联教育家马卡连柯曾这样告诫教师:"要善于运用表情……不能单纯地作舞台式的表面的那种表情。要有某种传动带,这个传动带应当把你们的完善的人格和表情结合起来。这种表情不是死板的表情,不是机械式的表情,而是我们心灵里所具有的那些变化了的真实的反映。"所以教师的课堂表情应该是内心活动与外在表现的统一。这样才能使学生看到教师表里如一的坦诚自然的真实形象,从而赢得学生的充分信任。不真诚的表情,面部肌肉不协调,给人以做作、矫饰之感,容易失去学生的信任。

教师在教学中的表情大致可以分为两类:一是常规性表情,二是变化性表情。前一类要求教师做到和蔼、亲切、热情、开朗、面带微笑。教师面部表情中最基本的一点是微笑,它具有神奇的力量。教师的微笑能使学生产生良好的心理态势,创造和谐的学习气氛,对学生不仅是一种鼓舞,还是一种督促,促使教学活动顺利进行。如果说微笑、和蔼亲切是教学情感的主基调,那么,随教学内容而变化的表情则是一首旋律波澜起伏的圆舞曲。在课堂教学中,变化性表情可以使课堂效果丰富生动而充满活力和吸引力。教师根据不同的教学内容和思想情感来表达怜悯、同情、悲哀、嘲笑、欢乐、愉快等不同的神色,学生从表情中获得鼓舞性的信息,甚至能窥探出所要教学的内容。不过,教师的表情变化要适度,不能过分夸张,以避哗众取宠之嫌。

面部表情是学生接收到老师的最直接的肢体语言,只要老师一个表情不对,学生就知道可能大事不妙了。在教室中,教师面部表情能传达热忱、欣赏等信息,可给予学生积极的教学信号,以增进正向行为;相反的,面部表情也能显露老师的厌恶、烦恼或放弃的信息,促使学生做出不良的行为。应用表情变化要注意以下几个问题:

(一)克服无表情的教学

一个人在任何时候、任何场合总会有其情绪情感的特定状态,因此不可能无表情。通常意义上的无表情是指:从一个人的脸上看不到或反映不出内部心理上的情绪情感的变化。

在这种情况下,教师走进教室,在表情上往往是严肃认真有余,而亲切自然不足。它可能是出于教师的一种个性心理特点,也可能是因教师一时紧张而表现出来的努力压抑喜怒哀乐的一种心理状态,以应付可能产生的外界伤害;更多的教师也许是为了维持正常的教学秩序,而刻意追求的表情上的威慑力。然而不管是出于何种原因,无表情教学的直接后果是:使课堂上师生之间的心理距离保持在或退到一定的范围以外,给学生一种拒绝感、疏远感,不利于师生之间心理关系上的相互吸引。

(二)表情变化运用的一般要求

1.准确而不夸张

教师要让自己的内心活动与外在表情相一致,可以丰富些但不可过于夸张。力求做到嬉笑而不失态,哀痛而不失声,激动而不失分寸,活泼而不失严谨。面部表情的变化既要符合教学内容的要求,又要与教育的意图吻合。教师要避免言行不一,"愤怒显喜色,哀痛露笑容"会导致学生惊疑不安,无所适从。要避免这种情况,教师必须深入体会教学内容,真正进入角色。

2.自然而不造作

教师的表情要讲究自然、协调而不要造作。和谐的面部表情的作用是增强语言的表达效果,而矫揉造作只能引起学生的反感。保持日常生活中的自

第四章 美术教学体态语言技能

然性,而不必追求演员式的表情。教师只有运用真实的表情,才能赢得学生的充分信任。

3.适度而不过分

教师的表情变化不可过分、过频,要恰如其分、恰到好处。假如某个学生在课堂上有错误行为,教师可以表示出不高兴、不满意,但不能横眉怒目、暴跳如雷、高声呵斥,否则,全班学生都会扫兴。

4.温和而不冷峻

教师课堂上表情温和、平易、亲切时,师生之间的心理距离就会缩短,学生思维就活跃,接受信息速度就快。反之,如果教师面孔冷漠,则会使学生产生惧怕心理而妨碍师生的感情交流,阻塞学生的思维,给学生心理和学习带来不良影响。所以教师表情要亲切、温和而不是冷峻,这样由师生间的角色差异给学生造成的心理压力就会减少,甚至消失,学生情绪才能放松,心情才会愉快。

5.自信而不轻狂

教师泰然自若、坚定从容的面部表情不仅可以体现教师良好的自信品质,也是一种吸引学生,感召学生的神奇武器。但是要注意把握分寸,切忌走极端。既不能由于过分谦卑而唯唯诺诺,更不能夜郎自大,目空一切。有时过于丰富夸张的表情却会适得其反。例如,教师上课时情绪变化快,忽狂忽卑,表情狰狞,学生不仅恐惧,而且会感到厌恶,从而拉大师生间的情感距离。

6.保持微笑

学生最欢迎的是教师的微笑教学。教师带着微笑走进教室,给学生的第一印象就是亲切、自然,有人情味,许多学生往往就是这样喜欢上了该教师所教的这门学科。人的感情丰富多彩,笑也千姿百态,不同的笑代表不同的意义。教师应学会用不同的笑去表达不同的心理。当教师笑容满面地走上讲台,环视四周,学生就会受到这种笑意的感染,心情很快安定下来。教师微笑上课,学生学得轻松、愉快、有味,他们的思维处于活跃、兴奋状态,这样就听得进、记得牢,课堂充满了欢乐与生机,学生有一种沐春风、淋甘露的感受。如果教师每堂课都能用笑开头,用笑结尾,那么一定会给学生留下美好的印象。

当一位教师新到一个班上课时,可以适当地讲一些学生喜闻乐见的笑话、故事等,设法使自己能和学生笑在一起,这样能调节、渲染气氛,有助于消除学生的戒备心理和紧张情绪。在美术课堂教学过程中,当学生相视而笑,等待教师回答问题,而教师又不想回答时,可采取笑而不答的态度,启发学生自己回答问题。当学生发言时,除了善于倾听,教师还必须用单一的表情——微笑去鼓励学生。千万不要打断学生的发言,让他说完,充分发表意见。即使学生观点出现错误或回答得不够完整,教师也要始终如一地微笑着,不要轻易下结论,因为还有更多学生等着发表自己的意见,或许你的结论正是下一个发言同学的结论。学生从同学的发言中已经可以判断出是非曲直,可以判断出哪个学生表达得更好,问题的结论会随着更多学生的表达而逐渐清楚。另外,当教学内容难度过大,学生转入忧郁情绪时,教师丝毫的笑意都会产生不协调的气氛而影响教学效果。

三、手势变化

(一)按手势在教育教学中表情达意的功能特点分类

在实际教学中,手势是教师运用最广泛、最频繁而又最难把握的体态语了。教师在教学过程中的手势可谓千姿百态、变化万端,为了便于掌握运用,揭示其规律和特点,我们从以下几个方面对教师手势进行分类:

1.情意手势

这种手势是帮助教师表达情感的,使教师要表达的某种情感更加丰富、强烈和动情,对学生能产生更有力的感染、感召和发动作用。如教师表达坚定不移的情感时,右手紧握拳头,稍微抬起过肩;表达展望未来、畅谈美好理想的情感时,头部仰望前方,右手展开伸向右前方,可使教育教学收到更好的效果。情意手势具有情感性,即通过手势的方向、节奏、速度和力度的变化,表达出教学内容及教师本人的特定情绪和情感。

2.指示手势

这种手势具体指明教师在教学中论述的人、事、物的数量及运动方向等。其特点是动作简明,表达专一,基本不带有感情色彩。与其他手势相比,指示手势还具有示意性,用以描述、示意和说明,对有声语言起到了很好的辅助作用。

3.象形手势

这种手势主要是用来模拟人或事物的状貌,从而给学生一种较为具体、直观的感觉。这种手势往往带有较大的夸张性,而不求其摹形状物的形神兼备。如当美术教师讲到立体几何石膏画法时,教师结合石膏模型伸手比划出长、高、深的空间形状,学生就会从手势中形成既具体又形象的三维空间印象。

4.象征手势

这种手势可以表达比较抽象的概念,使学生能够准确恰当地理解这种手势与有声语言有机结合在一起以后所产生出来的那种意境,如当美术教师讲到中国山水画"平远、深远、高远"、"远水无波、远山无纹"时,教师伸出手寓意

深长地做出由近及远的动作,学生从中发出某些联想,产生一定的感悟与启迪。

5.祈使手势

这种手势相当于乐队指挥手中的指挥棒,是教师组织开展教学活动的得力工具。它有时与有声语言配合使用,有时能替代有声语言对学生进行直接的提示、指挥。如当学生讨论或争论十分激烈时,如果要学生静下来停止争论,语言指令难以奏效,教师可采用可视的手势来调控:双手平抬起,手心向下做下压动作,这样学生便会很快安静下来。提问时,教师可以目光点视被提问的学生,同时用单手手心向上做上托动作;若需再找一名同学回答,手心向下摆即表示前一名同学可以坐下,这样可以减少语言的重复,节约教学时间,活跃课堂气氛,维护教学常规。

6.习惯手势

上述几种手势一般是教师有意识地设计与运用的。而习惯性手势往往是教师在无意识情况下产生和运用的,其意义不甚明确,甚至连使用者自身也难以说清为什么使用及表示什么。如一个教师上课遇到一时忘记的问题总是伸出右手,朝自己脑袋上使劲地"啪、啪、啪"拍几下。他这一拍打脑袋,问题还果真给他想起来了。习惯性手势不一定都是不雅观的。但确实有些人的习惯手势如搓手、玩弄粉笔、掏耳朵、挖鼻孔、捂嘴巴等既不雅观,又不代表任何意义,对教学效果难免起干扰破坏作用。不过,有时习惯性手势却能显示独有的魅力。一些教师在教学中注意形成自己的一些习惯性手势、动作,只要运用得当,动作美观、文明,往往也会成为自己独特的教学风格的一部分,给学生留下深刻难忘的印象。

在教学中教师所用的手势不仅可以辅助语言的陈述说明,强调语言的表达重点,而且可以增强语言的形象性和感染力。当然,不是所有的手势都可以产生这样的效果,打手势必须注意规范。一般容易出现的问题有:动作生硬,与教学内容和教学情境相脱离;动作粗俗,过于随便,不够雅观,多余而又难看的习惯手势,如双手不停地搓来搓去,频繁地理头发、掏鼻孔、翘大拇指、用食指指向学生;动作凌乱,既无条理,又无明确的意义,相互配合和使用缺乏目的性,以为多多益善,结果只能是杂乱无章、适得其反;过于呆板,该用不用,动作寡少,手势拘谨,其教学效果自然不佳。

(二)教师的手势交流技巧在运用过程中应当注意的地方

1.要和授课的内容相一致

必须明确打手势的目的是配合授课内容的讲授,课堂上的手势既不可过

多过乱,给人以心烦意乱的感觉,又不可垂手不动,给人以呆板木讷的印象;手势语和有声语的表述必须协调一致,如果两者出现了"南辕北辙"的现象,口中讲的是一套,手势语"讲"的是另一套,势必引起学生思维的紊乱。老师讲课时的手势,应服从教学内容的需要,需要迅速有力的就不能缓慢软绵,需要着重强调的就不能平铺直叙,需要柔缓舒展的就不能匆匆收势。要像看著名指挥家的指挥,即使听不懂音乐,但从手势上也能辨明其意。陶行知先生曾这样说过:"演讲如能使聋子看得懂,则演讲之技精矣。"教师的讲课又何尝不是这样?

2.要讲求手势艺术

教师在教学中手势的姿势动作不同于戏剧舞台,不是特意设计排练出来的,与日常生活中的手势也不完全相同,而是在教学中自然流露出来的。严格地说它是一种与讲授内容相一致、与有声表达及其他辅助教学手段相协调的艺术化的手势。它应当体现对学生人格的尊重和与学生情感上的融合,是教学艺术的重要组成部分。课堂教学中的手势是一种艺术化的形体动作。要自然得体、落落大方、动作优雅。不可装模作样,矫揉造作,拿姿作态,如男教师在课堂上手比"兰花指"。过于造作和花哨会使学生感到轻浮和厌烦,但也不可过于拘束死板,扭扭捏捏,使学生感到压抑和滑稽。在课堂上,教师的手势既不能太少,也不能太多、太奇。太少则死板,缺少生气和感染力;太多又显得琐碎缭乱,不利于内容的表达;太奇,则易喧宾夺主,分散学生的注意力。至于不雅观、不文明的手部动作,更应注意纠正。如遇确实需要马上解决的问题,如搔痒、修饰散落的头发等,教师应利用回头板书或学生低头笔记时迅速解决。

3.要动作准确

既不能不伦不类、画猫类狗,花样百出,也不能不讲分寸,过于夸张,而应根据需要灵活掌握,慎重使用。在有经验的教师的课堂上,常常可以看到这样的情景:教师时而以自然大方、平静安详的姿势作一般性讲述,时而以柔和舒展的手势表现诗情画意,时而以急剧的挥拳表现满腔义愤和无情鞭挞。在这些教师的教学中,手势的运用很讲究节奏,决不使用过频而令人眼花缭乱。

4.手势要与口头语言、态度、情感协调一致

打手势的目的是配合教学内容的讲授,所以手势和语言必须步调一致,相辅相成,在运用时机上要与口头语言和表达的内容配合一致,防止脱节。如畅谈理想、展望未来、讴歌光明和鞭挞黑暗时,手势就具有象征性、情感性,动作幅度和力度应强烈些;而在阐述、分析比较和说明道理时,动作则应柔缓舒展、流畅自然,幅度和力度不宜过大。讲关键字句时手势应迅速有力,归纳总结时手势应慢慢收拢,不能随意乱挥。绝对要避免出现口中讲的是一套,手势打的

是另一套,否则容易导致学生的思维一片紊乱。

5.因人制宜

一个教师究竟采用哪些手势最为合适,还要考虑自身的条件。如男教师手势刚劲有力、向外动作较多,手势幅度较大;女教师手势柔和、细腻、舒缓,手心向内的动作较多,手势幅度较小。就年龄而论,老年教师以手势幅度较小、精细入微、稳健庄重为宜;中青年教师以手势幅度大,轻快活泼为好。以身材来讲,矮胖者可以多做些高举过肩的手势,使学生的视线拔高一些,而瘦高者如果也经常伸手过头顶就会给人一种"电线杆"的感觉,不如多做些平直横向的动作,以保持整个人体形象的平衡。

四、体态变化

(一)得体大方的服饰

服饰是一种文化语言。传播学家认为,一个人可以用四种不同的方式表达自己的意思,分别是服饰、语言、表情、姿势,而服饰是其中最为含蓄的一种。服饰表达不落言筌、不着痕迹,却无时无刻不在进行着无声的发言。

服饰包括服装、鞋帽、发型、化妆、饰物、随身携带的物品等等。服饰有三项功能:舒适、保护遮羞与文化展示。在现代社会中,尽管服饰仍具有前两个功能,但它作为文化标志的作用却越来越大。一个人的外貌是一个整体,它是由人体特征、情绪状态和服饰共同构成的。但是当观察一个人的时候,有80%～90%的注意力集中于他的服饰,因此,一个人的服饰是否得体可以给别人留下不同的印象。一般来说,穿着得体会给人留下良好的印象,而衣着邋遢则易遭受冷落和疏远。同时,一个人的服饰象征身份、地位,或表明职业。

作为"学高为师,行正为范"的教师在服饰方面的要求要比一般人严格些,特别是在课堂上的服饰尤其需要重视,这是各种学科所共同的。因为"教师是人类灵魂的工程师,承担着教书育人、为人师表的职责。教师的音容笑貌、举手投足、衣着发式无形中都可能成为学生学习的楷模"。服饰状态是教师文化素养和精神面貌的反映,它不仅反映教师的外表,而且还可以交流思想、增进情感和传达信息。一般而言,教师的课堂服饰要整齐、清洁、庄重、大方。如果一位教师衣着不整,又不修边幅,学生就会对这位教师产生自由散漫、事业心不强的印象。虽然外表与心灵并不是完全统一的,但教师要为人师表,就必须注意自身的一举一动,以免给学生的身心发展带来不必要的负面影响。

1.着装要与自我协调

也就是衣着要得体。我们每一个人都是自然人,同时也是社会人。自我包括生理自我、心理自我和社会自我。要想穿着得体，必须对自身特点有一个全面的了解和正确的认识。生理自我指个人的躯体，同服饰密切相关的有脸型、体型、肤色、肤质等，很多服装杂志都对此有详细介绍。心理自我指个人的心理品质，包括兴趣、能力、性格、理想等。服饰可以显示人的心理，同时也能掩饰人的心理，使他人做出错误的判断。一般来说，服装整齐者办事认真；穿戴简朴者勤俭；陈旧、单调者保守；好赶时髦者缺乏自信；色彩鲜艳者活泼；全身灰暗者冷静等等。社会自我指个人所扮演的社会角色及其同他人的关系，每个人的社会角色规定了他应该具有的心理和行为，规定了他的服饰。每个人的服饰应该同他的社会角色相吻合，得体的穿着可以帮助他在事业上获得成功。当一个人的身份、地位改变时，服饰也应做出相应变化。同样是教学活动，幼儿园老师的服饰搭配肯定与中学老师的不同。

一般来说，要求教师着装至少做到：不别扭，不化浓妆，不穿奇装异服。打扮妖艳，这样一来有损于教师形象，二来会分散学生的课堂注意力，影响课堂教学内容的吸收和消化。刺鼻的香水等化妆品在课堂上与教学气氛很不协调；尖底高跟鞋与地面的摩擦声也容易分散学生的注意力；身体胖的教师不宜穿紧身衣，身体瘦的教师也不宜穿过于宽松的衣服。教师在课堂上是学生注意的中心，如果教师穿着不得体，势必给学生造成一种别扭的感觉，这种感觉也必将影响到听课的情绪。所以，教师的服饰搭配要严谨、适度，以不分散学生的注意力为目的。通过服饰彰显个人身份、气质特点，更好地提高教学的效果和教师自己的威信。

2.课前应适当整理仪容

有的教师比较随便，不注意自己的仪表，常常会出现系错扣子、衣领未翻、戴歪帽子、头发或是脸上多了点什么等闹笑话的问题。如果学生能及时指出来，教师及时改正，便也罢了。由于一些教师比较严肃，学生不敢当面指出来，只好不停地偷笑，课堂上学生的注意力就转移到教师的饰态或奇异点上。如果教师在课前养成良好的整理仪容的习惯，就会避免这些意想不到的现象或笑话产生。所以，与课堂教学不协调的因素，教师都应尽量避免，以免分散学生的注意力，影响听课情绪和效果。

(二)恰如其分的姿态

人们常说：情动于中而形于外。一个人的思想感情往往有意无意地通过外部的姿态流露出来。同样的道理，根据教师站或坐的姿势、手势和动作，学生可以推断出教师对这堂课大概的态度、情感和兴趣，从而主动地配合教师进行好课堂教学工作。在调查中发现，74%的学生希望教师站在讲台上讲课，因为教师来回走动会无意识地增加他们心理上的压力。87%的学生希望教师提问时距离他们远一些,这是因为他们能够较"安全"地思考问题。从心理学的角度看,这种现象就是个人心理空间产生的效应。还有88%的学生要求教师在上课时注意姿势和手势表达的准确度和合理性,避免不良的习惯性动作给学生留下不好的印象。由此可见,教师课堂上的姿态对课堂教学效果会产生不可低估的影响。

1. 取开放式姿势

这是与封闭式姿势相对而言的。开放式姿势站立时须两手、两脚不交叉,身体稍微前倾,这样教师给学生的感觉是坦诚可信的,表明他在热忱、活泼、不拘谨地给学生上课,并愿意接受学生的提问和帮助学生解决疑难问题。如果取封闭式姿势,即站立时两手交叉,则表明教师对学生持怀疑、审视、冷漠、轻慢、保守的态度,显然是不可取的。

2. 适当地走动

一般来说,教师的走动以围绕讲台为宜。走动幅度过大,会使学生过多注意教师的走动情况,分散听课的注意力。当然,在与学生讨论问题、阅读课文或考察测验时,可走下讲台观察学生的情况。走动时须稳健、庄重,避免身体触碰学生、课桌和文具,更不能碰撞出其他声音。课堂走动有以下几个基本要求:

(1)走动要有控制,不能分散学生的注意力。为了做到这一点,一是控制走动的次数,有些老师整节课都在不停地走,老师没走累,学生的视觉却早已累了;二要控制走动的速度,身体突然地运动或停止都能引起学生的注意,所以在课堂上教师应该缓慢地、轻轻地走动,而不是快速地、脚步过重地走动;三是走动时姿势要自然大方,不做分散学生注意力的动作。

(2)走动或停留的位置要方便教学。当组织学生进行回答练习时,以在讲台周围走动为宜。停留时要离开黑板一点,利于变换在黑板上写字的位置。在学生中间边讲边走动时,不要停留在教室的后端,因为这样对学生来说教师的声音是从后面传来的,对学生听课有一定的心理影响。

(3)教师的走动时间要符合学生的心理。一般来说,学生在做练习、做答试卷的时候,不喜欢教师在他们中间走来走去,更不喜欢老师在自己的身后或身边停下来。因为这时学生的注意力需要高度集中,需要进行紧张的思维活动,而教师的走动会分散他们的注意力,一旦在他们的身边停下来,往往会造成他们情绪紧张,破坏他们的正常思维过程,影响他们脑力劳动的效率;老师也不该走到教室的最后面,因为学生的视觉余光找寻不到教师,学生会产生不安的感觉,影响正常的思考和学习。所以一般来说教师最多只走到教室的倒数两三排;在让学生进行小组讨论时,讨论初期,尽量不要随意在小组间走动,以免打扰学生正常思维,可以站在讲台上观望全班,如果发现某个小组有问题,需要对一个小组学生讲话,教师应轻轻向他们走去,然后再回答问题或讲解,以免影响其他学生。

(4)教师的课堂走动要关注每一个学生。教师在学生中间走动进行个别辅导,解答疑难的时候,要注意关心每一个学生,对所有的学生给予同样的热情。有些老师喜欢"好"学生,每次走到"好"学生位置上时,必定停下来关心一下,而经过"差"生时,"照例"快步走过。结果那些学生就会认为"老师不喜欢我们,老师对我们不寄予希望",这样既影响学习的积极性,也影响教师个人魅力的形成。

3."坐有坐相、站有站样"

在课堂上,教师应注意自己的每一个细小动作,站立时身板挺直,昂首挺胸,显得端庄、伟岸,使学生从心理上感到既庄重又轻松。坐着时,也要身体端正,腰板挺直,给人一种亲切感。避免用一只手支撑着下巴,或趴在讲桌上讲课,这样会显得疲劳而无精神。

4.在学生回答问题时,要保持适当的距离

对于不善于发言或比较胆怯的学生,要恰到好处地点头微笑。尽管点头不都是表示赞同,但这种动作能有效地鼓励和示意学生继续谈下去。如果教师一直不点头、不表态,学生就可能感觉到教师不同意他所说的话或没有兴趣听下去,学生也就没有信心和勇气继续讲下去。

5.不要用手指指着学生

教师在课堂上用手指指着学生会使学生感到教师态度强硬,不尊重他们的人格,容易产生反感的情绪,这样不利于学生对知识的积极吸收。如果让学生站起来或到前边回答问题,教师最好采取掌心向上的邀请姿势来示意。讲课时,教师应避免提裤子、拢头发、捻耳垂、挖鼻子、揉眼睛或提眼镜,以及对着学生打哈欠、伸懒腰等动作,因为这些动作会破坏良好的课堂气氛。

(三)避免不良的体态

在教学过程中,教师如能较好地驾驭自身的姿势语言,有助于对学生施加特定的影响,调整师生间的心理距离,树立良好的形象和威信,进而积极有效地开展教学。所以,教师在课堂上要注意克服不良的身体姿态:

- 不可左摇右晃,心神不宁;
- 不可前仰后合,漫不经心;
- 不可总站在一处,拘束呆板;
- 不可长时间手撑讲台,显得疲惫不堪;
- 不可趴在课桌上讲课,显得体力不支;

第四章 美术教学体态语言技能

- 不可把教鞭拄在地上讲课,显得老气横秋;
- 不可半倚半坐在课桌上讲课,显得随随便便;
- 不可长时间斜靠在讲桌旁讲课,显得闲散怠慢;
- 不可手托下巴讲课,显得心不在焉;
- 不可坐在椅子上转身板书,显得懒散懈怠;
- 不可总是双手放在背后讲课,显得居高临下;
- 不可站在讲桌后面,用脚蹬黑板下面的墙壁,会给学生一种缺乏修养的感觉;
- 不可用脚不停地叩击地面,浑身颤动;
- 不可两脚重心移动过频;
- 不可总是背对学生自己板书,会给学生一种自我封闭的感觉。

第五节 教态变化技能评价单

日期_____ 任课教师_____

请您在听课时对以下各项目评价,在恰当等级打"√"。

序号	评价项目	等级				权重
		优	良	中	差	
1	课堂走动符合教学需要,快慢适宜,停留得当。					0.10
2	面部表情准确、自然、适度、微笑、态度和蔼。					0.15
3	服饰和谐,体态端正,自然大方。					0.10
4	声音节奏、强弱变化适当,增强语言感情。					0.15
5	手势、动作变化自然协调、得体。					0.15
6	眉目积极有神,面向全体学生。					0.10
7	适当利用停顿,引起学生注意。					0.10
8	教态变化能引起注意,有导向性。					0.15

您还有什么意见或建议:

思考与练习

1. 教态变化技能有哪几种类型?
2. 教师的微笑有什么意义?如何在课堂上保持微笑?
3. 什么叫积极的眼神变化,如何避免消极的眼神?
4. 教师位置移动变化的目的是什么?使用时应注意什么?
5. 手势交流技巧在运用过程中应当注意哪几个方面?
6. 观看优秀教师的课堂教学录像,注意他们的教态变化。
7. 教学中我们经常用手势来协同表达美术学信息,你可以创造这方面的一些手势吗?

第五章 美术教学组织技能

第一节 美术教学组织技能概述

上课要有组织地开始,也要有组织地结束,组织教学应贯穿始终。它不仅影响到整个课堂教学的效果,而且与学生思想、情感、智力的发展有密切的关系。

在课堂教学过程中,教师不断地组织学生注意、管理纪律、引导学习,建立和谐的教学环境,帮助学生达到预定课堂目标的行为方式,称为教师的课堂组织技能。组织技能是课堂教学的"支点",是使课堂教学得以顺利进行的重要保证。

第二节 组织课堂教学的作用

组织课堂教学的活动在美术课堂教学过程中起着控制作用,即组织和调节教学过程的作用。它既能充分发挥教师的主导作用,也能确立学生在教学过程中的主体地位。

一、组织和维持学生的注意

中学生的特点是:有意注意逐渐发展,无意注意仍起主要作用,情绪易兴奋,注意力不稳定。为了有效地组织学生的学习,教师必须重视随时唤起学生的注意力。正确地组织教学,严格地要求学生,对唤起学生的有意注意具有非常重要的作用。它既有利于学生养成随时注意的习惯,也有利于意志薄弱的学生借助外因的影响集中有意注意。因此,教师向学生提出正当合理的要求,建立正常的课堂常规,能起到唤起和维持学生注意的作用。

二、引起学生的兴趣和动机

采用多种教学组织形式是激发学生兴趣,形成学习动机的重要条件。在教学中教师根据美术学科特点、知识特点和学生年龄特点,采用不同的教学组织形式,能够调动学生学习的积极性,使他们情趣盎然地参与教学。学生的学习兴趣和学习愿望,总是在一定情境中发生的,离开了一定的情境,他们的兴趣和愿望就会成为无源之水,无根之木。

三、加强学生的自信心和进取心

在课堂管理方面,不同的组织方法在学生的思想、情感等方面会产生不同的结果。当学生出现课堂纪律问题时,是以斥责、罚站、加大作业量等方式给予惩罚,还是分析原因,启发诱导,实事求是,合情合理地予以解决,对学生的近期和长远发展都会产生不同的影响。惩罚假若能使学生反省和奋发努力,可以产生积极的效果。但如果惩罚不当,就会增加他们的失败感、自卑感,对教师产生反感,从而挫伤他们的积极性。

任何学生都有自己的特点和长处。老师在组织课堂纪律的时候,对于个别学生既要严格要求,认真管理,又要看到他们的长处并加以肯定,因势利导地进行教育。只有这样,才能逐渐加强他们的自信心和进取心,克服缺点和错误,向好的方面转化。

四、帮助学生建立良好的行为标准

良好的课堂秩序,要靠师生的共同努力才能建立。但有时中学生的行为不符合学校或社会对他们的要求。这时就需要教师在讲清道理的同时,用规章制度所确立的标准来指导他们,约束他们,使他们逐渐懂得什么是好的行为,为什么要有好的行为,以形成自觉遵守纪律的良好习惯,帮助学生实现自我管理,从而树立良好的行为准则。

五、创造良好的课堂气氛

课堂气氛是整个班级在课堂上情绪和情感状态的表现,只有积极的课堂气氛才符合学生求知欲旺盛的心理特点。从教育的角度看,良好的课堂气氛,会造成一种具有感染性、催人向上的教育情景,使学生受到感化和熏陶,产生感情上的共鸣。从教学的角度看,生动活泼的教学气氛,会使学生大脑皮层处

于兴奋状态,易于全身心地投入学习,更好地接受知识。并且能使所学知识掌握牢固,记忆长久,这就是"和易以思"的道理。

第三节 组织技能的构成要素

课堂组织管理技能是一种课堂教学的综合性的技能,除了其他多种技能的构成要素均对其有影响外,本身还受提出要求、安排程序、指导引导、鼓励纠正和总结评述等几个要素的直接影响。作为组织课堂教学技能的基本构成要素,它们的相互协调、排列顺序及作用的程度将关系到组织课堂教学功能的发挥。教师必须深刻领会这些要素的含义和作用,熟练对这些要素的组合技巧。

一、提出要求

提出要求的作用在于一方面维持课堂秩序,一方面不断集中学生的注意力,使学生了解每个教学环节和教学步骤的意义,推动课堂教学过程的顺利发展。因此,提出要求并不是简单地告诉学生该干什么,而是扼要地对学生说明应该进行什么活动,为什么要进行这种活动,怎样进行这种活动,以及在时间和纪律等方面的要求。提出要求的关键是要在各个教学环节之间或各个知识点的转换处做出明确的交代。例如让学生欣赏商品的实物包装,要求仔细观察商品包装的色彩、质地、造型等设计要素,小声议论。

二、安排程序

在提出要求后,有时还需要进一步向学生说明进行某项活动的详细程序,以便使学生大体上遵循相同的步骤去完成同一项任务,在同样的时间内达到一个共同的目标。例如,欣赏张大千山水画《江山如此多娇》的意境的过程为:首先,让学生说出在画中直观感受到的内容:如太阳、红霞、雪山、松树、书法"江山如此多娇"等。其次选一位学生朗读《沁园春·雪》一词中描写景物的一段(屏幕同时显示出来)。学生对《沁园春·雪》一词中的景物作直接感受与想象。再次,学生对比词意与画意是否一致,找出差异。最后,教师以简明的语言进行总结:差异的主要原因是作词与作画的时代不同,由此可体现出现代山水画具有非常强的时代感。

三、指导和引导

在学生活动过程中,还需要教师在提出要求和安排程序的基础上,进一步进行指导和引导。指导是侧重于对学生操作方法和动作方式的肯定或矫正,可以保证学生即时了解该怎样行动,从而训练基本技能。因此,指导多用于观察、自学、练习等方面。引导侧重于对学生思维的启迪和注意力的转移,以保证学生思路通畅及教学过程的连续性,它多用于听讲、观察、讨论等方面。

四、鼓励与纠正

鼓励和纠正是教师对学生活动效果的一种反馈,是对学生期望心理的一种回应。及时的鼓励和纠正,一方面可以强化对美术课堂教学的组织,另一方面可维持学生的主动性和积极性。鼓励和纠正时机应选择在学生活动产生了一定效果之后进行,过早易使学生自足或自卑,削弱学生的积极性和进取心。过迟易使学生的期望值落空,导致注意力的转移。

五、总结

总结是对学生活动情况和取得效果的全面评述,是对教学信息的进一步强化,通过总结可使学生从整体上和更高层次上巩固所学知识。因此,总结是组织课堂教学不可缺少的一个要素。总结包括对本节课内容的结构化综述和对学生活动状况评价两个方面。

第四节 组织技能的类型

一、管理性组织

课堂是教学活动的主要场所,为了使教学过程顺利进行,必须有相应的纪律保证。但是课堂纪律的好坏,并不能以课堂上的绝对安静和学生的"循规蹈矩"为标准,而是既要使学习有序,生动活泼,又不能让学生感到压抑。

(一)课堂秩序管理

课堂秩序的组织管理需要排除外界环境和心理变化对学生的干扰,纠正学生各种背离教学过程的不良行为。要做好这些组织工作,首先需要教师关心和爱护学生,从学生的角度理解他们所存在的问题,倾听他们的心声,与他

们建立友善的关系,同时明确提出学生应遵守的课堂纪律,不断提醒学生注意,强化纪律要求。这里教师的态度和所用的语言是十分重要的。

在纠正学生不良行为时应尽力采用暗示的方式,如"好像有个别同学没有听清楚我的话"或用行动纠正,如走到学生身旁以手或眼示意。

课堂秩序的组织管理应与教学指导紧密结合,教学方法和教学手段的启发性与趣味性,都能够大大改善课堂气氛,最大限度地排除外界干扰。

(二)个别同学的管理

对于个别组织纪律性较差的学生,除了与家长密切配合,对症下药,教师应当创造一种互相信任、自然、亲切的气氛,像对待同伴和直言规劝朋友那样跟学生打交道,同他们一道分享成功的喜悦和失意的忧伤,在没有抵触、厌恶的情况下,对他们施加影响。对个别学生的问题,教师可采用以下三种方式:

(1)使不良行为得不到回应而自行终止。如学生的恶作剧引起哄堂大笑,会使学生更为得意。这时教师的斥责恰恰会强化其不良意识,如果不予理睬,反而会使其感到没趣而终止恶作剧,也会转移其他学生的注意力。

(2)有意识地安排行为替换并给予鼓励。例如指定喜爱交头接耳或做小动作的学生思考一些问题,并作为小组讨论的发言人,并给予表扬或鼓励,使其从替换行为中获得心理满足,以抵消不良行为。为了达到效果,对替换行为的奖赏必须是强有力的,足以抵消不正当行为而选择替换行为。

(3)正面教育与适当惩罚相结合。如果在惩罚之前帮助学生明辨事理,明白了对他的惩罚是合理的,就可能产生更好的效果。学生明白了道理之后,会产生一种内疚感,认识到这是他不良行为所造成的必然结果。此外,应注意在批评学生时掌握好尺度,要富有艺术性。

二、指导性组织

(一)对阅读、观察、美术技能操作等的指导组织

阅读、观察、美术技能操作等是学生进行学习的一种方法,如何使学生迅速地投入这种学习,并掌握这种学习方法,需要教师在课堂上不断地进行指导性组织。阅读在美术课堂教学中是培养学生自学能力的一个重要方面,学生在没有掌握阅读方法之前,常常是从头读到尾,把握不住重点。老师若利用教学提纲或提出问题的方式加以指导,使学生会读,读有所得,就能逐步提高学生的阅读兴趣和能力。一般做法是教师让学生在有限的时间内将阅读内容通读一遍,并高度概括其内容。概括所读内容是要求学生阅读时集中注意力,并为阅读后回答问题组织好自己的语言做准备。

观察是持久的注意,是带着观察的目的对对象的各方面进行研究,它是形成正确表象,进而进行科学思维的基础。在准备让学生观察时,首先要让学生明确为什么要观察,观察什么和如何观察(如明暗的变化、色彩的对比、材质的美感、肌理的美感等),然后再让学生进行观察。为了使学生明确观察的目的和观察任务,常常采用提出问题的方式,让学生通过独立观察去解决。

在美术教学中经常涉及美术技能操作活动,教师精心的指导能够引起学生的兴趣,在操作活动中巩固和运用知识,可及时获取成功的喜悦,取得较好的教学效果。

(二)课堂讨论的指导组织

讨论是一种有组织、有计划,引导学生积极参与的独特的教学方式。当课题富有争论性或具有多种答案的时候,运用讨论方法最合适。讨论的特点是使班上每个人都有机会参与学习活动,促进他们积极地思考问题,真正成为学习的主体。在讨论中每个学生都要认真地思考问题,给予反应,彼此启发,相互补充,对问题做出结论和概括。这样,学生就变成了知识的主动追求者,而不是被动地接受知识。

对于讨论的指导要求是:首先,论题应具有两个以上的答案,即没有简单、现成的答案。要做到这一点,老师必须对讨论题进行深入的揣摩。其次,论题要能引起学生的兴趣,来源于他们熟悉的但又不十分明确的问题。再次,为了使讨论能顺利进行,要给学生适当的时间做事前准备,并在讨论中要善于点拨和诱导,使所有人参与讨论。最后,要制定应遵循的规则,以防乱吵或把争论变成个人冲突。

三、组织学生自学

自学是一种教学形式。广义的自学指学生不到学校学习,自己安排学习时间,定期接受辅导,以通过国家组织的考试为标准。这种自学目前在我国多用于成人教育或远距离教育(广播电视教育等)。狭义的自学指学生在校学习,有统一的学习时间和课程安排,严格按照教师的要求完成阅读和作业任务,接受统一考试。美术课堂教学过程中经常出现短时的自行阅读课文或学习某一节的教学内容。组织学生自学的技能主要体现在狭义自学的后一种形式,因为广义的自学基本上不属于课堂教学范畴,而自行阅读或自学某一段教材,需要教师的精心指导。

随着美术新课程改革的深入,新编美术教材普遍增设了"综合·探索"这一学习领域,以加强教学的灵活性和学生学习的主动性。对于这一学习领域,

教师决不能简单处理，让学生看一看了事，而要体会编写意图，提出相应的指导措施。

第五节　课堂组织管理技能的应用

课堂组织管理技能是一项比较复杂的技能，既要贯穿全课的始终，又要变换多种形式。各个构成要素，包括提出要求、安排程序、指导引导、鼓励纠正和总结等，在一节课内呈现多次重复并间断出现状态，这都给教师应用本项技能造成了困难。除了在教学中有意识地熟练本项技能外，教师还应注意几个应用要点：

一、注意组织课堂教学的方式与时机

如前所述，组织课堂教学绝非一次性行为，围绕着不同的教学内容和不同的教学环节或步骤，教师要多次组织课堂教学。因此，在教学设计和编写教案时，应充分考虑组织课堂教学的恰当方式，是正面讲述还是提问启发，是运用语言还是电教媒体，怎样与导入、提问、讲解、变化、强化、演示等技能有机结合，还应充分考虑组织课堂教学的时机，何时提出要求，何时安排程序，何时指导引导，何时鼓励纠正，何时总结，等等。这些方面都应有切实的针对性，不能流于形式，甚至对各个细节都要预先考虑好，防止课堂上的随心所欲。在实践中，也要根据学生的反应作变通处理。

二、注意身教与示范

身教在组织课堂教学中有着特殊重要的作用。教师通过自我形象和动作行为所发出的信息，往往比语言指令有更强的引导性。例如，在仪表方面，端庄大方的衣着对学生的情绪将起到稳定作用，浓妆艳抹则会干扰学生的注意力；在举止方面，安详稳重的姿态会使课堂气氛保持和谐，轻佻浮躁的举动会使学生失去对教师的尊重，从而造成混乱；在行为方面，规规矩矩的行动和语言自然能使学生保持良好的秩序；坐无坐相、站无站相、语言粗俗、乱扔教具等，这些都会给学生以不良影响，以至于影响课堂秩序。

示范是由教师亲自把正确的行为方式展示给学生，使学生在较短时间内达到操作的规范化。在安排教学程序以后和指导、纠正的过程中，教师要经常对学生进行示范。

三、注意严格要求与耐心说服

中小学阶段是生理和心理的发展时期,学生各方面的心理因素都存在着不稳定、易波动的特点。与幼儿相比,中小学生的自尊心明显增强,对客观事物的自觉性大大提高,需要经过思考以后再对外界事物做出反应。教师应该认识中小学生的这种心理变化,不能企望学生仅凭直觉就会产生反应,所以要讲清道理,说明原因,给学生一个自我判断和自我选择行为方式的机会,耐心也就显得必要了。然而,中小学生毕竟还没有达到心理的成熟阶段,完全凭自觉性来行动是不可能的,时间也不允许。对于一些事关集体荣誉和社会公德的问题,教师要有硬性的规定。课堂教学是一种集体活动,当然也必须有严格的统一要求,才能达到全体学生的协调一致。

对于管理性组织课堂教学,应该重视严格要求,以便取得实效,保证课堂秩序的安定。在课堂上过多地谈纪律问题,也会影响教学。对于指导性组织课堂教学,应该多进行耐心说服,因为智力的差异和能力的高低不是简单命令能够改变的。

四、注意面向全体学生

组织课堂教学是以班级教学为根本前提的,是针对全体学生的。组织课堂教学的目的,是优化教学过程,使全体学生都能达到教学大纲所规定的基本标准。超常生和优秀生的进一步发展,应以全体学生达到基本标准为基础。因此,教师在组织课堂教学时,必须首先考虑大多数学生的实际,以大多数学生均能适应为宜。如果只注意超常生和优秀生的需要,就可能使大多数学生难以适应,跟不上教师的组织引导,不能按照教师的要求去活动,最终丧失信心。如果过分照顾基础薄弱的学生,又可能使课堂教学的要求过于容易和烦琐,使大多数学生感到索然无味,失去学习兴趣。

面向全体学生不等于不照顾差异。为了满足超常生和优秀生的学习欲望,可以在提出要求时提出不同层次的目标,供学生自由选择将完成何种任务,也就是做到"尽力而为",还可以对他们进行个别指导。对于基础薄弱的学生,可以有意识地多提问,多指定他们做讨论发言人,对于其练习多加指导和纠正等等。

第六节 组织技能评价单

日期_____ 任课教师_____
请您在听课时对以下各项目评价,在恰当等级打"√"。

序号	评价项目	等级				权重
		优	良	中	差	
1	使用要求明确,恰当的语言组织控制教学,效果好。					0.20
2	目光暗示与语言配合好,及时运用反馈、调整、控制教学好。					0.15
3	不断变换方式,使学生始终处于积极状态。					0.15
4	运用恰当方法,使不同层次、不同水平的学生积极投入。					0.20
5	懂得处理少数与多数、个别与一般学生的策略,方法恰当。					0.15
6	教学进程自然、活跃,师生相互作用好。					0.15

您还有什么意见或建议:

◎ 思考与练习

1.设计一堂美术课堂教学,并虚拟在美术课堂教学中,出现了如下某些情况时该如何处理:

(1)有学生意外打断讲课;

(2)环境出现突然变化,如突然出现特殊的天气变化;

(3)有学生在讨论、小声交流或做其他的事情;

(4)有学生故意打断讲课,并刁难教师,阻止教师讲授,如突然指出教师的某些细节问题。

2.收集有关课堂中可以使学生迅速集中精力、迅速处理尴尬场面的名人逸事、典故等,并相互交流。

3.比较课外活动的组织与课堂活动的组织的异同。

4.以课堂组织技能应用训练为主,编制一段美术课教案,注意不同组织技能类型的恰当使用,进行教学录像并作评价。

第六章 美术教学设计技能

第一节 美术教学设计技能概述

一、什么是教学设计

教学设计,是为了减少教学中出现的盲目性,而在教学实施之前围绕一定的目标,确定教学内容,选择教学方法,并对其进行全面精心的策划。简言之,教学设计就是"为教学活动制定蓝图的过程"。教学设计主要回答以下五个方面的问题:(1)教师准备教什么和学生准备学什么?(2)教师将如何组织教学活动和学生如何进行学习?(3)为确保教学的高效,教师组织和指导的措施和策略有哪些?学生如何完成学习任务,采取哪些学习方式和方法?(4)教师准备如何评价学生的学习效果,如何对自己的教学效果进行自评和他评?(5)教学设计的基本理念是什么?

二、什么是美术教学设计技能

美术教学设计技能即要求教师根据美术学科的特点从系统的整体出发,有效地使用各种教学媒体,综合考虑教师、学习者、教学目标、教材、媒体、评价等各方面因素,发挥教师各种教学技能的作用,帮助学生达到预定的教学目标,并通过评价、反馈,强化学生的学习。它着眼于每一个学生特点、智力的充分发挥。

美术教学设计技能内容包括教学目标的设计、教材的组织技能、教学过程的设计技能以及对教学设计的评价。

第二节 美术教学设计技能的作用

一、促进教学的系统化与科学化

美术教学设计通过对教学要素和教学环节的分析、计划,有利于美术教学工作的系统化、科学化。

二、促进教学理论与实践的结合

教育理论与教育实践在传统教学中常常缺少相互的联系,而现代的美术教学设计要求两者相互结合、渗透,既注重将教学成果应用于教学实践,又注重将教学实践经验上升为教育理论。

三、促进教师素质与能力的提高

美术教学设计通过教师对教学过程的计划、设计与反思,要求教师应是一位反思者、思想者。这样有利于提高美术教师的素质,培养创造性思维习惯和能力。

四、促进师生关系的建立

教学活动以学生为中心,学生是知识意义的主动建构者,教师发挥组织者、指导者、帮助者、促进者的作用,通过运用情境、协作、探究等方式激发学生的学习兴趣与主动性,以便于知识技能的习得与积累。

第三节 美术教学设计的基本要素

一、教学对象

以谁为中心进行教学设计,是教学设计的根本问题,也是在教学设计之前,必须认真考虑和回答的问题。教学系统的服务对象是学习者,为了搞好教学工作,必须认真分析、了解学习者的情况,掌握他们的一般特征和初始能力,这是做好教学设计的基础。必须以学习者为中心进行教学设计,要分析学习

者的特点,评定学习者的初始状态,预测学习者发展的可能空间。

二、教学目标

通过精心设计的教学活动和学习活动,要使学习者学习和掌握哪些知识和技能,智力获得怎样的发展,培养什么样的能力,达到什么水平,培养什么样的态度等有关学习者发展的问题,在教学设计时,都必须用具有可观察、可测定性的术语精确地加以表述。即在分析学习需要、学习内容和学习者的基础上,确定教学目标,编写行为目标。确定教学目标,这是教学设计的一项基本要求。一旦教学目标确定,其他方面的设计便围绕教学目标展开。

三、教学策略

教学目标确定之后,我们就要选择教学策略,以期实现我们的预期目标。教学策略的设计包括许多方面,主要有采用何种经济而有效的教与学的形式,安排什么样的教师教的活动和学习者学的活动,设计何种教的方法和学的方法,选择什么样的教学媒体及怎样进行设计,怎样利用现有的教学资源及挖掘潜在的教学资源,安排什么样的课型,设计怎样的教学环节和步骤等一系列问题在这部分展开。此外还有一些更具体的问题需要加以分析和考虑。在整个教学设计过程中,教学策略的设计具体而详细,发挥着十分重要的作用。

四、教学评价

经过以上步骤,就会完成一个教学设计的"产品"。其"产品"是否符合教学目标的要求,是否符合学习者的实际,能否保证取得最优的教学效果,是高耗低效还是低耗高效以及所采用的教学形式、教学方法,安排的教学活动、步骤是否具体、可行等一系列问题必须进行检验。这就需要对教学设计的成果进行评价,并根据评价结果进行修正。根据实际需要和可能,可进行实施前的评价、实施中的评价。

对象、目标、策略和评价四个基本要素相互联系、相互制约,构成了教学过程设计的总体框架。

五、教学设计模式的构成

一般来说,组成教学设计的因素有八个方面,即学习需要的分析、学习内容的分析、学习者的分析、教学目标的设计、教学策略的设计、教学媒体的设计、教学过程的设计、教学设计的评价等。

上述八个方面所构成的教学设计过程,可用下面的流程图(图 6-1)表示：

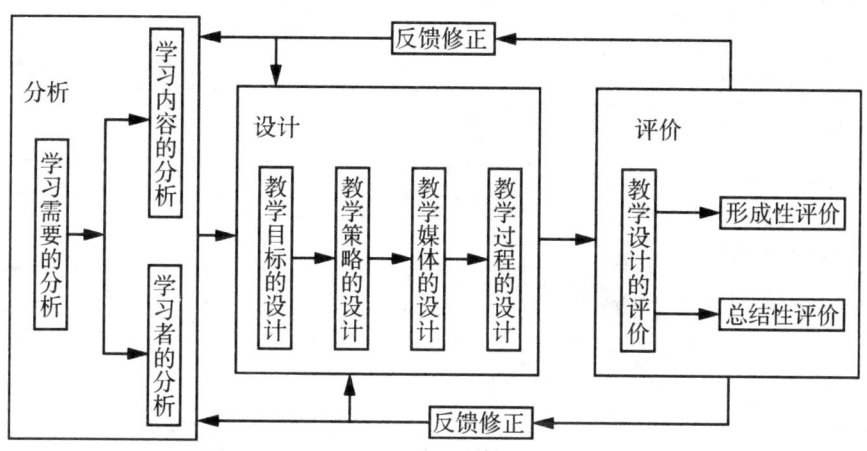

图 6-1　教学设计流程图

教学设计格式表

章节名称	第　单元　第　课(第　活动)课题				
学科		授课年级		授课时数	
设计者		备课组长		学科主任	
参加讨论者					
教学内容分析(内容在教材中的地位、主要内容)					
依据标准(教学内容与课标以及教育理论依据)					

117

续表

课程标准依据:		
教育理论依据:		
教学目标（三维）		
知识和技能： 过程和方法： 情感态度和价值观：		
学习者特征分析（每学期的第一章节或单元一定要填写）		
知识点（考点）学习目标描述		
知识点编号	学习目标	
1		
2		
3		
4		
教学重点和难点		
项 目	内 容	解 决 措 施
教学重点		

续表

教学难点		

学法指导设计：

鉴赏法、讨论法、实践法

教学环境设计（教学手段、技术准备、教具准备等）

板书设计

教学策略的选择及其理由

课堂教学过程结构设计

教学环节	教师的活动	学生的活动	教学媒体（资源）	设计意图、依据
检测反馈				

续表

互动研讨				
当堂训练				

教学过程设计(必须分课时写出教学的详细内容,可拉长)

个性化教学

为学有余力的学生所做的调整:

为需要帮助的学生所做的调整:

教师根据自己长处所做的调整:

课前预习设计

达成	这堂课生成了什么目标?学生清楚这节课的学习目标吗?多少人清楚?	
	效果如何?课中有哪些证据(观点、作业、表情、板演、演示)证明目标的达成?	

续表

评价	

知识点编号	学习目标	预习题的内容
1		
2		
3		

课堂检测和当堂训练

知识点编号	学习目标	检测题的内容
1		
2		

续表

3		
4		

课堂检测和当堂训练评价(课后填写)

教后反思(课后填写)

说明：预习学案、课堂检测、当堂训练和课后练习请另纸附后。

第四节　美术教学设计前期的分析

一、学习需要的分析

(一)学习需要的概念

学习需要在教学设计中是一个特定的概念，是指学习者在学习方面目前的状况与所期望达到的状况之间的差距。也就是说，学习需要是学习者目前与期望达到的水平之间的差距。目前的状况是指学习者在能力素质方面已经达到的水平；期望达到的状况是指学习者应当具备什么样的能力素质。而差距揭示了学习者在能力素质方面的不足，指出了学习者在学习中实际存在的问题和将要解决的问题。差距就是学习需要，有差距就有教学的必要。在当前我国新一轮的基础教育课程改革中，学习需要主要是着眼于学生全面发展和终身发展的需要。

(二)学习需要分析的概念

学习需要分析是一个系统化的调查研究过程，这个过程的目的就是要揭示学习需要，从而发现学生学习中实际存在的问题。教学设计是问题解决的过程，学习需要分析是问题解决过程的第一步，这个过程的结果是提供充分的

第六章　美术教学设计技能

资料和数据,帮助形成要进行教学设计项目的总的教学目标。

学习需要分析是组成教学设计过程的要素,它和其他要素共同完成教学设计优化教学效果的使命。学习需要分析是一种差距分析,其结果是提供尽可能确切可靠和有代表性的差距资料和数据,从而形成教学设计项目的总目标,为教学设计的后续工作提供基础。学习需要分析可以理顺问题与方法、手段与目的之间的关系,也就是说,教学设计以学习需要分析开始,可以从问题的分析和确定出发形成总的教学目标,然后寻找相应的解决问题的方法,从而最终解决问题。

(三)学习需要分析的方法

1.内部参照需要分析方法

内部参照需要分析方法是由学习者所在的组织机构内部以已经确定的教学目标对学习者的期望与学习者的学习现状作比较,找出两者之间的差距,从而鉴别学习需要的一种分析方法。这种方法是以接受既定的目标作为期望值来分析学习需要的,在美术课堂教学设计中,既定的目标体现在美术课程标准中。如果目标的制定可以充分反映机构内外的要求,可以充分考虑学生自身发展的特点和要求,内部参照需要分析方法进行的学习需要分析就是有效的,否则不能揭示真正的需要,就要进行修改。

2.外部参照需要分析方法

外部参照需要分析方法是根据机构外的要求来确定学习者的期望值,以此为标准来衡量学习者学习的现状,找出差距从而确定学习需要的一种分析方法。这种方法是以社会目前和未来发展的需要为准则和价值尺度来揭示教学中存在的问题,寻找学习者目前的状况与社会实际要求存在的差距,制定教育、教学的目标,它是对机构内部目标的合理性进行论证的有效方法。例如,新的美术课程标准的研制。对于学校教育来说,尤其是基础教育,学习需要分析必须着眼于学生全面发展和终身发展的需要。传统的教学由于受"应试教育"的影响,培养出来的学生创新能力差,动手实践能力弱,不能适应社会发展的需要和未来发展的需要。因此,必须改变旧的教学模式,修改旧的美术教学大纲,制订新的美术课程标准,倡导新的学习方式,使机构内部的目标趋向合理。

二、学习内容分析

(一)组织处理学习内容

学习内容是指为实现教学目标要求学生系统学习的知识、技能和行为经

验的总和。通过组织处理学习内容，在全面分析、掌握学习内容及其重点、难点的同时，我们将规定达到教学目标所需要的学习内容的广度（范围）、深度和结构（各组成部分的内在联系），以便在教学过程中形成一个前后有序、结构优化的知识体系。这是教学设计的中心问题。

（二）学习内容确定和选择的基本原则

中学美术课堂教学学习内容的确定和选择，必须是从大量艺术宝库中选择那些既适合中学美术教学目的和要求，又适合学生发展水平的基础知识和技能的内容。因此，确定和选择学习内容时必须遵循下列原则：

1.以学生发展为中心

随着科技的发展和人们的生活水平不断提高，学生可以从很多渠道获得美术学知识。以前在中学才能学到的知识，现在在启蒙阶段就有可能通过电视、广播和少儿读物获得。我们应从学生的生活经验出发，结合学生的美术兴趣和需要，遵循学生的生理、心理及审美认知规律，选择真正为学生所接受和喜欢的教学内容，以便为学生的终身学习和在美术方面的可持续发展奠定基础。

2.以美术审美发展为主导

美术作为文化现象与人类同时诞生并延续至今，其概念的内涵还会随着社会文化的变化而发生改变。作为视觉艺术的美术，虽然今天已无法为之寻找到恰当的认识与理解的标准，但多元的状态并不妨碍我们对美术的理解。它将把我们对美术传承方式的思考引向深入，同时作为教育的美术学科，因为其自身的多元丰富性，也为教育带来更多积极的意义。

3.适应社会需求

在我国，随着经济、文化等多方面的发展，人们对美术的意识越来越强烈。美术课程学习内容设计，更多地体现为美术方面的感知、想象、思维、表达、设计、审美、评鉴以及参与意识等这一层面，体现美术教育的审美本质和人文性质。人们的日常生活也与美术学科密切相关，例如家居设计、现代媒体艺术等。确定和分析学习内容时，考虑学习内容与社会和学生日常生活的关系，对那些将来不从事美术专业学习和研究的学生的现在和将来的实际生活都很有意义。

（三）美术学习内容内涵的分析

1.为使学生形成特定的知识体系所勾画的事实、概念、法则和理论。

2.同知识紧密相关的、有助于各种能力形成并熟练、系统习得的心理作业与实践作业的各种步骤、方式与技术。

3. 与知识和能力体系紧密相关的、奠定世界观基础的,表现为情感、信念、政治观、世界观和道德观的认识、观念和规范。

美术学习内容内涵不同所要求达到的教学目标不同,所选用的教学方法和教学媒体也不同,教学策略的设计和教学时间的安排也不同。

(四)重点和难点的分析

1. 重点的确定和分析

课时重点是一节课中最本质、最重要的内容,是这节课的核心和基础,是教师组织教学的主线,是课堂教学过程中师生共同的主攻方向。例如:重要的事实、共性的知识、原理性和规律性比较强的知识、与学生的生活联系比较紧密的知识、具有价值的知识。重点内容的确定和分析有利于知识结构的优化,抓住了重点有利于一般内容的理解和记忆。

2. 难点的确定和分析

难点是指那些学生比较难以理解和不容易掌握的内容。例如:太抽象的知识、离生活实际太远的知识、过程太复杂的知识、理论太深奥的知识等等。难点内容不能一概而论,它随着学生的年龄、知识水平和生活经验的不同而不同。对于同一个知识点来说,有可能城市中学的学生认为是难点,而乡村中学的学生不认为是难点;普通中学的学生认为是难点,而重点中学的学生不认为是难点。

在大多数情况下,教学内容的重点和难点是相同的。但是,有时候难点不一定是重点,重点也不一定是难点。当重点和难点相同时,在教学的过程中必须先突破难点才有利于重点的解决。如果难点与重点无关,对难点就不必花费太多的时间。

(五)美术活动在学习内容上的系统分析

主要分析本活动在课程和单元中所处的位置,即本活动在整个教材中的地位以及本活动与前后活动内容的关系和美术课程标准对本活动教学内容的具体要求。

学习内容确定并组织好以后,需对整个内容的选择和组织做初步的评价,即进一步考察选择和组织的教学内容的效度和对学生的适合性。首先要考虑所选定的学习内容是否为实现教学目标所必需的,还需要补充什么,有哪些内容与目标无关需删除,这有助于在学习内容上保证教学效率。其次还要考虑学习内容顺序的安排是否符合有关学科的逻辑序列结构,是否能反映知识的基本结构,这有利于保证学习内容组织的科学性。最后要考虑的是学习内容的选择和结构安排是否符合学生的学习实际和学生的认知结构,这有利于揭示学习内容分析和学生特征分析的相互作用、相互依存的关系。现代心理学告诉我们，当学习内容的结构和学生原有的认知结构相符合时，可以促进学生学习的快速发展。因此，在分析了学习内容之后，对学习者还要进行分析。

三、学习者分析

（一）学习者一般特征的分析

学习者一般特征是指学习者学习有关学科内容时对学习者产生影响的心理和社会特征。它们与具体学科内容虽无直接联系，但影响教学设计者对学习内容的选择和组织，影响教学方法、教学媒体和教学组织形式的选择与运用。教学设计的目的是突出学习者在学习过程中的主体地位，发挥和调动学习者学习的积极性和主动性，有效地指导学习者获得学习上的成功。从教学角度来说，教学目标能否实现，教学任务能否完成，主要取决于我们对学习者学习情况的掌握程度。只要以学习者原来具有的认知结构为基础，通过精心设计的教学活动，指导学习者重建自己的认知结构，就能使教学获得成功。学习者的一般特征有其共性，也存在着差异。相同年龄的学习者有大致相同的感知能力和信息处理能力，有相同的智力、心理和语言的发展过程。但是相同年龄的学习者也存在着智商的差异、社会和家庭背景的差异。

例如：根据皮亚杰的认知发展阶段理论，初中阶段的学生正处在抽象逻辑发展阶段，认知发展由具体逐渐向抽象过渡，能够理解并使用相互关联的抽象概念。因此初中美术教学中的一些复杂的概念，如平面构成中的"多样与统一"，只要教学方法得当，是能够被学生接受的。由于这一阶段学生的形象思维能力比较强，因此在美术教学中运用直观手段会收到比较好的效果。特别是在知识学习方面，当面临新任务时，实际经验成为学习的支柱，因此美术教学设计由具体到抽象的教学顺序能提高学习效果。而在态度方面，初中生则表现出双重特点：一方面他们愿意接受自己敬重的教师的指导；另一方面他们又有较强的独立性，需要通过教育和自身的体验来培养或转变态度。

因此，在教学设计中要对学习者进行充分的分析，体现教学设计面向全体学生的教学理念，使教学设计具有较强的针对性和实用性。

由于遗传、教育以及客观生活环境的差异，学生绘画能力有着明显的差别，但并不是无规律可循的。总的来说，中学生绘画发展有其自身的规律，这是由其生理与心理基本特征决定的。随着生物学、心理学的不断发展，20世纪后，对于美术能力的研究取得了新的发展。

1927年，里德发表了他的儿童绘画发展阶段说。里德认为，人类的艺表现形式与人类的心理类型是高度相关的。儿童生来具有艺术的潜能,表现形式受到儿童特定人格类型的影响。通过分析儿童各年龄阶段的绘画,他将儿童绘画分为7个阶段:涂鸦期(2~4岁);线描时期(4~5岁);叙述的象征时期(5~7岁);叙述的写实时期(7~9岁);视觉写实时期(9~11岁);压抑的时期(11~15岁);艺术复活时期(15~18岁)。

1947年,美国罗恩费德在参考了许多研究者的说法上,通过分析儿童绘画题材、技法等创作的一般特征,将绘画发展分为6个阶段:自我表现的最初阶段(涂鸦阶段,2~4岁);再现的最初的尝试(样式化之前的阶段,4~7岁);形态概念的成立(样式化阶段,7~9岁);写实倾向的萌芽诞生(初期写实的阶段,9~11岁);拟似写实的阶段(推理的阶段,11~13岁);决定的时期(青春期的危机,13~17岁)。

1994年,我国美术教育研究者王大根先生将儿童的绘画发展分为四大阶段:涂鸦期(1.5~3岁);符号期["词"的符号期(3~5岁)、"句"的符号期(5~7岁)、陈述的符号期(7~9岁)];写实期[陈述的写实期(9~11岁)、分化的写实期(11~13岁)、视觉的写实期(13~15岁)];理性期(16~17岁)。

这些观点都是以儿童绘画造型手段、形态特征、儿童的视知觉、主体意识发展等理论引发、研究而得出的,是绘画发展的普遍特性。所以从以上的这些对儿童绘画发展研究的理论中,我们可以总结出中学生的绘画特征。

初中生,正处于生理的青春期转变,所以思想与行为都有很大的变化。他们更成熟、活泼,对美术抱有极大的好奇与探索精神。此时的审美意识正逐渐形成,他们关心作品的美感,不再喜欢幼稚的儿童画,而偏爱较复杂和逼真的作品。有些学生甚至开始能够体会某些抽象画的美感。

在绘画题材上,从陈述事物转变为具体刻画对象或临摹成人作品,或喜欢将各种事物超时空地组合到一起。

表现手法上不再使用夸张的手法,而是尽量从二维形象转向对真实空间感的追求。对于色彩,能够观察到细微的颜色倾向及变化,善于用色彩来表现主观情绪。

在表现能力上,急于表现正确的比例与动作。由于缺少造型、透视等基本绘画技能,他们的客观技能水平与此观念形成了矛盾,所以他们容易产生焦虑情绪、自卑心理,甚至对绘画渐渐失去信心。同时,热爱美术、有天赋的学生逐渐显现出自己的才能,同一些只把美术作为一种技能来学或应付作业的学生形成差异。

高中生身心发展都已进入成熟阶段,主体意识确立,对美术特别喜好。他

们乐于参观与欣赏艺术作品。他们可以从形式、内容到作品的深层含义等不同层次去感受不同的美术作品，形成了真正的审美与艺术鉴赏。但是在创作方面，他们既没有了儿童式的不自觉，又缺少了自我表现的有意识的方式，而且丧失了对创作的主观态度，脱离了符号性的表现，容易对美术失去信心。同时一些有志于从事美术学习的学生在这个时期可以进入专业化的技能学习。

以上是中学生绘画发展的基本特征，但这种基本特征也会受到一些如家庭及社会等其他因素的影响而发生变化。

中学生的美术观念受社会美术观念变化的影响。19世纪末由于科技、思想的快速发展，各个画家都在寻找与众不同的表现方式来发泄内心的彷徨或是宣泄情感，所以出现了印象派、立体画派、达达主义、未来主义等一些现代画派，这也就使美术越趋向于表现，并且创造出了新的美的形式。"古代人把甜美的东西当成了全部的营养或审美价值。后来人们才逐渐发现，辣的、苦的、怪味的统统都有营养……总的看来，现代人不再喜欢带甜味的美，认为这种美不够刺激，比较起来，他们更喜欢混合着辣味、苦味和怪味的东西。"现代美术家都喜欢一些独特的表现方式及放置空间，不再局限于室内的展览。到了20世纪后半叶，社会的各种因素出现大融合的状态，各种艺术互相结合、穿插形成新的艺术。在美术中则出现古典与现代、传统与未来的并置或是解构；科学与美术有了更尖端的结合，特别是在作品展览时，展室能够以声、光、电的结合形式将观赏者的心态真正引入到作品欣赏中。这些都是现代美术观念的变化，并在一定程度上引起中学生美术观念的改变。

现代社会视觉文化艺术的发展为中学生提供了更加广阔的吸收各种艺术元素的空间。随着科技的发展，欣赏艺术的场所发生了很大的变化，展览馆、电视、电影、网络都可以成为学生接受艺术的途径。图像记录与信息传播的范围正在逐渐地扩大，中学生对于美的欣赏能力、美的需求、美的观念都在不断地提高。

同时，随着现在生活条件不断的提高，学生的认知水平、思维水平、绘画水平都比以往有所提高。但是独生子女的增多、家庭的宠爱又导致了学生心理的变化，容易形成孤僻、自闭、自傲的心理特征。所以现代的学生更需要精神上的援助，包括美术在内的艺术教育能够丰富学生的内心，带给学生精神上的愉悦，促进身心健康发展。①

---

① 参见《美术教学论》，陕西师范大学出版社2008年版。

(二)学习者学习风格的分析

学习风格是指对学习者感知不同刺激,并对不同刺激做出反应这两个方面产生影响的所有心理特征。也就是说,是学习者在学习过程中经常喜欢采用的某些特殊学习方式、学习策略的倾向。学习者是生活在社会中的人,每个学习者都有自己独特的个性和心理特征。他们在信息接受、信息加工、信息输出方面,认识方面,个性意识方面及生理结构方面有差异。另外,他们对学习环境和学习条件的需求也不同。每个学习者都是带着一定的心理、生理结构和认知结构进入学习环境的。在各种学习环境中,每一个学习者都必须自己感知信息,并对信息进行加工。而不同的学习者学习风格不同,对信息的感知和处理也就不同。在进行教学设计时,要充分考虑学习者的学习风格,针对不同的学习者确定不同的学习内容,选取不同的教学媒体,制定不同的教学策略,使每个学习者的潜能都得到开发,真正体现面向全体学生的教学理念。

克内克提出的教学中应该掌握的学习风格有五类:信息加工的风格、感知或接受刺激所用的感官、感情的需求、社会性的需求、环境和情绪的需求(实际需求和感觉到的需求)。

只有在教学设计中充分考虑和照顾到不同学习风格学生的特点,才能收到良好的教学效果。如在教学中考虑到学生有的适合接受视觉刺激,即使在讲解比较抽象的美术流派时,也要尽可能提供图片、板书、图表等形象材料以帮助适合接受视觉刺激的学生的学习。

(三)分析学习者的初始能力,确定教学起点

教学活动和其他活动一样,知道出发点和目的地就明确了活动的方向,就能很好地完成这项活动。通过对学习需要的分析,已经确定了总的教学目标即目的地,而学习者初始能力的分析就是要确定教学的出发点。

学习者初始能力的分析一般包括三个方面:(1)对已具备的知识和技能的分析:主要是了解学习者是否具备了进行新的学习所必须掌握的知识与技能,这是从事新的学习的基础。(2)对技能目标的分析:主要是了解学习者是否已经掌握和部分掌握了教学目标中要求学习者学会的知识和技能。(3)对学习者所学内容所持经验态度的分析:主要是了解学习者对所学内容所持的经验态度是否存在偏差和误解。

学习者初始能力和教学起点的确定方法对于学校教育来说,由于课程标准、课程计划有一定的规律性和连续性,学生的成绩和各方面的表现都有记载,因此大部分都是采取一般性了解的方法获取信息。但这种方法获取的信

息不太准确。当课程内容和学生的情况有所变化时,要用预测的方法。预测是以内容分析为依据,在通过一般性了解获取学生初始能力的大体信息的基础上精心设计测试题,从而客观准确地鉴定学生的初始能力。

（四）其他特点

学生的文化背景差异、性别差异、家庭的社会地位差异,都会引起学生在学习中爱好和能力倾向上的差异。如一些农村学生对"现代媒体艺术"相对于大城市学生显得陌生,而有的学生则不能深深感受到自然的美丽和力量,不能理解自然和人类的关系。当学生中的这种差异越小时,教学设计就越容易。

学生的基本素质差异如智商、情商和身体素质的差异,也会引起学习兴趣的差异。其中情商是日益受到重视的基本素质,可以通过设计合作学习的形式促进学生情商的发展。

四、美术课堂教学环境分析

教学环境是时刻围绕在学习过程周围的背景因素,它的构成非常复杂,有些是社会方面的,有些是自然方面的,在教学中不同的教师对环境的选取往往有很大的差别,如在"科艺节"前后教师可能选择以招贴画的方式进行宣传创设环境,教学时将有关内容引入课堂,也可以将社会上的活动、宣传直接引入课堂等等。只有对教学环境的作用进行正确分析,才能在教学设计中有效地利用环境因素使教学设计达到最理想的效果。

教学环境分析的一般程序为:

(1)明确课堂教学中的环境因素。

(2)确定对教学和迁移产生阻碍的关系因素。如:课堂教学组织形式不当、教学设备条件不足、师生关系不融洽、学生受到不良信息影响等。

(3)确定缺失的关键背景因素。如没有动机、缺乏环境信息、缺少正确的舆论等。

(4)确定关系的有利因素。如学生对教师有较高的期望、教学地点的自然状况良好等。

(5)明确阻碍因素、缺失因素、有利因素三者间的关系,为环境因素的设计提供参考。

第六章　美术教学设计技能

第五节　美术教学前期的设计技能

一、美术教学目标的设计

美术教学目标是学生在学校和教师的指导下,其美术学习活动具体的行为变化表现和阶段性的学习结果,对教学活动具有导向、调控、评价、激励的作用,是美术教学系统的关键组成部分。

美术教学目标应改变过分注重美术专业知识与技能传授的倾向,加强学习活动的综合性与探索性,加强美术课程与学生生活经验的联系,使学生在积极的情感体验中提高想象力和创造力,提高审美意识和审美能力,增强对大自然和人类社会的热爱及责任感,发展创造美好生活的愿望与能力。

美术课程总目标按"知识与技能"、"过程与方法"、"情感、态度和价值观"三个维度设定如下:学生以个人或集体合作的方式参与美术活动,激发创意,了解美术语言及其表达方式和方法;运用各种工具、媒材进行创作,表达情感与思想,美化环境与生活;学习美术欣赏和评述的方法,提高审美能力,了解美术对文化生活和社会发展的独特作用。学生在美术学习过程中,丰富视觉、触觉和审美经验,获得对美术学习的持久兴趣,形成基本的美术素养。

(一)教学目标设计的依据

从教学总目标、课程目标、单元目标、课时目标几个层次来看,制定教学目标的直接依据无疑是课程目标。《美术课程标准》(2011版)是在教育部的领导和布置下有计划完成的一个全新的美术学课程文件,它描述了我国在新世纪美术学课程发展的方向和教学要求。《美术课程标准》(2011版)中的课程总目标和具体目标都规定了学习者通过学习后应该发生的变化。《美术课程标准》(2011版)虽然在技能和情感态度等目标方面进一步具体化了,但作为课程目标,仍是相对概括的。因此,进行教学目标设计时必须深刻地领会课程标准的精神,用课程标准指导教学目标的设计。

美术教学目标设计应当落实美术课程目标,体现美术课程的学术取向、社会取向和学生取向。包括钻研教学大纲、教科书和教学参考资料,弄清本学期教科书中的教学内容、结构、各章节之间的联系,还需要了解以前曾学过的和未来将要学习的内容,从而能更好地确定本单元或本节课的位置,更好地确定本节课的基本内容、要求、重点、难点等,做到能从整体上把握课程的基本结

构,理清教材的知识体系,为建立教学目标奠定基础。教学目标应该是在学生已有学习准备的基础上,经过学生的努力而能够达到的目标。因此,学生的知识水平、心理发展水平和成熟状况,以及学生的态度、兴趣、爱好和学习的倾向性等个性因素,都需要在确定教学目标时予以认真考虑、分析。对教学群体而言,全班学生普遍具有的学习准备状态和一些共同心理特征也是确定教学目标时应考虑的主要方面。同时,目标的设计应充分考虑到学生的个别差异性,特别是考虑那些美术天才儿童和学习障碍儿童的特点,制定相应的发展目标,使每个学生都能充分发展。如一个关于写意花鸟的教案对目标的设定之一是:通过写意花鸟的教学,让学生初步了解中国传统绘画工具材料的性能、基本技法及熟练运用。如果教学目标具体到知道纸的性质、用笔、用墨、用色等方法;知道花卉的基本结构;能在教师的指导下临摹课本中的花卉,那么学生在探究"熟练运用传统绘画工具"之前就必须达成目标,即知道纸的性质和用笔、用墨、用色等方法,这样才能有完成探究任务的能力。同样,在知识和能力目标分析的基础上,也可以设计出一节内容适合培养哪些方面的情感和态度目标,然后根据对学生思想状况的分析,按需求的紧迫性和重要性进行选择,同时考虑学校与社会环境中可借用的有利因素。例如,了解到学生爱护花草树木、保护环境的意识比较薄弱,我们就应在欣赏课或户外写生课上设立相关目标结合教学内容进行教育;在"世界环境日"、"植树节"等社会性节日临近时,应注意从教材中挖掘相关内容进行相应教育。不同年级的学生或同一年级不同班级的不同学生具有不同的学习风格和学习特征,教学目标设计时要充分考虑学习者的特征,设计出符合学生实际的教学目标。总之,学科知识、学生、社会因素三者是交互作用的,任何单一因素都不足以成为确定教学目标的依据。要设计好教学目标,做好对课程目标的理解、研究工作,对学生和社会的全面分析是不可缺少的。

(二)教学目标的表述

教学目标表述的基本方式可分为两类:

一是结果性目标的表述,即明确学生的学习结果是什么,所采用的行为动词要求明确、可测量、可评价。多数用于可以结果化的"知识与技能"目标,如"举例说明标志设计的艺术特点"、"说出自己喜欢或不喜欢的美术作品"等。也能表述一些为完成某一学习结果的"过程与方法"目标。

二是体验或表现性目标的表述,即描述学生自己的心理感受、体验或明确安排表现的机会,所采用的行为动词往往是体验性、过程性的,这种方式指向无须结果化的或难以结果化的"过程与方法"、"情感态度与价值观"领域的教学目标,如"用各种材质和方法创造立体造型,表达自己的感受"、"欣赏卡通作品,收藏自己喜欢的卡通书籍和资料"等。

一般认为行为目标表述的基本要素有:行为主体(audience)、行为动词(behavior)、行为条件(condition)和表现程度(degree)。① 按英文首写字母即构成设计教学目标的 ABCD 模式。

如"学生(主体)通过小组合作(条件)创作(行为动词)一件立体构成作品(表现程度)"。然而,并非所有的目标表述都必须包括这四个要素,有时为了表述简便,在不引起误解或歧义的前提下,可以省略行为主体或(和)行为条件。

行为主体是学生,而不是教师。教学目标描述学生所达到的学习结果,开头应是"学生应该……"、"学生能够……",而不应写成"使学生……"、"教给学生……"、"培养学生……"等以教师作为行为主体的表述。有时行为主体可以省略,但必须隐含学生主体。

尽可能明确可观察和可测评的实际行为。实际行为是学生所能完成的特定行为,需要用规范的行为动词来描述。行为动词有含糊与明确之分,明确的动词如画出、做出、辨别、解决、比较等;含糊的动词如知道、了解、欣赏等。为提高教学目标的客观性和可操作性,应尽可能选用明确的行为动词,或将含糊的行为改为明确的行为。比如"理解白描的艺术特点"就比较含糊,可改为"在各种线描作品中分辨出中国白描作品,并说明与其他线描作品的差别"等比较明确的行为目标。

必要时要明确实现的行为条件。行为条件是指影响学生学习结果的特定的限制或范围。一是使用或不允许使用资料和辅助手段,如"不能模仿书中的图像"、"必须使用绘图器械";二是提供信息和提示,如"画出衣服上的缝缀线、纽扣、图案等细节";三是时间限制,如"20 分钟内完成作业";四是达成目标的情景,如"可以用各种实物拼贴"、"可选择多种色彩工具"、"允许两人合作完成"等。

具体的行为标准。说明学生完成什么具体的学习任务,做到什么程度。比如,"分辨三原色,并能调出橙、绿、紫色"、"能说出结构素描的概念,用结构素描的方法写生静物"等。下面是一个完整的平面构成教学目标的例子,由于行为主体有针对性,可以省略(表 6-1):

---

① 详见施良方、崔允漷主编:《教学理论:课堂教学的原理、策略与研究》,华东师范大学出版社 1999 年版,第 141～142 页。

表 6-1

初二学生	参考教材图例	设计平面构成作业	重复、近似构成各 1 幅(10 cm×10 cm)
行为主体	行为条件	实际行为	行为标准

教学目标需要正确地表述，但由于教学的复杂性和多样性，某些教学目标，尤其是"情感态度与价值观"目标就不可能用可观察、可测量的行为动词描述。教师可以使用一些概括性、描述性语言，而不是机械地套用一些具体的行为动词，以免出现常识性错误。

1.知识与技能目标的表述

学生以个人或集体合作的方式参与美术活动，激发创意，了解美术语言及其表达方式和方法；运用各种工具、媒材进行创作，表达情感与思想，美化环境与生活；学习美术欣赏和评述的方法，提高审美能力，了解美术对文化生活和社会发展的独特作用。

代入所教的课程内容后，即可成为这一课题的知识与技能目标。设计要切实可行，抓住重点。基本格式是：

（学生能）了解××艺术语言和特点（知识）；用××材料、××方法做（画、设计、制作等）出××作业（技能）。

> 提示：
> 必须找准"艺术语言和特点"（就是本课题的教学重点）。
> 围绕"艺术语言和特点"设计出有意义、有趣、可行的作业。
> 改变材料和方法，往往能产生意想不到的作业效果。
>
> 示例：
> 卡通的教学目标：欣赏和了解卡通艺术夸张、变形和拟人化等造型特点。学会用夸张和变形的方法创造一个卡通形象。
> 服装设计的单元教学目标：了解服装设计的基本知识、设计的思维方式和服装设计步骤。掌握服装设计的基本语言（款式、色彩、材质的有机融合）和形式规律。能运用不同的手段有主题、有创意地设计和制作服装设计作业。
> 陶艺的单元教学目标：了解陶艺的历史和现代陶艺的出现和发展等。了解陶艺的要素与构筑方式（陶艺基本语言）。学习各种陶艺造型方法和陶艺的装饰方法，创作有一定形式特点的陶艺作品。

2.过程与方法目标的表述

"过程与方法目标"应该分为"学习方法"和"学习过程"两部分，其基本格

式是:

过程:×××——×××——××××——×××。

方法:(学生)以××、××(学习、操作、创作、合作、研究等方法),完成××(任务)。

> 提示:
>
> 教学方法包括以下三类:
>
> 美术的学习和创作方法:欣赏、临摹、观察、写生、收集、创作、设计、制作。
>
> 教学的活动或研究的方法:尝试、游戏、竞赛、调查、分析、讨论、体验、实验等。
>
> 不同性质的教学方法:自主学习、合作学习、研究性学习。
>
> 示例:
>
> 卡通的单元学习过程目标:欣赏与交流——探索与归纳——构思与创作——展示与评价。
>
> 学习方法目标:通过收集卡通资料,交流、分析和小组讨论等方式学习、研究和创作卡通作品;把所创作的卡通形象运用到生活、学习环境中。
>
> 服装设计的单元学习过程目标:质疑与探讨——求证与创新——动手创作——表演交流(安排于四课时中)。
>
> 学习方法目标:能观察生活中各种服装的款式与特征,以自主的或合作的方式进行尝试和研究,运用不同的表现手法进行服装设计。
>
> 陶艺的单元学习过程目标:欣赏思考——体验制作——比较总结——合作设计——共同创作——展示交流。
>
> 学习方法目标:注意观察生活中各种陶艺作品的形状与特征,收集一些陶艺的参考资料,讨论分析其中不同的题材、形式和表现手法,以自主或合作的方式尝试和探索,运用多种陶艺语言、造型和装饰手法进行创作。

3.情感态度与价值观目标的表述

结合所教的课程内容特点来设计情感、态度与价值观目标,必须切实而可行,切忌浮夸空洞。基本格式是:

情感:(学生)体验××艺术活动的乐趣,体会表现对象之美,表达对表现对象的爱和情。

态度:形成××学习、工作或生活等态度。

价值观:了解××艺术的实用价值或社会价值,及其所体现的某种深层的人文价值观念。

> **提示：**
> 情感态度与价值观目标比较抽象，范围广、内容多，在一般课时教学计划中，要写出最有特色又能达成的目标，不必求全、宁缺毋滥。
> 在较完整的单元计划中，则应全面思考，精心设计，使教学活动有较高的人文追求。
>
> **示例**
> 卡通的教学目标：用自己的眼光欣赏和评价卡通艺术作品。知道卡通艺术与我们生活的紧密关系，在现代社会中的作用和影响。了解当今卡通发展的概况以及我国卡通发展史。感受卡通艺术给我们的生活带来的乐趣。
> 服装设计的单元教学目标：能感受服装之美，对服装色彩美、款式美、材质美、图案美、工艺美等发表自己的看法，形成初步的现代的服装设计意识。了解服装设计在人类文明发展中、在实现生活中的重要意义。
> 陶艺的单元教学目标：欣赏古今中外优秀陶艺作品，体会陶艺粗犷质朴的艺术魅力，了解陶艺在现实生活中的实用价值。体会与泥（与火）、原始工艺、传统中华古老文明的接触和情感交流，用自制的陶艺作品表现感情思想，装饰自己的生活环境。①

二、美术教材的设计

（一）解读《美术课程标准》

《美术课程标准》是具有法规性、指导性和纲领性的文件，其中对课程的性质、基本理念，教学目的要求，教学内容的安排，教学中的实施建议以及各个知识点教学要求的层次都做了详细的规定，是衡量美术教学质量的标准。

因此，分析教材和组织教材之前应先解读《美术课程标准》，依照《美术课程标准》实施教学。

（二）组织处理教材

在全面分析、掌握教材及其重点、难点的同时，还应根据学生的实际情况、教学条件以及教师自身的教学经验，对教材进行加工处理，以便在教学过程中形成一个前后有序、结构优化的知识体系。这是教学设计的中心问题。

---

① 王大根：《美术教案设计》，上海人民美术出版社 2007 年版，第 12～13 页。

1.组织处理教材的原则
(1)以美术审美为主导
美术课的基本价值在于让学生通过感受美、鉴赏美、创造美的方式,充分体验蕴涵于美术学中的美和丰富情感,并培养美好情操和健全人格。美术教学内容是学生获得审美感受和体验的载体。因此,实现美术教学以审美为核心的基础是选择有欣赏价值,能贴近学生生活,表达学生心声,并能唤起美感的美术作品作为美术教学内容。只有这样的美术作品才能形成"润物细无声"的审美功效。

美术教师还应善于挖掘美术教学内容的审美要素,包括作品的构图、色彩、意境、作品的形状、空间变化、材质与肌理的美感等,并将自己的审美体验积极融入对作品的分析、处理之中,这样才会产生良好的教学心境,并以此感染学生。

(2)以学生发展为中心
要使学生对美术学习保持一种积极的学习心态,教师就应大胆地打破"学科中心"、"教师中心"的传统观念,从学生的生活经验出发,结合学生的美术兴趣和需要,遵循学生的生理、心理及审美认知规律,选择真正为学生所接受和喜欢的教学内容,引导学生以自主、探索、合作的方式学习,以便为学生的终身学习和在美术方面的可持续发展奠定基础。

2.组织、处理教材的方式
(1)重新整合教学内容
在实际教学中,由于学习者的情况、课时计划、教学条件的不同,教师不能死板地直接以教材所呈现的教学内容逐项灌输给学生,而应从整体考虑并重新整合教学内容。例如,就"欣赏·评述"、"造型·表现"、"设计·应用"、"综合·探索"四个教学领域而言,可以将美术基础理论与美术鉴赏结合起来教学;将造型表现、设计教学与美术文化、美术创造结合等。重新整合内容时可分别按照题材、体裁与主题的分类进行。①如同类题材的美术教学内容组合:即将同类题材的美术作品根据美术教学的需要有机组合在一起。譬如,欣赏以"人物画"为题材的美术作品时,教师可以选择中国古代人物画、中国现代人物画、人物油画、人物漫画,从而设计出美术教学内容的组合。在组合过程中,应充分考虑作品所代表的特征、时代背景、作者的具体情况等,使各种内容要素的搭配都体现该类别的特点。②同类体裁的美术教学内容组合:即将同类体裁的美术作品根据美术教学的需要有机组合在一起。譬如,将商业橱窗设计、商品造型、装潢、广告等有机组合。③不同人文主题的美术教学内容组合:

可以突出"以人为本"、"以文化为主线"、"以情感态度与价值观为出发点"的组合,在结构上更显灵活。可以从美术与社会、美术与自然、美术与人等方面进行组合。

(2)拓展丰富教学内容

为了拓展教学内容,让美术教学更贴近学生的生活,教师可以通过结合姊妹艺术形式,或增添教学视听资料等形式,丰富学生的感性认识,激发学生的学习积极性。例如,将音乐、文学、戏剧、舞蹈等艺术形式与美术学科内部的各个学习领域密切联系,拓展教学空间,让学生在感受更多美术作品的同时,收获多种情感体验,掌握丰富的美术理论知识。在教学过程中,若缺乏现成的音像教材,教师还可利用摄像机自行摄制学生的美术活动情况以及画展、美术讲座等内容,用以丰富教学内容。

案例 6-1 "谁不说俺家乡好"教学片段

课题:谁不说俺家乡好

年级:初中

教学目标:

(1)通过欣赏和学唱山东民歌,使学生感受山东民歌的风格特点,增强学生了解家乡、热爱家乡的思想感情。

(2)激发学生关注身边的民族民间艺术,初步感知艺术与生活的关系,初步了解山东的本土文化。

(3)充分调动学生的学习兴趣和积极性,引导学生有创造性地参与音乐实践活动。

教学准备:

(1)教具准备:多媒体课件、扇子、剪纸用品等。

(2)教室布置:学生小组围坐,便于讨论。

一、感受山东

1.欣赏歌曲《谁不说俺家乡好》,观看"山东风光"录像片。

2.组织学生讨论:说一说你所知所闻的"山东"(山川地貌、风俗人情、文化艺术等)。

参考资料:

[名胜古迹]有"五岳之尊"的泰山,被联合国教科文组织列为世界文化遗产的"三孔"、"泉城"济南、"齐国故都"淄博、"人间仙境"蓬莱、"世界风筝都"潍坊、"道教圣地"崂山和昆仑山、"国际啤酒城"青岛、"国际葡萄酒城"烟台、获

"2003年度联合国人居奖"的威海等著名的旅游胜地。

[山东名人]：孟子、孔子、蒲松龄、李清照、焦裕禄、孔繁森等。

教师：山东位于中国东部沿海、黄河下游，有3000多公里黄金海岸，四季分明，气候温和，风光秀丽，历史悠久，民风淳朴，是中华文化的重要发祥地之一。俗话说"一方水土养育了一方人"，在这块美丽富饶的土地上孕育了灿烂的艺术文化。

3.引导学生从多方面探索、发现山东的民间艺术。

教师：请同学们围绕以下几个小板块讨论一下：你所知道的山东民间艺术主要有哪些？

[民间美术]：以潍坊木版年画、民间剪纸、农民画为代表。

[地方戏剧]：吕剧。

[山东曲艺]：山东大鼓（梨花大鼓）、山东琴书、山东快板等。

[民间歌舞]：山东秧歌（鼓子秧歌、胶州秧歌、海阳秧歌）（小组讨论，教师归结）。

4.欣赏胶州秧歌片段，体会山东民间歌舞的风格特点。（学生感受到山东秧歌具有粗犷奔放、感情充沛、风趣幽默的表演风格）

5.欣赏相声《山东话》片段，体会山东的方言韵味，师生学说几句山东话。

二、学唱山东民歌《沂蒙山好风光》

1.欣赏歌曲《沂蒙山好风光》。（讨论《沂蒙山好风光》属于民歌的哪一类）

2.简介歌曲。

3.第二次欣赏歌曲，进一步感受歌曲的风格特点。

教师：民歌手独特的音色、滑音和装饰音及方言的运用，体现出浓郁的地方特点和赞美家乡的自豪感。

4.学生自学歌曲。（学生按小组自学歌曲，教师辅导学生；分组汇报学习情况）

5.重点体验：衬词和一字多音的拖腔是民歌中常用的表现手法。

教师：通过教师范唱让学生体会少了衬词不好，不能体现山东民歌的特点；少了拖腔不好，不能体现自豪感，优美委婉的拖腔使民歌更加优美动听。

三、延伸与表现

1.认识招远的标志，观赏招远的风光片。

参考资料：

在中国的山东半岛上，有一个美丽富饶的地方。这里遍地藏金，以拥有全国最大的黄金矿田和全国最高的黄金产量而被誉为"中国的金都"；这里是"龙口粉丝"的发祥地和主产区,被世人称为"银丝之乡";这里是最早引种日本红富士苹果的地方,被称为"中国红富士之乡";这里旅游资源丰富,有国家森林公园、班仙洞等风景区;刚刚冠名的北京—烟台的"中国金都号"列车,使招远成为全国第一个拥有冠名列车的城市。这就是我们的家乡——山东招远!

2.设置三个活动小组:音乐组、剪纸组、创编组,让学生自主选择,加入艺术活动,深入感受和体验民间文化的魅力。

[音乐组]:唱唱自己所会的山东民歌或观赏山东秧歌表演,模仿自编大秧歌。

[剪纸组]:教师发给学生相关资料,学生自己设计剪纸。

[创编组]:"老调新唱"赞招远。

观赏招远风光,小组讨论用《沂蒙山好风光》的音调创编一首赞美招远的歌。

(各组创编并展示)

四、小结

教师:山东好,招远好,谁不说咱的家乡好!欢迎各地的朋友到我们的家乡来做客,祝愿我们的家乡越来越美、越来越富饶![1]

这说明教师在教学中应注意从不同角度、不同侧面、不同形式选择与教材相关的资料,来表现美术的本质特征,而不是简单、机械地做着无效的重复欣赏。

因此,美术教师必须根据现有的教材内容,进行修整、组合、创新,使其成为适合教学实际的教学内容,为教学奠定坚实的物质基础。

3.组织教材需要注意的问题

(1)把握教材的系统性

教师应从整体分析、把握教材,注意知识、技能、能力培养之间的前后联系与相互渗透。这样,有利于全面贯彻教学大纲精神,深入理解教学目的、教学任务以及对学生知识、技能、思想道德的培养。

譬如,高中的美术课程就十分重视人文精神并增加了大量的实践性内容,因此,在教师研究、分析、组织教材时,就应充分考虑这一点,尤其注意在美术实践活动中深层次渗透教材中隐含的人文精神。同时,还应在教学中注重加强美术学科不同领域之间的相互联系与综合,注意与其他艺术之间的相互联

---

[1] 刘洋:《谁不说俺家乡好》,中小学教学资源网,http://www.i3721.com/cz/tbjak/meishu/200701/266978.html,2007-01-05。

系与渗透，注重课程综合化的发展。

（2）掌握教材的重点和难点

由于美术教师各自的知识结构不同，因此，即使是面对同一种教材，其教学结构的安排也不尽相同。如何能以最佳的教学结构达到最好的教学效果，关键就在于教学重点和难点的把握。

通过抓重点、难点统率知识全局，有利于知识结构体系的建立，便于知识的理解与记忆。只有这样，教师才能在教学中根据知识之间的相互联系与渗透以及学生的认知规律，对教学内容进行组合处理，使教学由浅入深，从易到难。同时，通过学习迁移的原理，也有利于学生学会联系新旧知识，举一反三，更好地把握新知识。

第六节　美术教学策略的设计技能

教学策略是对完成特定教学目标而采用的教学活动的程序、方法、形式和媒体等因素的总体考虑。不同的教学目标需要不同的教学策略，不同的教学环境也需要不同的教学策略。教师只有掌握不同的策略才能根据学生的实际情况制订出不同的有良好教学效果的教学方案，并根据环境的变化而调整教学策略。没有一种教学策略能够适用于所有的教学情景。有效的教学需要选择各种策略因素来实现不同的教学目标，最好的教学策略是在一定情况下达到特定目标的最有效的方法论体系。

一、教学方法的分类

常用的教学方法有：

（一）以语言传递信息为主的教学方法

是指教师运用口头语言向学生传授知识和技能，学生独立阅读书面语言为主的教学方法。包括讲授法、问题法、读书指导法和讨论法。

（二）以直接感知为主的教学方法

是指教师通过对实物、直观教具或实验的演示和组织教学性参观等，使学生利用感观直接感知客观事物或现象而获得知识的方法。包括演示法和参观法。

（三）以实际训练为主的教学方法

是指通过练习、实验和实习等实践活动，使学生巩固和完善知识和技能的方法，包括练习法、实验法和实习法。

（四）以激发情感为主的教学方法

是指教师在教学活动中创设一定的情境，或利用一定的教材内容，使学生通过体验产生兴趣，形成动机和培养正确态度的教学方法。包括情境教学法、联系实际教学法和故事教学法。

（五）以引导探索为主的教学方法

是指教师组织和引导学生通过独立的观察、发现、探索和研究活动而获得知识的方法。

二、美术新课程提倡的三种学习方式

教学方法是师生为实现教学目标和完成教学任务在共同活动中所采用的行为或操作体系。其中既包括"教"的方法、"学"的方法，也包括师生行为活动的顺序。随着新课程改革进程的加快，教学方法的研究重点已从"教法"转向"学法"，即如何转变被动接受的方式使学生学得积极主动，如何使学生学会学习。按教学活动的主体性可以将教学方法分为以下三类：自主学习、合作学习与研究性学习，各有其重要的教学意义。[①]

（一）自主学习

自主学习是相对于被动学习、机械学习的方式，指个体自觉确定学习目标、制订学习计划、选择学习方法、监控学习过程、评价学习结果的过程或能力。具体实施时，教学基本顺序由传统的"先讲后学"变为"先学后讲"。即通过自学、讨论先解决学生自己能掌握的内容，然后教师再针对学生不能解决的内容进行指导。

◯ **自主学习示例**

> 自主学习的基本程序：
> 1. 确定目标：教师指出学习任务及完成标准。
> 2. 学生自学：独立完成学习任务。
> 3. 自学检查：自己检查学习任务的完成情况。
> 4. 集体讨论：班组讨论解决问题，教师引导、点拨。
> 5. 教师讲解：教师讲解未能解决的问题。
> 6. 学习巩固：学生练习，以达到巩固、熟练和迁移目的。
> 7. 课堂小结：使所学内容系统化。

---

① 王大根：《美术教学论》，华东师范大学出版社2000年版，第10页。

第六章 美术教学设计技能

(二)合作学习

合作学习是相对于"孤立学习"的方式,是指教学中以小组为单位,共同开展学习活动,以最大限度促进学生发展的学习方式。合作学习的原则是:积极而直接的互动;积极完成所承担的任务;相互信任,有效地解决组内冲突;互相合作;提高效率。合作动机和个人责任,是合作学习产生良好教学效果的关键。

以往美术创作总强调个性和自我表现,是一种个人行为,但美术课程中如建筑模型、网页制作、装置艺术等都可以采用合作学习的方式。

○ **合作学习示例**

> 合作学习的基本程序:
> 1.选定课题,确定学习内容或任务。
> 2.建立学习小组,注意优差生搭配。
> 3.安排课堂。面对面地观看材料和交谈的小组讨论。
> 4.呈现学习材料。分配学习材料和每人的学习任务。
> 5.开展学习活动。分工完成学习任务、小组交流、整合学习结果。教师掌握每组的学习情况,并进行监督和指导。
> 6.提交学习结果。小组展示、研讨结果,教师总结点评。

(三)研究性学习

研究性学习是相对于"接受学习"的方式,是指以问题为载体、以主动探究为特征的学习活动。研究性学习是学生在教师的指导下在学科领域和社会生活中自主发现问题以及研究主题,创造一种类似学术研究的教学情境,通过学生自主调查、搜索及信息处理、分析和思考、设计或创作、表达与交流等研究活动,发展知识、技能,培养情感与态度的学习方式和过程。通过研究性学习指导学生创作出成功作品,能够培养学生的学习热情,形成学习的良性循环过程,见图6-2。

三、美术教学中特殊的学习方法

(一)美术表现方法

美术新课程有更多的形式和表现方法。学习每一种表现方法时,都将涉及不同的材料、工具和操作方法,还会产生不同的造型结果。同时也将遇到如何利用材料,如何使用工具及操作方法加工材料,使之成为所需的形状,学会将各种形状的材料组合成一个造型等等,这是一种参与、体验和实践操作的学

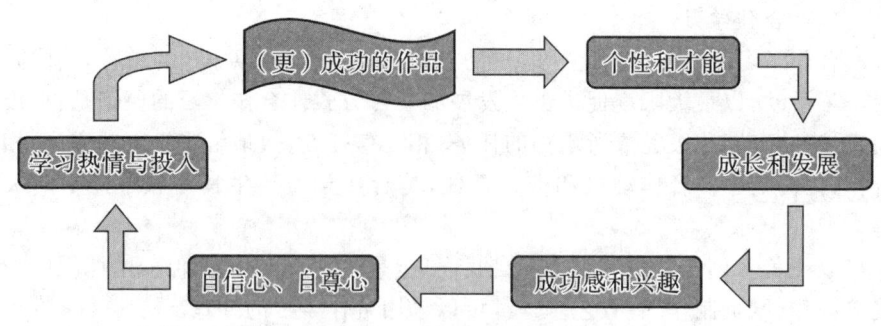

图 6-2　学习的良性循环过程

习方法,能提高学生的动手能力,使其获得各种直接经验。

(二) 美术创作过程

研究性的美术创作是一个完整的创造和研究过程。一件美术作品的诞生包括确立主题、查找资料、搜集素材、构思构图、形象塑造、细节刻画、反复调整和改进、加工完善等环节。即使看似简单的儿童画也不例外。

(三) 美术参与的研究性学习

研究性学习活动都可以归纳为三个主要环节:感知(发现信息、接受信息)、思维(加工和处理信息)、表达(发表信息)。当我们用美术的方式处理视觉信息时,同样需要形成相应的三种能力:视觉感知能力、视觉思维能力和视觉表达能力。

四、教学方法选择的依据

(一) 教学目标

不同的教学目标与学习任务需要不同的教学方法去实现和完成。如果是完成传授新知识的教学任务,一般选择语言传递信息的方法和直接感知的方法;如果要使学生形成技能或完善技能,一般选择以辅导练习为主的方法;如果是为了发展学生的智力,形成一定的能力,一般采取探索、研究的方法。

(二) 教材内容的特点

一般来说,学科不同,教学方法也有差异。某一学科中的具体内容不同时,要采取不同的方法与之相适应。有些部分可以用讲授法,有些部分要用讨论法,还有的部分需用演示或比较法等。总之,必须根据学科的性质和教材内容的具体特点,选择适当的教学方法。

(三) 学生的实际情况

教师的教是为了学生的学,教学方法要适应学生的基础条件和个性特征。

所以，选择教学方法时，教师要考虑学生对使用某种方法在智力、能力、学习方法、学习态度、班级的学习纪律及学习风气诸方面的准备水平。但这并不意味着只是消极地适应学生的现实水平，而是应当注意从学生的实际出发，选择那些能促进和发展学生独立性学习的方法。

（四）教师本身的素质

任何一种教学方法的选用，只有适应教师本身的素质条件，才能为教师所理解和掌握，才能发挥作用。有的方法虽好，但如果教师缺乏必要的素质，自己驾驭不了，仍然不能在教学实践中产生良好的效果。因此，教师的某些特长、弱点和运用某种方法的实际可能性，都应成为选择教学方法的重要依据。

（五）各种教学方法的功能

每种教学方法都有局限性。某种教学方法对某个学科或某个课题是有效的，但对另一个学科、另一个课题或另一种形式的教学可能是完全无用的。

（六）教学时间和效率的要求

教学方法的作用是为了使教学顺利有效地进行，在较短的时间内使学生获得较多的知识，取得良好的效果。所以，在选择教学方法的时候，应考虑到教学过程效率的高低。好的教学方法应使教师在较短的时间内完成教学任务，实现教学的目标。详见表6-2：

表6-2　美术教学三维目标分类体系一览表

	行为水平1	行为水平2	行为水平3	行为水平4
	记忆	理解	掌握	应用
知识内容	记住生活中有关形象的特征；记住学过的形象材料、知识和概念。	会用学过的知识判断同类作品的特定现象；会举一反三地解释其他作品中某一特定现象。	能用学过的知识解决自己作业中的相应问题；能综合性地解释美术作品的多种现象和相互关系。	运用多种知识完成较复杂的作业或分析作品；运用多种知识有创见地进行创作或评论美术作品。
动词	回忆、记住、描述、选出、画（做）出、列举	叙述、选择、区别、判断、辨认、举例、懂得、领会	解释、说明、分析、归纳、解决、回答、组织、修改	分类、鉴别、阐述、综合、评述、推测、运用、总结

续表

		行为水平 1	行为水平 2	行为水平 3	行为水平 4
		模仿	协调	熟练	创新
技能	基本内容	对演示、动作的模仿或尝试，对工具的熟悉和使用；将描述语言转化为实际动作。	眼、脑、手之间动作的协调自如；整套动作连贯并模式化，实现动作的分解和组合。	动作准确迅速，应变力强，实现动觉监控；设计组合动作和操作程序。	在新情境下，寻找材料和工具，设计并实现新动作；探索新材料，发明新工具，设计新动作、创作新作品。
	动词	观察、模仿、尝试、使用、熟悉、学会	做出、画出、掌握、巩固、连贯、分解、组合	（准确地、迅速地、轻松地、熟练地）做出、画出、掌握	探索、创作、发明，（创造性地）做出、画出、设计
		接受	活动	交流	自主
过程与方法	基本内容	感受、观察或欣赏生活中的现象或美术作品；听老师讲解，理解概念，掌握美术知识；观察、模仿或学习老师示范的动作和技能。	不同对象的写生或临摹；各种材料的手工制作；各种美术创作和设计；谜语、抢答、找碴改错、小品表演、舞蹈等游戏活动；看录像或实地参观活动。	小组讨论或班级讨论；主题论坛、辩论或头脑风暴；小组合作完成作业；作业自评、互评；学习成果展示和发表。	自学与探究（教材）；发现或表现研究的对象；独立构思并完成作业；发表自己的内心感受或创意；课题的研究性学习。
	动词	感受、观察、欣赏、接受、理解、掌握、模仿	参与、体验、写生、临摹、运用、制作、设计、实验	提问、讨论、辩论、合作、自评、互评、展示、发表	独立完成、自学、探究、发现、构思、创意、表达

续表

		行为水平1	行为水平2	行为水平3	行为水平4
情感		接受	兴趣	审美	个性化
	基本内容	能意识到对象的存在,能有意识地注意和观察对象;能集中注意教师的讲解或演示;对新奇的环境、艺术作品、作者的接纳或质疑。	能主动、愉快地接触对象,有进一步了解的意思;不情愿立刻停止正在从事的美术活动;进入物我两忘、高峰体验的境界。	能识别和认同客体之美;能体会美术作品的美术语言与形式特征;理解形式与内容的关系;建立开放而宽容的现代审美观。	形成自己的审美倾向;发现并理解自己喜欢的艺术家的表现风格及其观念;博采众长,形成自己独特的创作理念和艺术风格。
	动词	注视、观察、选择、描述、接受、发问、赞同	参与、探讨、实施、追随、帮助、喜爱、研究	体会、认同、感受、欣赏、审视、分析、升华、热爱	综合、判断、辨别、评诉、表现、独创、强化、个性化
态度		认识态度	情感态度	行为意向态度	
	基本内容	勤奋乐学、善于观察、富于想象、勤于思考、敢于探索、实事求是、勇于创新、积极向上	关怀、欣赏、同情、友爱、开放、宽容等,尊重自己、别人、生命、素质与卓越、环境,尊重不同的生活方式、信仰及见解	勤奋、有信心、积极参与、有条不紊、干净整洁、耐心细致、善于应变、踏实肯干、勇于承担、互相合作、持之以恒	
价值观		核心价值:个人	辅助价值:个人	核心价值:社会	辅助价值:社会
	基本内容	生命神圣、真理、美的诉求、真诚、人性尊严、理性、创作力、勇气、自由、感情、个人独特性	自尊、自信、自律、修身、道德规范、自决、思想开放、独立、进取、正直、简朴、敏感、谦逊、坚毅	平等、善良、仁慈、爱心、自由、共同福祉、守望相助、正义、信任、互助依赖、持续性(环境)、人类整体福祉	多元化、正当的法律程序、展评、自由、共同意志、爱国心、宽容、平等机会、文化及文明传承、人权与责任、理性、归属感、团结一致等

第七节 教学过程的设计

在课堂教学中,学生的学习过程是由教师针对某一类课程特点设计并组织学习活动的基本逻辑结构或实施程序。学习过程体现了某种教学理论与教学过程的逻辑结构,反映出教师对教学的独特见解和规律性总结,形成一套可操作的流程,使教学过程理性化、结构化、逻辑化和个性化。学习过程似乎只是各种教学活动的先后顺序而已,然而,不同的顺序反映了不同的教学观念,并产生迥异的教学效果,比如"自主学习"与"被动学习"的主要区别就是变传统的"先讲后学"为"先学后讲"。难怪日本学者左腾正夫认为教学过程的"中心课题是,教学过程中一定的阶段或环节的合理顺序"。[①]

所谓教学过程的设计就是用流程图或表格等形式简洁地反映分析和设计阶段的结果,表达教学过程,直观地描述教学过程中教师、学习者、学习内容、教学媒体等基本要素之间的关系,给教师提供一个有重要参考价值的教学设计方案。

国内外著名教师成功的教学法无不以其独特的学习过程为特征,著名的教学模式皆以其操作的学习过程(实施步骤)而得以推广。可以说,成功的教师必有其自己的学习过程(也许他并未意识到)。因此在新课程形势下,欲使教学有新的突破,教师必须研究教学理论和方法,总结并创造性地设计出教学过程,这是教师个性化教学的重要标志。

一、学生学习过程的表述

学生学习过程的表述要求可概括为:选取学生某一类课时最关键、最具特色的若干学习活动以规律性表述(注意,不是具体教学内容和活动的描述),并按教学逻辑用连接号排列。意义确切,语言简洁,次序明晰。下面举例说明:

○ 案例 6-2　学生学习过程的表述

绘画课:感受美——认识美——发现美——表现美

这一学习过程体现出学生由感受某一画种到具体操作必经的几个环节,又符合一般美术教学从感性到理性、从理性到实践这一逻辑过程。

---

① 左腾正夫著,钟启泉译:《教学原理》,教育科学家出版社 2001 年版,第 249 页。

欣赏课:感知作品——理解作品——发掘意蕴——表达感受

体现出欣赏一件美术作品由表及里、由形式到内涵的认识规律,让学生学会欣赏。

小学美术创作:自学探索——活动体验——分组创作——组合展评

这一学习过程中明显体现出学生的主体地位、自主学习和小组探索教学的特点。

学习过程反映了一节课的逻辑结构,实际教学过程就要按学习过程依次展开,成为教学过程中的小标题,使整个教学过程一目了然。

案例 6-3 "现代重彩画——鱼"教学片段

(其中删除了大部分师生的活动过程,以"突出过程"的使用。)

学习过程:欣赏美——了解美——创造美——评价美

教学过程:

(一)导入新课(4分钟)

欣赏美(板书)

师:同学们好!今天,我向大家介绍一位著名画家丁绍光。教师展示数张画家作品(并板书:欣赏美)。

生:(异口同声)哇,太美了!……

师:那么,今天我们就用这种方法来为上次用白描方法画的鱼穿上美丽的外衣。(板书:现代重彩画——鱼)大家有兴趣吗?(认定目标)

生:有兴趣。

(二)教学过程(10分钟)

了解美(板书)

师:创作绚丽多彩的图画是今天这节课的重点。同学们还记得学过的色彩知识吗?……

师:刚才复习了色彩知识,目的是将色彩调配的原则、方法运用到今天的作业上。(板书:作画步骤:上色)下面老师先示范一下。(重点,具体演示)

生:(专心致志地观看)真好看!(学生跃跃欲试)

创造美(板书)

师:作业要求(全部板书):

(1)为"鱼"上色。

(2)注意装饰色彩的关系。

(3)选用多种肌理和色彩的表现手法,形成独特的色调。

(4) 以四位同学为一组,相互合作,共同完成上色任务。

师:希望每位同学在独立思考的同时,也应具有共同合作的精神,确定色彩倾向、表现手法,尤其注意运用不同的肌理效果和色彩来表现鱼,形成独特的色调。

(三) 学习练习,教师指导(22分钟,略)

(四) 教学评价和小结(8分钟)

评价美(板书)

师:这堂课已进入尾声,我想请各组代表按作业要求介绍一下自己小组的作品。

生:学生各抒己见,教师补充、点评。(略)[1]

二、教学过程设计的原则

(一) 发挥教师主导、体现学习者为主体和利用媒体的优化作用

教师的主导作用应体现为引导学习者自行获取知识和培养能力,而不是灌输知识。学习者的主体性应体现在能充分发挥学习者的学习积极性,让他们有更多的参与机会,真正做到动脑、动口、动手,使他们不仅学会,更重要的是会学,从被动接受知识转变为主动获取知识。各种媒体应各施所长,互为补充,相辅相成,形成优化的媒体组合系统。

(二) 遵循学习者的认知规律和学习心理

学习者的认知规律和特点,取决于他们的年龄心理特征。年龄越小,知识、经验越少,感知能力越差,依赖性比较强,无意注意占主导地位,以具体形象思维为主。随着年龄不断增大,知识、经验增加了,感知能力提高了,能通过一定的意志努力,集中注意力参与学习活动,其思维也由具体形象思维逐步过渡到抽象思维。在设计教学过程中,必须遵循这些认知规律,只有符合学习者特有的认知要求,才能获得满意的效果。

(三) 体现一定的教学方法

教学方法是教师和学习者为共同实现教学目标而采取的方式。它包括教师教的行为和学习者学的行为,两者相辅相成。具体说来,应依据学科特点和学习内容、教学目标、学习者的特点及选用媒体的特点选择教学方法。

---

[1] 王大根:《美术教案设计》,上海人民美术出版社2007年版,第23页。

三、教学过程流程图的编制

传统的课堂教学过程是采用教案的形式来体现教学过程各要素之间的关系。教学设计则是采用类似于计算机流程图的形式,把复杂的教学过程分解为相对简单的几个环节,明显地显示了教学过程各要素之间的关系。这样有利于教学过程的有序展开,有利于教学过程的最优化。具体说来,采用流程图方式表示课堂教学流程的优点是:可以直观地显示整个课堂活动中各个要素之间的关系、比重;教师可以依据学习者不同的反应情况做出相应的教学处理,灵活性大,目的性强;教学过程流程图是浓缩了的教学过程,层次清楚、简明扼要、一目了然。

使用流程图应注意(图6-3):
(1)在框内,简要说明此步骤的内容。
(2)在框图上可注明需了解的信息。
(3)反馈回路应是闭路循环,不能断开。

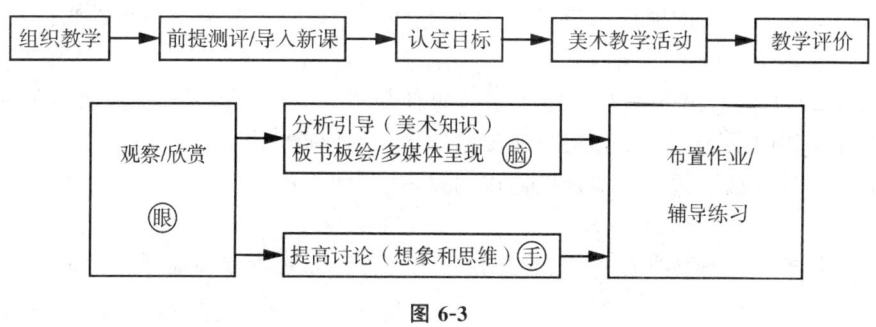

图 6-3

四、教学媒体的设计

(一)教学媒体的概念

媒体是指信息的载体和传递信息的工具。当媒体直接加入教学活动,在教学过程中传输有关的教学信息时,人们把它们称为教学媒体。现代媒体能够同时获取、处理、编辑、存储、展示包括文字、图形、声音、动画等不同形态的信息,它进入课堂,超越了教育、教学的传统视野,使课堂冲破了时空限制,丰富了教学内容,增加了教学的密度和容量,能创造出使知识、学问来源多样化的文化教育环境,为学生个性、素质的发展提供了无限广阔的天地。

（二）教学媒体的分类

随着科学技术的发展，教学媒体的种类越来越多。为了快速有效地选择教学媒体，有必要对它们从各个角度加以分类。

1.单通道知觉媒体和多通道知觉媒体。单通道知觉媒体指仅可借某一感官来接受信息的媒体，例如挂图、幻灯片。多通道知觉媒体指可以同时利用两种或更多感官来接收信息的媒体，例如电影、电脑。

2.单向传播媒体和双向传播媒体。单向传播媒体指学生无法及时向信息源反馈信息以影响信息源后续输出的媒体，例如广播。双向传播媒体指可使信息源根据学生的即时反馈及时调整后续输出，构成交互作用系统的媒体，例如计算机辅助教学系统。

3.真实信息媒体、模拟信息媒体和符号信息媒体。真实信息媒体指实物、标本等。模拟信息媒体指图片、模型、计算机模拟等。符号信息媒体指教科书、图表、图示等。

4.远距离教学媒体、课堂教学媒体和个别化教学媒体。远距离教学媒体指不受空间限制的媒体，课堂教学媒体指供一个班级同时分享信息的媒体，个别化媒体指在特定时间内只供一个学生享用信息的媒体。

5.易控媒体和不易控媒体。易控媒体指教学人员可根据需要，决定使用该媒体的时间、地点、传递信息速度的媒体，例如标本、模型。不易控媒体指教学人员只有被动适应才能加以适用的媒体，例如广播。

（三）教学媒体的选择

在美术课堂教学设计中，教学媒体的选择是非常重要的部分。多年来，教育工作者一直在思考这样一个问题：对于美术学科的不同内容选择什么样的媒体最合适。美术教学实践中发现同一种美术教学媒体在不同的美术教学情景中效果可能是完全不同的。教学媒体的选择主要依据以下因素：

1.教学目标

每堂课都有每堂课的教学目标。在课堂教学过程中为了达到教学目标的要求，教师在课堂教学设计中就必须依据教学目标选择适当的教学媒体。例如：要学习事实性的信息，可选择范作、模型等实物演示的教学媒体。要学习某种动作技能，可选择电影、电视等教学媒体。

2.教学内容

教学内容不同所选用的教学媒体就不同。对于认知类的学习内容可以选择动画图片等教学媒体。对于情感类的教学内容可以选择电视、多媒体课件等表现手法多样、艺术性和感染力强的媒体。对于技能训练类的教学内容可以选择电视、电影等媒体。

3.学生特点

不同年级的学生对事物有不同的接受能力，选择教学媒体时必须考虑到他们的年龄特点。小学低年级学生的认知特点是以直观形象思维为主，抽象逻辑思维远不如中学高年级学生强，注意力不持久。因此，选择教学媒体时，教学设计者应该首先考虑那些直观性强、表现手法简单、图像画面对比度大、易于分辨事物主次的媒体，例如幻灯、投影、模型、录音、图片等。对于中学生来说，随着年级的升高，学生的感知经验不断丰富，逻辑抽象思维能力不断提高，注意力加强。因此，选择教学媒体时，教学设计者应该考虑那些表现手法复杂、展示教学信息连续性强的媒体，例如电视录像媒体、电影媒体、语言实验室等。

4.媒体特性

每种教学媒体都有不同的特性和功能，各种媒体在色彩、立体感、运动表现、声音表达、可控性、反馈机制等方面都是不同的。因此，选择教学媒体时，教学设计者应该考虑教学媒体呈现教学信息的功能和能力，使教学媒体能够发挥最大的教学效益。

5.媒体的易获得性

在实际的教学过程中，如果选择的教学媒体不能获得，所选用的教学媒体再有效也是不切合实际的。有些学校的部分教室配备有多媒体投影机、银幕、视频展示台、多媒体计算机等设施，而有些学校就没有多媒体教室。但是也要注意，不能因为某种媒体容易获得就经常使用。

6.使用者的媒体操作技能

教学媒体的选择最终是要在课堂上使用的，如果媒体的使用者操作不了媒体，媒体再有效也发挥不了作用。媒体选择时应该考虑使用者对该媒体的利用能力，如果使用者对媒体的操作利用能力强，则可以选择一些功能较全的、价格较贵的、操作较复杂的媒体。否则应选择一些操作简单的媒体。

7.媒体的成本

媒体选择时除了要考虑上面的六个因素外，还要考虑媒体的成本问题。要优先选择那些既能达到最佳教学效果又容易获得，使用者能操作成本低的媒体。

需要说明的是不存在"万能媒体"。各种教学媒体都有它自己的特性和功能，没有一种教学媒体能够适应所有的教学内容和教学对象。媒体选择时要扬长避短,优化组合。使教学媒体在低成本、低消耗的前提下取得最佳的教学效果。

案例 6-4 "服装设计"教学媒体设计方案(表 6-3)

表 6-3 "服装设计"教学媒体设计方案

知识点	学习水平	媒体类型	媒体内容要点	资料来源	媒体使用方式	作用
1	感知记忆	VCD	服装大赛表演 VCD	教材自编 学生兴趣小组	据图讲解、概括 学生观赏、观察	①整体感知 ②明确目标 ③让学生感受时尚生活的美 ④产生共鸣 ⑤建立审美经验
2	感知理解	教师下发资料和播放片	①国家领导人身着唐装出席 APEC 的图片 ②各民族服装特点 ③服装的种类	教材自制自编	边演示边讲解,边放边讲解,学生进行探索,对结论进行评价	①形成表象 ②完成感性认识到理性认识的飞跃 ③反馈评价
3	掌握巩固	录像投影	讲述国内最大的织锦缎生产基地许卷镇和海宁皮衣产业发展的过程	电教室自编	设疑后播放检验、概括	①感知事实 ②领悟道理
4	操作应用	实物	制作服装的材料和工具	实验室	学生大胆设计裁剪、缝补、装饰	强化审美经验,培养动手能力
1~4		动画投影	①本节知识结构 ②有关服装设计的新闻发布会	自编自制	①总结板书 ②大胆想象 ③自由讨论	理清脉络,升华开拓

五、教学评价的设计

教学评价是教学系统的重要组成部分,它不仅是检测教学目标是否达到的手段,更是达成教学目标必不可少的重要步骤之一。教学评价主要包含以下两部分:

(一)教学过程的评价

教师在教学过程中通过课堂教学问题的设计,来评价教学目标实施的效果。根据实际情况,对学生的表现适时进行鼓励性评价,尤其对学生的思维成果的鼓励性评价,对于更好地完成教学任务具有重要意义。

(二)一节课的终端评价

通过练习,巩固重点知识,突破难点知识,来评价学生获得和掌握知识的情况。练习的设计要遵循由简到繁,由易到难,循序渐进的原则,面向全体学生,使大多数学生都有获得知识的成功感。要从教材的要求和学生的实际出发,遵循因材施教的原则。通过练习,教师可以收集反馈信息,及时补救教学,同时可以使学生巩固所学知识、强化记忆并运用所学知识分析解决实际问题。

几乎所有人都知道美术新课程的三维目标中,相比知识与技能,过程与方法、情感态度与价值观对人的一生意义更加深远。然而,知识与技能又并非不重要,过程与方法、情感态度与价值观都是依附于知识与技能的发生、发展过程之中的,是在探索知识与技能的过程中得以形成和发展的。另外,美术知识与技能是外显的,比较容易量化、评价,越涉及过程与方法、情感态度与价值观,就越触及人的素质的核心部分,也就越难以测量与评价。这又反映出三维目标与评价之间的复杂关系。因此,我们既要能相对量化地评价学生的美术知识与技能,又要能以较长的时间、用相对质性的方法关注学生的学习过程与方法、情感态度与价值观的成长与发展。质性评价反对把复杂的教育现象和课程现象简化为数字,因为这种做法提供的只能是歪曲的教育信息,且有可能丢失重要信息。它主张评价应全面反映教育现象和课程现象的真实情况,从而为改进教育和课程时间提供真实可靠的依据。这对每个美术教师来说都是极大的挑战。

● 案例 6-5　地域永恒的魅力——中国民居与咱厝①

使用教材:湘版高中《美术鉴赏》
课题名称:地域永恒的魅力——中国民居与咱厝
教学对象:高中一年级
教学时间:1 课时
授课教师:曹超
教学设计指导思想:艺术来源于生活,同时也是生活的一部分,对于艺术来说,生活如同大河的流水,对于生活来说,艺术就是水流翻滚的波浪,艺术的源头是生活,生活就是艺术的母体。生活给了艺术生命与力量,所以,艺术也

---

① 曹超:《地域永远的魅力——中国民居与咱厝》,福建高中新课程网,http://gz.fiedu.gov.cn/meishu/ShowArticle.asp? Article a ID=12890,2007-04-18。

是生活的反映。

一、教学分析

1.学习需要分析

(1)学生特点分析

知识准备状态:本节课学习的部分知识涉及地理学科、历史学科和生活常识等,学生有一定的知识基础。

学生能力状态:这个年龄段的学生对艺术品分析的能力有一定的差别。按照他们的鉴赏水平和能力划分有三个水平阶段:水平较低的、水平一般的和水平较高的。

能力储备状态:

①本节课所学习的民居建筑,学生在其他学科的学习中或在各种媒体上或多或少地接触过。

②本节课的教学活动有一部分来源于生活——源自学生所熟悉的地方民居建筑。

③这个年龄段的学生对此类事物具有很高的探究心理和学习积极性。

(2)学生目标分析

知识目标:通过本节课的学习,让学生真正体会中国建筑的独特魅力,以及美术作品带来的影响。

能力目标:通过本节课的学习,培养学生善于发现、善于联系生活的能力,同时也培养学生的合作意识和能力。

情感目标:增加学生对中国建筑文化和家乡建筑文化的了解和热爱。

2.教学内容

根据教材的特点,我把本课分为两课时来完成:地域风貌和地域风貌影响艺术流派。本节课的内容是根据"地域风貌"加工浓缩而成的。在这个课时中,学生将学习气候、风俗习惯、民族文化等方面对建筑的影响,了解家乡建筑文化。

3.分析教材

美术作品和地域这两者的关系是本教材的重点和难点。了解地域是影响美术发展的一个重要因素,认识这个因素有利于我们更好地鉴赏美术作品。在地域知识的了解过程中,对建筑特点的认识是重要的环节之一。因此我设计了中国民居与咱厝这一节课。

4.教学方式

本节课借助于多媒体辅助教学,老师与学生、学生与学生的交流与合作,使教学在一种更为平等、民主、合作的环境下进行,真正体现教学相长。

5.教学教法

本节课的基本设计思路就是在教学过程中,对学生自主探究知识的能力进行培养,利用类似于游戏的方式来学习本节课的知识,让学生保持高度的探索欲、尝试欲,并通过与实际生活的联系,更多地体验一种成就感,进一步激发他们强烈的创造欲望。

课前布置作业:咱们家乡的建筑美。让学生回家后,找出一些身边的特色建筑来,并把相关的信息做成简短的幻灯片,在课堂活动中交流。(结合地方特色也是我这节课的一大看点。)

二、教学过程

1.教学导入

多媒体播放泉州各地一些具有特色的建筑图片,让学生欣赏。(选择播放这些学生感到熟悉又亲切的建筑图片来欣赏的主要目的是让学生进入角色,把他们带进教学活动中来,为下面的教学活动做铺垫。)

(问题)同学们,你们能说出多少我国各地代表性的民居来吗?试试看。

学生讨论,并让学生回答自己的看法。

老师总结,多媒体播放出各地的代表性建筑图片。

2.课堂教学

为了更好地调动学生的学习积极性和参与性,在游戏中进行教学。首先把全班不同鉴赏能力的学生按照能力高低搭配,分为三大组合——"安徽民居组合"、"北京四合院组合"、"福建土楼组合",并让这三大组合进行鉴赏竞赛,看哪组完成得更好。这样做的主要目的是:让各种不同阶段的学生进行密切的配合,共同学习、共同探讨以至共同进步。

(1)知识铺垫:

(问题)中国各地的民居大不相同,它们分别有着什么样的特点?为什么会有各种各样的形态呢?

学生讨论,并让学生回答自己的看法。

老师归纳总结:

民居建筑大体可分为归整式住宅和自由式住宅两大类。

北方民居多采取中轴对称的四合院或三合院布局,以北京四合院住宅和山西民宅最为典型。

南方炎热多雨,人口密集,住宅紧凑,多楼房。

(问题)如果你们家建造房子会考虑哪些因素呢?除了居住环境影响外,

还有哪些?

学生讨论,并让学生回答自己的看法。

老师总结:房屋的造价、样式、内部装修等,甚至还有"风水"。(把讨论引入"风水"话题上来。)

(问题)古人又是怎么考虑的呢?"风水"又作何解释呢?

学生讨论,并让学生回答自己的看法。

老师总结:古人认为居住环境对人的健康、寿命有直接影响,故建筑居所多强调环境的选择,或坐落于青山绿水、阳光充足之处,或因地制宜,"辟园林于城中",将自然美与艺术美巧妙结合,反映了体验自然、回归自然的独特文化心理。除此之外,他们还很注重风水。风水学说,实际上是中国古代的建筑环境学,是中国传统建筑理论的重要组成部分,这种风水理论,千百年来一直指导着中国古代的营造活动。(多媒体播放《风水背后的科学观》的简短录像片段,以科学的方式向学生剖析风水学。)

(2)深入探究

安徽民居——宏村组合

学习受风水学影响的安徽民居——宏村。(多媒体播放宏村的相关图片)

风景如画的宏村

(问题)请"安徽民居组合"中的成员根据老师给出的图片和问题加以分析讨论:宏村哪些方面受到风水学的影响,有何实际意义?

学生就刚才所看的《风水背后的科学观》录像,结合所给出的相关图片讨论并分析。其他组合的同学参与协助讨论和做记录。

学生讨论,并让不同鉴赏层次的学生回答他们的研究成果。

老师归纳并总结:

①宏村始建于公元1131年,至今800余年。它背倚黄山余脉羊栈岭、雷

岗山,地势较高,常常云蒸霞蔚,时而如泼墨重彩,时而如淡抹写意,恰似山水长卷,融自然景观和人文景观于一体,被誉为"中国画里的乡村"。整个村落有着如此的美景,源于这个村落的村民认为他们的风水不是很理想,于是请风水先生来改改他们的风水,让他们有着更好的命运。于是风水先生上上下下,仔细考察一番,设计出这个"中国画里的乡村"。特别是整个村子呈"牛"形结构布局,更是被誉为当今世界历史文化遗产的一大奇迹。那巍峨苍翠的雷岗山当作牛首,参天古木是牛角,由东而西错落有致的民居群宛如庞大的牛躯。

②以村西北一溪凿圳绕屋过户,九曲十弯的水渠,聚村中天然泉水汇合蓄成一口斗月形的池塘,形如牛肠和牛胃。水渠最后注入村南的湖泊,称牛肚。接着,人们又在绕村溪河上先后架起了四座桥梁,作为牛腿。历经数年,一幅牛的图腾跃然而出。这种别出心裁的科学的村落水系设计,不仅为村民解决了消防用水,而且调节了气温,为居民生产、生活用水提供了方便,创造了一种"浣汲未防溪路远,家家门前有清泉"的良好环境。

得出结论:风水建筑是依据实际生活的实用性和科学性而设计的。宏村的结构虽然被想象成牛肚、聚宝盆、牛肠等,但还是脱离不了实用与科学的建造方式。把美观与实用结合是此民居的最大特点。

北京四合院组合

学习受中国古代尊卑观念和风水学影响的著名建筑——北京四合院。(多媒体播放四合院的相关图片)

请北京四合院组合中的成员根据老师给出的图片,试着安排"一家老小"

美术微格教学

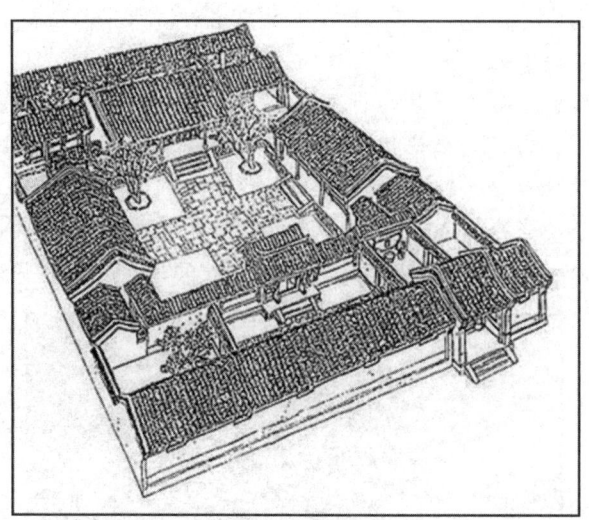

的居住房间。(用亲身体验法去体验四合院的结构与布置,旨在调动学生的学习热情,引发学生的学习兴趣和探究心理。)

学生讨论,并让不同鉴赏层次的学生回答他们的研究成果。其他组合的同学参与协助讨论和做记录。

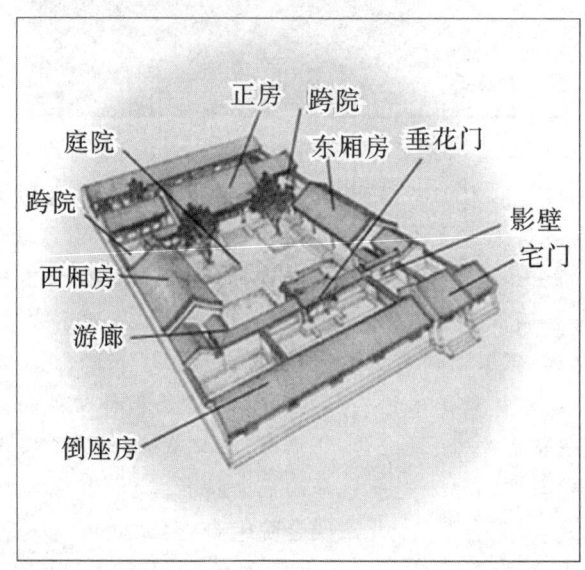

老师总结:
①由于受日照的影响,四面的房子以坐北朝南为最好,所以,四合院都以

北边的房子为正房,东西两侧次之,为厢房,与北房相对的南房称为倒座房。中型或大型四合院的最后一排正房为后罩房。

②一家子两三辈人,家长住正房(上房、上屋);晚辈住厢房,其中东厢房是老大住的,西厢房是弟弟居住的;南房为客厅或书房。院子里有砖铺的十字甬路,通到东西南北各房门,屋门前都有台阶。外院,东西各有鹿顶一间或两间。鹿顶的房子比厢房稍小一些,用作厨房或是供仆人们居住。

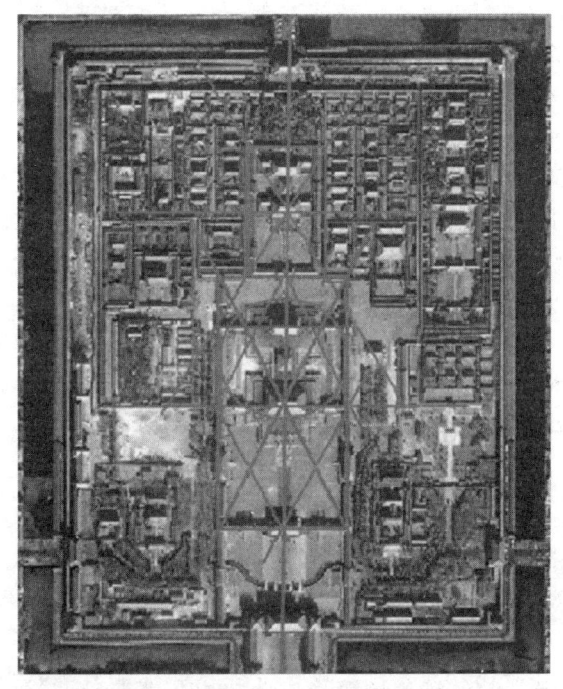

(知识联系与拓展)故宫和四合院有什么样的联系呢?(多媒体播放出故宫鸟瞰图,让学生通过对比来发现它们之间的联系。)

老师归纳并总结:人物的等级地位、大小尊卑都在这两座建筑中体现出来;严格的建筑比例和构造样式在这两者中明显地表现出来。

(问题)北京四合院为什么以这种结构建造呢?我们身边有没有这样的建筑样式,区别在哪里?

学生讨论,并让不同鉴赏层次的学生回答他们的研究成果。

老师归纳并总结:

①为什么叫"四合院"呢?因为这种民居有正房(北房)、倒座(南座)、东厢房和西厢房四座房屋在四面围合,形成一个"口"字形,里面是一个中心庭院,

所以这种院落式民居被称为四合院。北京四合院的中心庭院从平面上看基本为一个正方形,其他地区的民居有些就不是这样。譬如山西、陕西一带的四合院民居,院落是一个南北长而东西窄的纵长方形,而四川等地的四合院,庭院又多为东西长而南北窄的横长方形。

②这种住宅适合于北方的气候条件,通风采光均理想。北京四合院的东、西、南、北四个方向的房屋各自独立,东西厢房与正房、倒座的建筑本身并不连接,而且正房、厢房、倒座等所有房屋都为一层,没有楼房,连接这些房屋的只是转角处的游廊。这样,北京四合院从空中鸟瞰,就像是四座小盒子围合成一个院落。北京四合院是名副其实的院,宽敞开阔,阳光充足,视野广大。而南方许多地区的四合院,四面的房屋多为楼房,而且在庭院的四个拐角处,房屋相连,东西、南北四面房屋并不独立存在。所以南方人将庭院称为"天井",可见江南庭院之小,有如"井"字。北京的四合院,院落宽绰疏朗,四面房屋各自独立,彼此之间有游廊连接,起居十分方便。

③四合院是封闭式的住宅,对外只有一个街门,关起门来自成天地,具有很强的私密性,非常适合独家居住。院内,四面房子都向院落方向开门,一家人在里面和亲和美,其乐融融。由于院落宽敞,可在院内植树栽花,饲鸟养鱼,叠石造景。居住者不仅享有舒适的住房,还可分享大自然赐予的一片美好天地。

④四合院的营建是极讲究风水的。从择地、定位到确定每幢建筑的具体尺度,都要按风水理论来进行。四合院的装修、雕饰、彩绘也处处体现着民俗民风和传统文化,表现一定历史条件下人们对幸福、美好、富裕、吉祥的追求。

得出结论:北京四合院是依据建筑的实用性、美观性和科学性以及中国古代的等级尊卑观念等来建造的。它蕴涵着深刻的文化内涵,是中华传统文化的载体,它的文化内涵丰富,全面体现了中国传统的居住观念。

福建土楼组合

学习受风水学和防御性影响的著名建筑——福建土楼。(多媒体播放福建土楼的相关图片)

请福建土楼组合的小组成员根据老师给出的相关图片和问题加以分析,其他组合的同学参与协助讨论和做记录。

(问题)福建民居为什么做成方形或圆形?土楼的建筑功能是什么?土楼的内部结构有哪些合理性?

学生讨论,并让不同鉴赏层次的学生回答他们的研究成果。

老师归纳并总结：

①客家人原是中原一带汉民，因战乱、饥荒等各种原因被迫南迁，至南宋时历经千年，辗转万里，在闽粤赣三省边区形成客家民系。在他们被迫离乡背井的过程中，经历了千辛万苦，他们有着深切的体会，不论是长途跋涉的流离失所，还是新到一处人生地不熟的居地，许多困难都得依靠自己人团结互助、同心协力去解决，共渡难关。因此，他们每到一处，本姓本家人总要聚居在一起，这样也就形成了客家民居独特的建筑形式——土楼。

②由于客家人大多居住在偏僻的山区或深山密林之中，当时不但建筑材料匮乏，而且四周猛兽出没、盗贼嘈杂，加上惧怕当地人的袭扰，客家人便营造抵御性的城堡式建筑住宅——土楼。

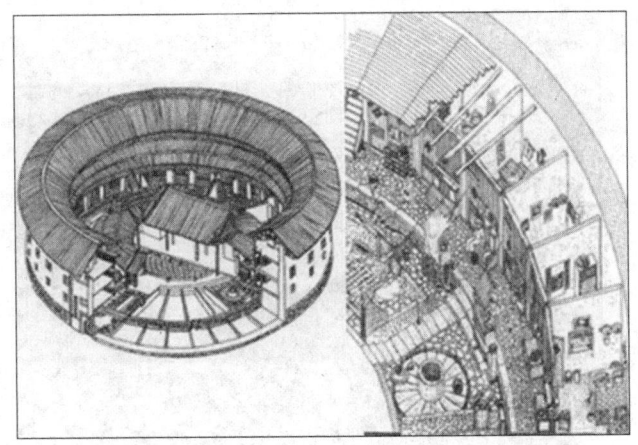

③土楼的圆形或方形结构主要根据风水学中关于"天圆而地方"的形制观念来建造。永定县境内的大型方形和圆形土楼有4 000余座,而其中圆形的土楼有360座。最大的圆楼直径为82米,最小的是洪坑村的"如升楼",直径为17米;最古老的是高顶村的"承启楼",建于公元1790年,楼内最多时曾居住80余户人家,有600多人;最富丽堂皇、最有代表性的,并且也是保存最完整的则是洪坑村的"振成楼"。

④一层是厨房和餐厅,二层是仓库,三、四层是卧室;第二圈有两层,有30~50个房间,一般是客房。中间是祖堂,是居住在楼里几百人婚庆吊丧的公共场所。楼内还有水井、浴室、磨房等设施。土楼采用当地生土夯筑,不需要丝毫钢筋水泥,墙的地基宽达3米,可行汽车,底层墙厚1.5米,可横卧人,向上依次缩小,顶层墙厚也不小于0.9米。它们内部还都设有"防火墙",起到隔绝火势蔓延的作用。

⑤振成楼位于永定县湖坑镇洪坑村,建于1912年,占地5 000平方米,悬山顶抬梁式构架,分内外两圈,外圈4层,每层48间,按八卦形设计,每卦6间,一楼梯为一个单元。卦与卦之间筑防火墙,以拱门相通。振成楼的祖堂在平常作为戏台来使用,舞台两侧上下两层30个房圈成一个内圈。

得出结论:福建土楼的结构充分把防御性、防火性、实用性和风水学结合起来。美观实用、科学性、防御性和风水学结合是此民居的最大特点。

(3)知识升华(这个环节活动的主要目的是学有所用。这个活动也是本课课堂教学的一个高潮环节。)

请若干同学用他们所做的简短幻灯片,结合所学习的知识,讲一讲作业——咱们家乡的建筑美。(新课程的地方性特色在此充分体现出来。)

(4) **课堂小结**(这个环节的主要目的是让学生把课堂中学习到的知识加以回顾,由现象回归到本质上来。)

通过这节课的学习,我们了解到了气候、地形、民族文化、风俗习惯对建筑的影响;了解到了建筑所具有的特点和建筑样式;也通过这些知识的学习和分析,增强了对家乡建筑文化的了解和热爱。这些知识的学习也为我们学习地域与艺术流派的关系起到了很好的铺垫作用。

三、教学流程图

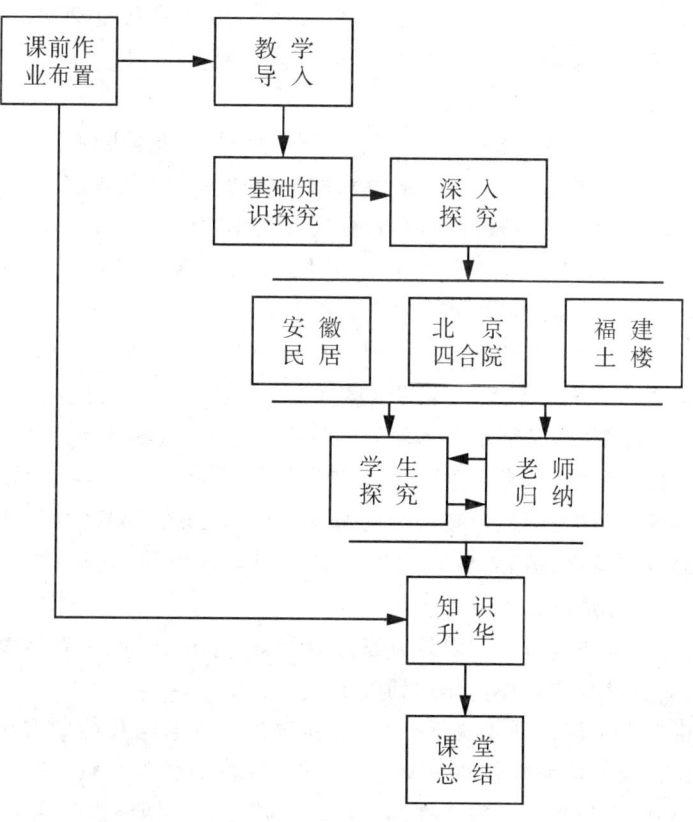

第八节　教学设计技能评价单

　　美术教学评价是对教育效果进行价值判断。包括对教学设计方案的反思、评价和修正，以促进教学设计成果的完善。评价作为一个反思过程是教学过程中必不可少的一个环节。其目的有二：(1)通过对教学过程的监督，不仅能促进教师不断改进教学工作，而且可以调动学生的积极主动性，对他们的美术学习具有激励作用。(2)通过对教学过程的反思，可以及时调控教学进程，以顺利达到既定的教学目标。

　　评价的内容主要包括：其一，教学目标的体现。具体表现为：(1)是否在教学中贯彻以审美教育为主导，并通过对教学活动的设计和规定，激发师生的积极性。(2)教师是否紧密围绕教学目标展开教学，并指导学生的学习实践。其二，教学过程的体现。具体表现为：(1)对于教学策略的选择是否体现美术学科的特点。(2)教师是否能创造性地选择教学方法，有针对性地解决具体教学问题。(3)师生关系在教学中的体现——是否在发挥教师指导作用的同时，又不忽视调动学生这一学习主体的主动性。(4)教学媒体的选用是否直观、形象、生动，因地制宜，又突出美术教学的特点。其三，教学效果的体现。具体表现为：(1)教学过程中，是否激励大多数学生都参与到美术学习实践中，提高整体教学质量。(2)是否通过教学中的情感、态度与价值观教学，让学生学会正确表达美术的观念、情感。(3)学生对美术知识技能的掌握，对美术欣赏、感受、表现的能力是否有明显提高。

　　总之，评价通过对教学设计方案进行测评、修正，可促使教学设计成果趋于完善，能引导教学设计工作达到既定的教学目标。

　　微格教学是借助现代视听工具，培养教师某种教学技能的方法。美术教学设计作为美术课前准备的一项重要工作，对教学过程及教学效果起着重要的作用，因此也是教师必须掌握的一项教学技能。在微格教学课中，教师可采用填写评价单的方式对美术教学设计这一技能进行评价，包括项目内容、评价等级和权重三方面。其中评价的项目内容包括教学目标、教学过程及可能达到的教学效果，以利于教师及时发现问题，找出原因，进一步调整教学设计，再一次进行操作训练，逐步完善教学过程，提高教学效果。

日期_____ 任课教师_____

请您在听课时对以下各项目评价，在恰当等级打"√"。

	序号	评价项目	等级				权重
			优	良	中	差	
教学目标	1	教学中贯彻以审美教育为核心。					0.1
	2	能围绕教学目标展开教学活动。					0.1
教学过程	3	使用的教学模式与方法能体现美术学科特点。					0.05
	4	选择的教学方法能有针对性地解决教学内容。					0.15
	5	恰当体现教师教的指导性与学生学的主动性。					0.15
	6	教学媒体的使用形象、生动、得当。					0.05
教学效果	7	能激发大多数学生参与美术学习实践。					0.15
	8	基本掌握美术知识技能。					0.1
	9	学会正确表达美术的观念、情感。					0.1
	10	美术欣赏、表现能力有所提高。					0.05

您还有什么意见或建议：

思考与练习

1. 美术教学设计前期的分析对教学设计有何重要意义？

2. 一般来说，教学设计应包含哪些主要内容？各有何具体要求？

3. 请选择一课时美术教学内容，学习教学目标的制定。

4. 学会在教学中渗透运用参与—体验、引导—发现、探索—创造等教学模式。

5. 如何对教学设计方案进行评价？选择典型的教学案例或课堂教学实录进行观摩并作分析评价。

第七章 美术教学导入技能

第一节 导入技能概述

所谓导入，简单地说就是引导进入。导入是教学过程的起始环节，是教学活动的开端，俗话说："良好的开端是成功的一半。"心理学研究表明：人们感知事物时，往往会由局部特征逐步泛化到其他一系列特征，从而形成对事物的完整印象。这种现象称之为晕轮效应。导入实际上就是为了在新学科、新课题、新知识的学习之前，使学生产生晕轮效应，产生学习的兴趣，引起注意，并把这种兴趣和注意泛化到整个教学活动过程中，以取得良好的教学效果。

导入技能是在进入新课时，教师通过有效运用各种特定手段来引起学生的注意，激发他们的学习兴趣，使他们明确学习目标，形成学习动机和建立知识间联系的一类教学行为。① 导入是课堂教学的必要环节，也是教师必备的一项教学技能。导入的成功与否关系到后面教学时学生的学习状态，关系到整个课堂的教学质量。然而，在进行美术微格教学技能训练之前，很多人对导入技能并没有很清晰的认识，有些人认为可有可无。因此，本章旨在让美术教育类师范生了解导入的作用、导入的类型、如何设计美术课堂的导入环节及运用导入技能需注意哪些问题等内容。

第二节 课堂教学导入艺术的作用

讲课就像雕刻，宏见其美，微见其精，反复玩味，其乐无穷。一堂课，头开

---

① 袁昌寰：《中学英语微格教学教程》，科学出版社1999年版，第26页。

第七章 美术教学导入技能

得好,一下子就能够抓住学生,造成良好的"第一印象",达到引人入胜的目的,因此,有人将课堂导入比作是设置作品基调,只有定好了主色调,才能创作出打动人心的画作。好的导入,应该能发挥以下几点作用:

一、提示学生有意注意,进入学习准备状态

教育心理学研究表明,一旦学生从学习一开始就没有集中注意力,那么在教学过程中再去吸引他们的注意力就不太容易了。学生每天要学习多门功课,脑海中常会萦绕着各种各样的问题,兴奋点很多。尤其是初中生,具有活泼好动的天性,他们的思想活动往往在课间休息之后仍然未能安定下来。因此,美术教师在教学伊始,选用适宜的导入方式,给学生一些恰当的、较强的信息刺激,使之收敛与学习新课无关的一切思绪和行为,引起对所学美术教学内容的有意注意,做好学习的心理准备,则是教师成功教学的基本条件。

二、明确教学目标任务,形成学生学习期待

教师在上课伊始的导入中,即向学生明确本节课美术学习的目的、任务及教学活动方向、方式,把学生的注意力引导到学习新课中来,学生对学习程序心中有数,就能产生对学习的迫切期待,从而有目的、有意义地开展定向学习活动。

三、引起美术学习兴趣,激发学生求知欲望

教师在新课教学时,若能根据学生的年龄特点和心理特征,精心地设计、灵活地运用导入的手段和方法,则会达到始趣亦生的境界。学生的注意力在课一开始便被深深吸引,就会兴趣盎然地期待接下来的教学内容。人们常说:兴趣是最好的教师,是学习取得高效率的催化剂。学生在兴趣的牵引下,有了强烈的学习欲望和冲动,从而乐于学习,有利于提高他们对美术学习的主动性与积极性,从而达到理想的教学效果。因此,导入是完成教学的一个必要而重要的部分。

四、点燃学生的思维火花,增强独立思考能力

思维是各种能力的核心。美术课堂教学要注重培养学生的思维能力。采用形象化的语言叙述式导入或富有启发性的问题式导入,应该被看作是一种培养学生思维能力的创造性活动。它不仅能够启发学生从不同角度来思考问题,还能培养学生思维的灵活性和广阔性,使学生在思维过程中体会到思维的

乐趣,而且能保持高涨的学习情绪。

五、创设愉悦的教学氛围,形成积极的学习心态

在导入的过程中,它要求教师不仅要运用情感手法,更要注重创设情境,从而使学生在听讲的过程中以置身其内的角色来进行体验,为之所感,为之所动,以积极的心态进行美术学习。

俗话说"良好的开端是成功的一半"。在一堂课中,导入是整个教学过程的第一环节,是一个绝对不可忽视的环节。如果导入环节设计得好、安排得当,那么整个教学过程就会做到先声夺人。因此,作为一种创造性的教学艺术活动,为一堂课的完成提供良好的铺垫和扎实的基础,必须做到巧妙灵活地创设导入艺术情境。

第三节 导入的类型与设计

教学没有固定的模式,也无所谓最好的模式。教学中,由于教学内容的差异以及课的类型、教学目标各不相同,导入的方法也没有固定的章法可循,完全因教学的气氛、对象、目标不同而不同。导入的设计是在深入钻研教学内容、明确教学目标和分析学生认知特点的基础上而确定的。教师要敢于想象,敢于创新,采用灵活多样的方式导入新课。通过导入,能把学生的注意力吸引到特定的教学任务和程序当中,就是一个成功的导入。这里尝试从不同角度设计几个导入类型并附案例供大家参考。

一、语言类导入法

美术学虽然属于视觉艺术课程,但与其他学科最大的共性在于离不开语言。导入也是如此,而且用得最多。比如讲一个有趣的故事,讲授新知识之前回顾、复习已学知识,以及讲述、介绍、布置等。尤其是故事,中小学生都爱听。语言导入应抓住学生好奇的心理,激发学生的思维兴趣。语言导入应注意用词准确,语言表达简明、生动和有趣,同时还要注意语态的亲切。利用语言的描绘对学生的认知活动有着一定的指向性,并且带着情感色彩作用于学生的感官,激发学生的情感,帮助学生进入特定的情境中。如在讲"欧洲文艺复兴绘画"时,教师在课前可以向学生讲述文艺复兴大师一些鲜为人知的故事作为导入,来激发学生的学习兴趣。

案例 7-1　猜谜——联想——绘画

上课伊始,我就微笑着对同学们说:"今天,老师打个谜语给大家猜,好吗?看谁能猜对。"大家立即兴趣盎然。"一只鸟儿大又怪,不会飞来跑得快,遇险总把脑袋藏,却把身体露在外。"我念完以后,同学们一个个也轻轻地念着谜语,并且都开动脑筋思考,有的同学开始讨论。谜语为孩子们展开了广阔的思维天地,是孩子们学习知识、了解文化、启迪情感、丰富想象力的生动教材,每一个谜语特定的内容,以及与其相关的谜底固然是唯一的,但在创作过程中引导孩子们从不同的方位、角度来感知谜底,将谜底进行夸张、比喻、漫画、拟人化等艺术加工,那朗朗上口的谜面就成为孩子们联想的源泉。

如"有时落在山腰,有时挂在树梢,有时像个圆盘,有时像把镰刀",这则谜底是月亮。孩子们通过改变月亮出现的时间、地点、外形,有的还通过编故事等办法,画出了许多全新的画面,《月亮来我家做客》、《胖月亮减肥》、《月亮星星手拉手》、《我在月亮上种树》……这样的方式,既有趣,又使孩子轻松地获得新的点子。

一步一步展开谜面中每一句话的图像、资料,让孩子们切身体会文字的内涵,感悟谜底的形象。例如:"一位古怪老公公,渔网撒在半空中,早上网得珍珠子,晚上网得小飞虫。"古怪老公公是谁?什么网织在半空中?一旦我们在课堂上寻找到谜底,孩子们马上会七嘴八舌地抢着描绘那个他们所熟知的蜘蛛。猜谜给孩子们的心理印象是空间想象性的,而孩子们的描述则将其具体化了,他们的绘画也就不知不觉地跨出了第一步。①

案例 7-2　"门"教学片段

教师配乐朗诵美国作家克里斯托弗·莫利的散文《门》引入新课。

开门和关门是人生中含义最深的动作。在一扇扇门内,隐藏着何等样的奥秘!

没有人知道,当他打开一扇门时,有什么在等待着他,即使那最熟悉的屋子。时钟滴答响着,天已傍晚,炉火正旺,也可能隐藏着令人惊讶的事情。也许是修管子的工人就在你外出之时已经来过,把漏水的龙头修好了。也许是女厨的忧郁症突然发作,向你要求得到保障。聪明的人总是怀着谦逊和容

---

① 尹少淳主编:《走进课堂——美术新课程案例与评析》,高等教育出版社 2005 年版,第 6～7 页。

忍的精神来打开他的前门。

门有各种各样。有旅馆、商店和公共建筑的转门，它们是喧闹的现代生活方式的象征。还有古怪的吱吱作响的小门，它们依然在变相的酒吧间外面晃动，只有从肩膀到膝盖那样高低。更有活板门、滑门、双层门、后台门、监狱门、玻璃门……然而一扇门的象征和奥秘在于它那隐秘的性质。玻璃门根本不是门、而是一扇窗户。门的意义就是把隐藏在它内部的事物加以掩盖，给心儿造成悬念。

开门的方式也是多种多样的。当侍者用托盘端给你晚餐时，他欢快地用肘推开厨房的门。当你面对上门推销的书商或者小贩时，你把门打开了，但又带着猜疑和犹豫退回了门内。彬彬有礼、小心翼翼的仆役向后退着，敞开了属于大人物的壁垒般的橡木门。牙医的那位富于同情心然而深深沉默的女助手，打开通往手术室的门，不说一句话，只是暗示你医生已为你做好了准备。一大清早，一扇门猛然打开，护士走了进来："是个男孩！"

门是隐秘、回避的象征，是心灵躲进极乐的静谧或悲伤的秘密搏斗的象征。没有门的屋子不是屋子，而是走廊；无论一个人在哪儿，只要他在一扇关着的门的后面，他就能使自己不受拘束。在关着的门内，头脑的工作最为有效。人不是在一起牧放的马群。

开门是一个神秘的动作：它包容着某种未知的情趣，某种进入新的时刻的感知和人类烦琐仪式的一种新的形式。它包含着人间至乐的最高闪现：重聚，和解，久别的恋人们的极大喜悦。即使在悲伤之际，一扇门的开启也许会带来安慰；它改变并重新分配人类的力量。然而，门的关闭要可怕得多，它是最终判决的表白。每一扇门的关闭就意味着一个结束。在门的关闭中有着不同程度的悲伤。一扇门猛然关上是一种软弱的自白。一扇门轻轻关上常常是生活中最具悲剧性的动作。每一个人都知道把门关上之后接踵而来的揪心之痛，尤其是当所爱的人音容犹在，而人已远去之时。

开门和关门是生命之严峻流动的一部分。生命不会静止不动并听任我们孤寂无为。我们总是不断地怀着希望开门，又绝望地把门关上。

一扇门的关闭是无可挽回的。至于另一扇门是不存在的。门一关上，就永远关上了，通往消逝了的时间脉搏的另一个入口是不存在的。①

---

① 佚名：《门》，公文易教育资源网，http://www.govyi.com/chuzhongjiaoxue/chuzhong/yingyuemeishujiaoan/200705/12318－2,2007-05-13。

二、游戏类导入法

游戏是小学生特别喜欢的一种导入形式。在游戏导入设计中,要考虑以下几点:一是游戏的适应性和参与性,二是情境的真实性和感染性,三是游戏的愉悦性和趣味性,四是游戏的审美性,五是游戏的哲理性。游戏是教学活动的一种体验活动,重点是通过体验去感受学习内容的内涵。

案例 7-3 "我给同学画张像"教学片段

设计思路:

这一环节的设计是让学生自主观察他们喜爱的动画明星——小丸子,发现人物头像的特征,使学生在这种模拟的情景中积极主动地学习,教师戴着小丸子妈妈的头像巡视教室,一方面是渲染课堂气氛,调动学生画头像的积极性;另一方面是通过小丸子妈妈对小丸子外貌的语言描述,提示学生观察哪些外貌特征,引导学生关注人物特征。

导入环节设计:

(1)利用动画创设情景

运用多媒体播放动画:小丸子不见了。小丸子的妈妈写了好几张寻人启事,准备在各个地方张贴。可是,身边只有一张小丸子的照片,小丸子妈妈请求大家帮助,为小丸子画像。

(2)指导学生画像

老师出示小丸子的照片,问:你们愿意帮助小丸子妈妈画小丸子的画像吗?

学生情绪高涨,开始动手为小丸子画像。老师带着小丸子妈妈的面具巡视指导,提示学生说:"我女儿的发型是短短的直发,圆圆的脸型,小小的眼睛,大大的脑袋……"

(3)交流

师:看看小组里谁画得最好?选出最佳的画像贴到寻人启事上。

(小组经过讨论后评选出最佳画像,并把贴有画像的寻人启事展示在黑板上。)

师:让我们一起来欣赏一下小朋友为小丸子画的画像,谁画得最好?(此处重点引导学生看画像构图,让学生初步了解画头像的大致位置。)我们请他来做小老师,给大家介绍一下经验好不好?

(4)出示课题:我给同学画张像

老师边讲边演示三种画头像的方法:先画发型再发脸型,先画头型再画发型,先画五官再添脸型和发型。

师:今天我们就选用自己喜欢的方法来给同学画一张像,好不好?①

三、展示类导入法

美术教学中有很多内容是通过展示或观摩导入的,比如欣赏自然景观的图片,欣赏美术作品,欣赏制作过程或方法等。在这类导入中应注意:一是所展示的图片、作品要清晰;二是所展示的内容要让全体学生看得到或看得清楚;三是对于操作的过程要局部放大,让学生看得仔细。对所展示的内容一般要求制作成多媒体课件,以利于展示。如在上"建筑艺术"一课时,教师展示故宫全景图、江南园林等几张高清晰、高质量的图作为导入,立刻就把学生带入建筑的世界中,渴望进一步去了解其中的奥秘。又如在上"城市建设开发和古建筑保护"一课中,教师根据学生生活的城市现状,展示这个城市十年前的录像全景和目前正在建设中的城市风貌录像。当他们发现了自己旧时生活的一些足迹时,更是显得异常激动。纷纷说出这是哪里,那是哪里。然后教师顺着他们的思维,播出了城市的现景。欣赏完后问:"你们觉得我们这个城市在这 10 年中旧城改造得怎么样?是好还是坏?说出自己的想法。"一切都非常顺畅地切入主题,为整节课的顺利进行作了一个非常好的铺垫。

案例 7-4 "仿制青铜器"(上教版三年级第二学期教材)教学片段

设计思路:

本课主要通过引导学生欣赏青铜器,了解青铜器的造型及用途,为泥塑青铜器的制作做准备。在这个教学过程中,让学生感受祖国的古代文明,激发民族自豪感。

导入环节设计:

上课时,我出示了一个三条腿的青铜器皿,让学生猜猜它的用途(我组织部分同学上台零距离观察、触摸器皿)。但是,最终没人能够准确地回答。于是,我就按照备课时准备的资料向学生介绍:"这是古人用来喝酒的酒器,叫做爵。"

1.学生发现问题

---

① 孙乃树、程太明:《新编美术教学论》,华东师范大学出版社 2006 年版,第 154～155 页。

学生的第一个反应是:这个东西如此笨重,用它喝酒可太不方便了。

学生的第二个反应是:这个爵为什么是三条腿?能不能做成一条腿或四条腿呢?

这一连串的问题,突然把我问住了(课前准备时并未考虑到几条腿更好这样的问题)。

2. 让学生自己提出解决问题的思路

于是,我马上做出回应,在应变中及时引导学生进行发散性思维的想象与猜测。结果,学生们一下子活跃起来,争先恐后地说出自己的理由:

学生1:一条腿不稳定,不好看。

学生2:两条腿容易倒。

学生3:四条腿浪费材料。

学生4:只有三条腿才既美观又稳定,还节省材料。

3. 老师及时肯定与表扬

我听到同学们如此精彩的分析非常高兴,及时送给学生肯定的目光和赞扬:"你们真聪明,能把老师没有想到的问题提出来,而且分析得这么清楚,尤其是考虑到美观和实用,这是设计家应当考虑的问题,真了不起!"从学生们会心的笑脸上,我也获得了成功的喜悦。

接着,开始用陶泥仿做青铜器,每个同学都那么认真和投入。①

四、演示类导入法

美术教师运用娴熟的技巧向学生当场示范,很容易感染学生。教师的这一手技能往往令学生折服,有时甚至可能影响学生一生的发展。所以,无论是板书、板画或是色彩演示、制作演示、国画演示等,都要认真对待,尽量满足学生的心理需求。这种导入方法能帮助学生从视觉上了解高难度的艺术技巧,使学生减少学习中的畏难心理,增强兴趣和自信心。

○ **案例7-5 "体积与空间中的生命"教学片段**

上课开始,1.(教师拎着很大的蛇皮袋进班。学生眼里满是困惑:咦?老师到底在做什么?)为奖励同学们上节课的出色表现,老师为同学们变个魔术,愿不愿意看?

---

① 孙乃树、程太明:《新编美术教学论》,华东师范大学出版社2006年版,第155~156页。

(教师从袋子里"变"出各种家庭生活中废弃的物品:铲子、锅、镇流器、螺丝、旧衣服、扑克牌、麻将、化妆品罐子、钥匙、树根等。)

教师近距离展示"捡拾"收集来的废旧物品,学生仔细观察,分析其生活来源。

2.教师用学生随机挑选的几件物品进行组合、搭配,进行简单人物或动物雕塑创作,学生带着好奇心观望。

教师总结,导入新课:一把老虎钳、几根电线,或者一只电子镇流器,几根铁钉,经过我们的手就仿佛有了生命,这节课就让我们一起经历创造之旅,赋予废旧物以生命。

设计意图:

本导入环节从生活出发,通过设疑、"变魔术"展示、示范表演,让学生初步观察、触摸生活中种类繁多的废弃物,初步感知废旧物雕塑的过程与简单方法,唤醒学生的兴趣,激发学生尝试的动机,同时肯定上节课学生的表现,让他们充满自信地进入学习状态,水到渠成地导入新课。[①]

五、实验类导入法

"实验"一词似乎是理科的专用名词,其实美术教学导入中也常用到实验。比如小学一年级的"认识美术材料"一课可设计实验导入:在两个透明杯子里加入半杯清水,然后将油画棒和水粉颜料分别放入,再加以搅拌,它会呈现出不同的效果。小学生对这一实验过程看得着了迷。通过实验法,加上老师魔术师般的表演技巧,小朋友懂得了油画棒是不溶于水的绘画材料,而水粉画颜料是溶水性很强的材料。

案例 7-6 "认识美术材料"教学片段

设计思路:

这是一堂低年级水粉课。对学生来说,认识和掌握这个新材料有一定的难度。因此,必须有一个好的导入,把学生的兴趣激发起来。我根据学生已熟悉的材料油画棒、蜡笔做了一个小试验。

导入环节设计:

1.试验准备:将两个装有清水的透明玻璃杯摆在讲台上。(开始试验)

2.第一个杯子:我拿出两支学生平时熟悉的油画棒投入其中一个水杯中,

---

① http://ms.jssjys.com/Html/Article/837/.

让学生仔细观察油画棒和水有什么变化?

学生反应:用神秘、好奇的眼光注视着杯子,不知道会有什么变化。过了一会儿,他们的期待失望了。接着,我用笔杆在杯中搅动,再请学生看变化。

学生反应:学生仍以好奇的眼神盯着杯子,仍未得到新收获。

3.第二个杯子:我拿出一支橘黄色的水粉颜料,挤出后滴在第二个杯子中。

学生反应:他们惊喜地发现,随着颜料的滴入,杯子的水发生了变化。大家非常兴奋。然后,我又用笔杆进行搅动。

学生反应:大家异口同声地大叫起来:"哇!变成柠檬汁啦!"

4.引入水粉画颜料的特点(小结):

第一个杯子为什么没有变化?因为油画棒是油性固体颜料,在水中不溶解。

第二个杯子为什么变化?因为水粉颜料是胶性液体颜料,遇水容易融合。因此,画水粉画必须使用水粉笔进行调色才能画,笔蘸水和蘸色多少画出来的效果是不一样的。①

六、问题类导入法

创设一个问题情境,也是美术教学导入常用的形式。问题的情境既不宜太难也不能太简单,应该贴近学生的认识水平和理解能力。应当注意以下几点:一是设计问题时要有针对性,是针对学生个体还是集体(小组);二是设计的问题必须与学习内容相一致;三是设计的问题要有探究性和讨论性;四是对所回答的问题要有预设性和生成性。如讲"韩熙载夜宴图"一课时,教师首先向学生提了一个问题。"你们知道李煜吗?"一下子把学生的注意力全都集中过来(初中教材中学生都学过李煜的《虞美人》)。学生心存疑惑,美术课中老师为何问这个问题。紧接着教师又问:"他在文学上的成就如何?他有哪几首著名的词?他的政绩如何?当时社会环境如何?"然后从他的政绩来引入《韩熙载夜宴图》背景,一切相当的自然、顺畅。通过这些相关文化情境的介绍,学生表现出非常迫切地想看到这张作品的心情,提升了学生对学习中国古代人物画的兴趣和欲望,为整节课起了个很好的开端。

---

① 孙乃树、程太明:《新编美术教学论》,华东师范大学出版社 2006 年版,第 157 页。

◉ 案例 7-7 "画西瓜"教学片段

设计思路：

人人都有好奇心，猜谜就是抓住学生的这一心理，通过猜谜把学生的注意力引入到课堂教学中，让问题呈现在生活与谜语中，学生基本能根据已往的知识经验把谜底讲出来。既紧扣了课题，又激发了学生的兴趣，为学生营造了轻松愉快的氛围，为上好美术课奠定了良好的基础。

导入环节设计：

师：今天老师先给大家猜一个谜语，看谁能猜对，有信心吗？请大家听好了："身穿绿衣裳，肚里水汪汪，生的儿子多，个个黑脸庞。"

生（齐声）：西瓜。

师：你们了解西瓜吗？把你们知道的说给老师和小朋友们听一听，好吗？

生：西瓜是圆圆的、大大的，也有的不是很圆。

生：西瓜皮是绿色的，上面有黑色的花纹。

生：也有的瓜皮是青色的，还有深绿色的。

师：你们还了解哪些有关西瓜的知识呢？

生：西瓜瓤是红色的，瓜子是黑色的。

生（急切地）：也有的小西瓜瓜瓤是黄乎乎的，有的瓜子也不完全是黑色的。

生：西瓜里面水很多很多，熟的瓜甜甜的，如果是生的就不好吃了。……①

◉ 案例 7-8 "初识美术作品中的艺术语言"（欣赏与评述）教学片段

设计思路：

通过组织活动及在设置问题、安排提问时顾及不同兴趣、不同层次的学生，充分调动每一个学生参与到学习活动中来。

导入环节设计：

先设置悬念，从同学们颇感头疼的语言学习谈起。

教师提示：今天我们来了解认识一种语言。说起语言，许多同学会想到难啃的外语和语文，但还有一种语言大家很熟悉，同学们从小就在运用这种语言，可许多人从来没有意识到它还是一种语言。大家想不想知道这是什么语

---

① 张文献：《画西瓜》，BOKEE 博客网，http://xianfeng71512.bokee.com/viewdiary.10306657.html，2006-03-02。

言？（通过悬疑调动起学生探究的兴趣）

学生（想）。

请学生翻开教科书第一页找答案，找到本课标题"形象直观的表现与交流语言"。

教师提示：这就是今天我们要了解认识的美术语言。①

七、表演类导入法

在新课程理念的推动下，美术课或艺术课中更多地采用表演形式进行导入。有的以舞蹈形式，有的以小品形式，有的以雕塑造型的形式，还有的以课本剧的形式等，这些形式都能提供生动活泼的导入。

◎ 案例 7-9 "穿花衣的热带鱼"教学片段 1

设计思路：

在一年级上册的"穿花衣的热带鱼"一课中，内容是以旅行——参观——总结为线索，坐火车去一个又好看又好玩的地方，有身临其境的感觉。老师、学生分别扮演了导游和参观者的角色。大家一起交流，发表自己的见解。教师的教具做得有意思，是上课的一个重要环节，也会使学生产生浓厚的兴趣。

导入环节设计：

以教师说要带同学们出去旅游拉开序幕。为了让学生更好地融于课堂中，教师制作了一些相关的教具。为每个学生做了一个手环，分为红、黄、蓝、紫四种颜色，把学生打扮成了一位花姐姐的样子，坐上火车去旅行。还制作了有关海底的模型，播放热带鱼的录像，并且画了一幅海底世界的画，让学生有一种身临其境的感觉。对于低年级的学生来说，喜欢热带鱼，能扮演成热带鱼，他们会更高兴。教师还给学生做了小皇冠，让他们扮演角色时用。学生和教师扮演坐上火车，在火车上教师弹琴，学生边做动作边唱歌："拍拍小手点点头，拍拍小手点点头……"在一片欢快、活跃的气氛中，来到了目的地——海底世界。同学们看到了海底中的热带鱼，表现得很兴奋，高兴地鼓起掌来，并你一言我一语谈起来："我喜欢黄色的鱼。""我喜欢这条鱼的花纹。""我喜欢条形状的花纹。"……说着说着有的学生拿起笔来，要画出美丽的鱼。同学们浓厚

---

① 佚名：《初识美术作品中的艺术语言》，开平美术教育网，http://www.artkp.com/Article/ShowArticle.asp? ID＝196，2007-10-17。

美 术 微 格 教 学

的兴趣,为下一步练习画画奠定了很好的基础。①

八、跨科渐入法

学科间的知识联系,也可作为课堂导入的突破口。美术不是孤立的,它与其他学科是融会贯通的。教师在导入中可创造一些相关教学情境,帮助学生获得更多丰富的情感体验,为进一步深入学习课文内容埋下很好的伏笔。譬如在欣赏任伯年的作品《苏武牧羊》时,教师可吟唱起"牧羊北海边,雪地又冰天"的词曲,使学生尽快进入到作品欣赏的情境中来。这样的导入,既创设了教学情境,培养了学生的想象力,激发了学生的学习兴趣,提高了学生的文化素养,同时又点明了课题,达到了导入新课的目的。

○ **案例 7-10** "穿花衣的热带鱼"教学片段 2(色彩知识)

设计思路:

通过讲科学家牛顿的故事,了解科学家牛顿,了解他的光学,了解色彩形成的原理等。人造彩虹游戏,让学生体会牛顿用三棱镜分色的效果,了解彩虹这一自然现象,提高学习色彩知识的兴趣。思考、讨论色彩在当今艺术与科学中的运用,并就科学与艺术的关系问题,写感想体会。这一教学思路是将课堂延伸的做法,也能拓宽学生的思维,使其养成良好的思维习惯。

导入环节设计:

学生在阳光下用喷雾器或直接用嘴喷出雾状水珠,或吹肥皂泡,或用光盘、防伪标贴等,来观察人造彩虹的色彩。体验科学家牛顿研究发现的过程,进一步了解色彩的三要素等色彩的基本知识。欣赏莫奈的《藤蔓》、雷诺阿的《风景》和凡·高的《麦田里的乌鸦》等作品,教师引导学生向大师们学习,发现他们独特的艺术风格,学习他们是怎样运用色彩的艺术语言来表现情感,塑造形象。

○ **案例 7-11** "想象画"教学片段

教学思路设计:

引导学生创作游太空后的想象画,发展学生的想象能力;鼓励学生立下探索大自然奥秘的宏愿,为人类多作贡献。

---

① 周健:《穿花衣的热带鱼》,开平美术教育网,http://www.artkp.com/Article/ShowArticle.asp? ID=362,2007-10-21。

第七章 美术教学导入技能

导入环节设计：

同学们,上节课我们遨游了神秘而美丽的海底世界,那么,你们知道太空又是一个怎样的世界吗？太空中有些什么呢？（学生回答:有九大行星,金星、木星、水星、火星、土星、海王星、天王星、冥王星、地球,还有彗星、卫星、月亮……）你们想去游览吗？好！这节课老师就带你们去游览一下。

九、应时类导入法

在美术课或艺术课中放映电影或电视剧片段,是深受学生欢迎的一种导入方法。老师有时让学生单纯欣赏,有时要求为影片的主人公配音,有时让学生扮演剧中的角色等等。当然,对电影的选择、故事情节的选择是极为重要的一环。为此,要考虑以下几点:一是电影剧情必须符合学习的内容,二是要适应学生的认识水平,三是掌握好播放的时间节奏。

导课的类型还有很多,在此就不一一枚举。当然,实际教学中导入类型和方法模式不是固定不变的,美术教师应根据学生的年龄、心理特点等,结合美术教学的具体内容,认真选择导入方法,从而运用艺术性的课堂导入,使教学自然而流畅地过渡到新课。

第四节 导入技能的应用

美术课堂导入的类型和方式是多种多样的,在设计和实施过程中,均应遵循下列要点,才能做到导之有方：

一、导入的目的性和针对性要强

教学导入必须根据教学内容、教学目标、学生实际、学校条件等进行设计,方能在课堂上起到应有的效果。导入的语言要具体、简洁,有明确的指向性,使学生清楚本课将要学习的内容。

二、导入要简洁

课堂导入只是一个引子,不能占用太多的时间,3～5分钟为宜。导入时间过长,会影响美术教学主体内容的展开和实施,造成"本末倒置",这样不仅没能发挥导入的独特作用,而且会阻碍良好教学效果的形成。

三、导入要有启发性和关联性

导入对学生将要学习的教学内容应具有启发性，富有启发性的导入能引导学生主动去发现问题，激发学生解决问题、积极参与美术实践活动的学习动机，从而使学生能够更好地理解学习内容的重点、要点和关键，为顺利地完成教学任务创造条件。同时，设计导入时，还应注意以旧拓新，揭示新旧美术知识、技能间的相互关系，使教学活动步步深入有序地进行。由此，教师一定要在认真分析教学内容的基础上，再酝酿合适的导入内容。

四、导入要有趣味性

导入一定要具有艺术魅力，要能引人入胜，使教学内容以新鲜活泼的面貌出现在学生面前。这样才能最大限度地引起学生的兴趣，有利于引导学生去接受新内容，防止学生产生厌学心理。

五、导入要有艺术性

美术是一门艺术，因而作为美术课堂的重要组成部分——导入环节也应具有艺术性。这就要求教师具有创新精神，设计的导入内容新颖、奇特，对学生有新鲜感，导入的方法灵活、巧妙，与新的教学内容自然衔接而无明显裂痕。除此之外，教师还要注意导语的艺术性。教师的语言修养在很大程度上决定着学生在课堂上的脑力劳动效率。精练的语言可以节约学生很多时间。因此，教师需注意语言的科学性、形象性、鼓动性和教育性，避免使用那些干巴枯燥、刻板平淡、催人欲睡的无力语言。

六、导入要有多样性

课堂是一个动态的、充满变化的环境，教学技能也是一种开放性技能。因此，教师在运用时要从多角度去思考，要善于根据课堂的心理气氛、学生的即时状态以及教学任务和内容的改变，在教学中运用智慧，根据每节课的需要，灵活选择导入方式，调整教学的行为方式。只有这样，才能使导入充满吸引力，抓住学生的思维。

第五节　导入技能评价单

日期_____　　任课教师_____

请您在听课时对以下各项目评价,在恰当等级打"√"。

序号	评价项目	等级				权重
		优	良	中	差	
1	导入有艺术性和趣味性。					0.1
2	导入有创新意识。					0.1
3	导入有启发性。					0.1
4	导入有明确的目的性。					0.12
5	导入能够自然流畅地过渡到新的美术教学内容和学习情境。					0.08
6	导入与美术学习内容紧密相结合。					0.1
7	导入内容适合学生的年龄层次、知识结构、认知水平。					0.08
8	导入能集中学生的注意力。					0.1
9	导入能引起和激发学生的学习兴趣,愿意主动、积极地参与美术实践活动。					0.12
10	导入能够面向全体学生。					0.1
您还有什么意见或建议:						

◎ 思考与练习

1. 简述导入技能在美术课堂教学中的地位和作用。
2. 在本章所述的众多导入技能中,你最喜欢采用哪一种导入类型,为什么?
3. 请您设计、编写一个3分钟左右的导入技能的美术微格教学教案。
4. 通过导入技能的学习和训练,你学到了什么?有哪些收获?
5. 你准备如何提高自己的导入技能,在今后的教学中有何打算?

第八章
美术教学提问技能

第一节　提问技能概述

提问是通过师生的相互作用，检查学习、促进思维、巩固知识、运用知识、实现教学目标的一种教学行为方式，是教师在课堂教学中进行师生相互交流的重要教学技能[①]。它是课堂诸项教学技能中的重点，既渗透于各项教学基本技能的运用之中，又统领各项教学基本技能共同实现教学目标。

提问是一项具有悠久历史渊源的教学技能。我国古代教育家孔子就常用富有启发性的提问进行教学。他认为教学应"循循善诱"，运用"叩其两端"的追问方法，引导学生从事物的正反两方面去探求知识；古希腊哲学家苏格拉底也是一位提问高手，他使用"助产术"的方法进行教学，通过不断地提问让学生回答，找出学生回答中的缺陷，使其意识到自己结论的荒谬，通过再思索，最终自己得出正确的结论；德国教育家第斯多惠认为教师要善于启发，教学要"从学生现有的发展水平出发，通过一些影响学生的认识能力的问题来引起他的主动性，并且不断地激发他，引导他获得新的认识和产生新的思想"。

法国教育家卢梭对提问教学作了如下阐述："你提出他能理解的问题，让他们自己去解答。要做到：他们知道的东西，不是由于你的告诉而是由于他自己的理解。"教育家赞可夫曾经说过："在教育教学中要教会学生思考，这对学生来说，是一生中最有价值的本钱。"美国教育学家杜威认为，人类在日常生活中，若遇到困难或问题时，便开始运用自己的思想，设法解决这些困难或问题，这就是思想的起点。也就是说，问题是思维活动的起点，也是探求真理、创造发明的起点。在课题教学中设计一个巧妙的提问，常常可以一下子打开学生

[①] 孟宪恺：《微格教学基础教程》，北京师范大学出版社1992年版，第59页。

第八章　美术教学提问技能

思维的"闸门",使他们思潮翻滚,奔腾向前,起到"一石激起千层浪"的效果。

提问不仅是为了得到一个正确的答案,更重要的是让学生掌握已学过的知识,并利用旧的知识解决新问题,或使教学向更深一层发展。它被认为是一种"沟通、理解和创新"的过程,学习不再是仅仅把知识装进学习者的头脑中,更重要的是,教会他们分析和思考问题,从而把知识真正变成自己的"学识"、自己的"主见"和自己的"思想"。提问技能作为实现师生互动、促进美术教学进程的重要手段,正是实现"沟通"和"理解",培养学生独立探索、勇于创新精神的重要途径。好的提问,可以刺激学生积极思维,将教学一次次推向高潮,被教育者视为"有效教学的核心"。

第二节　课堂教学提问艺术的作用

提问技能是课堂上师生交流思想的最主要和最直接的途径。通过师生问答,教师可以了解学生学习的情绪、心态和掌握美术知识技能的具体程度,以相应调整自己的教学,做到有的放矢、因材施教;同时,学生可以了解教师的意图,领会教师的点拨指引,并能检查自己的学习情况。课堂教学提问艺术有如下作用:

一、激发兴趣,集中注意

中小学生都有强烈的好奇心,美术教师若能针对学生的思维特点,有目的、有计划地在教学过程中穿插一些提问,这对于学生来说无疑是一种"兴奋剂",学生愿意调动所有的脑细胞来寻找问题的答案。一个具有启发性或一定情趣的问题能唤醒学生的心智,起到"激其情"、"引其疑"的作用。与此同时,还可以活跃课堂气氛,为他们大胆探索、乐意解疑提供良好的环境基础。

一个有经验、有能力的美术教师不是靠教师的权威和管束方法来维持课堂纪律,而是靠艺术性的提问来激发学生进行积极的思维。注意是学生学习的一个比较重要的决定因素。巧妙的提问能吸引学生对某一教学内容的注意,学生的注意力处于高度集中的状态,思维处于异常活跃,甚至亢奋的状态,产生解决问题的自觉意向,为进一步深入思考做必要的准备。

二、启发思维,调控课堂

思维永远是从问题开始的,没有问题就没有认知的困惑,从而就没有思

维。而美术教学的本质就是要开启学生的思维,激发他们丰富的想象力和理解力,教会他们如何学习、如何思考。启发性的提问无疑对学生思维能力的提高具有非常重要的作用,能让学生在获得知识的同时,不断地开发和培养自我的思维意识,提高思维的广阔性、深刻性、独立性、批判性、灵活性、逻辑性和概括性等品质。在课堂教学中,应该不断地提问,可以是教师提问,也可以是学生提问,学生提出一个问题比解决一个问题更为重要,提出问题是站在一个新的角度,从新的角度去看旧的问题,更富有想象力、创造力。

教师的提问还可以起到课堂调控的作用,当学生思维出现偏差、冷场或出现课堂沉闷的时候,教师就要善于提出调控性的问题,及时引发学生的思维和行动的转移,引导学生紧跟教学进度,保证教学活动的顺利进展。

三、沟通情感,获取反馈

美术教学活动是师生双方进行信息和情感交流的过程。它不仅仅是教师在讲台上讲解和演示的过程,更重要的是学生的积极参与和师生之间的互动,因此师生之间的交流就极为重要,提问正是有效解决师生交流的重要方式之一。通过提问可以促进师生之间、学生之间的互动,教师对学生回答做出的回应,如肯定、表扬、鼓励等更是架起沟通思维和情感的桥梁。而且情感交流又促进了学生积极参与学习,让学生能充分展示自己的思维品质、知识、才华。学生所表现出来的积极性和创造性反过来也有利于教师的教学,达到教学相长的目的。

通过提问,教师可以及时了解学生的学习情况,判断学生学习困难的程度、性质,获得教学改进的反馈信息,从而相应调整教学策略,优化课堂结构,控制教学方向,帮助学生解决问题,提高美术教学质量。

四、促进新旧知识联系

根据艾宾诺斯的遗忘曲线我们知道,应该在尚未急速遗忘时,及时给予强刺激,以提高保持率,减少遗忘。及时的、经常性的提问,可以帮助学生采取合理的记忆方法,强化刺激,达到巩固知识的目的,同时也锻炼了学生的语言表达能力。通过对已有旧知识的回忆式提问,逐步过渡到即将学习的新知识,使学生形成良好的知识结构,从而系统地掌握美术知识。同时,美术学科的新旧知识存在密切联系,需要一座精心设计的桥梁,而提问则是很好的桥梁之一。教师适当地提问,对学生已掌握的知识进行纵横分析,抓住新旧知识之间的内在联系,引导学生运用知识的迁移,使提问成为通向新知识的大门。通过提问,配合教师的点拨、讲解、归纳和小结,把新知识纳入学生原有的认知结构之中。

五、培养口头表达能力

面对教师提出的问题,学生需快速地思考,并能用清晰、准确、简洁的语言回答。整理回答问题的思路——组织表达的语言——说出问题的答案这个过程的多次反复,可以培养学生的口头语言表达能力和良好的回答问题的习惯,同时也可以锻炼学生当众发表个人意见的稳定心理素质。

第三节 提问技能的构成要素

提问是个系统的过程,虽然时间短,形式简单,但充满了智慧和艺术。师生思维撞击的火花往往来自教师有效的提问。有效的提问一般包括以下几个构成要素:

一、提问框架

一个完整的提问,应该有其完整的系统结构,而不是一个孤零零的问题,更不应该是几个毫无关联、毫无意义的问题堆砌。这就要求教师在课前充分地熟悉、研究教材内容和学生的认知实际,统观全局,把握知识的重难点,以系列化问题的方式构成一个连续的教学讨论的框架。系列问题的编排顺序、逻辑结构、递进关系、终结目标以及问题与教学目标之间的内在联系等就构成了问题的系统结构。为形成这一系统结构,教师必须提供一些教学信息,如资料、图片、实验方法以及有效地使用板书和图示,帮助学生对问题做出适当的反应,形成系统的、全面的认识。同时,还要注意在系统结构中形成问题情境,让学生在良好的智力背景中开展有效的思维活动。建立提问的系统结构,教师才能在课堂教学活动过程中统领全局。

二、语言措辞

有了提问的整体结构之后,教师要用语言把问题表述出来。于是,提问的措辞便构成了提问技能的第二要素。教师要注意问题的语言组织,只有恰当的措辞才能收到预期的教学效果。首先,要指明提问的前提和思考方向,指导学生在教师设置的问题框架中思考讨论。其次,要符合学生年龄特征和大多数学生的能力水平,使多数学生能参与回答。尤其对低年级学生最好采用学生的语言来提问,问题的语句要简明易懂,过于冗长而凌乱的语言使学生不能明确问题的任务,容易造成学生回答的负担。最后,要注意问题的明确性,问题措辞的字面意义应与要表达的意义一致,不能使学生对问题的理解有多种可能,不能含糊不清。总之,不要使学生产生误解,如果学生不能明确问题的含义,就难以给予准确的回答。

三、分配和指导

为了调动每一个学生参与教学活动的积极性,教师对于提问必须要有计划、有目的地进行适当的分配和指导。根据对问题的理解程度和回答的积极性,课堂中有这样四类学生:理解能力强、能积极回答;理解能力强、被动回答;理解能力弱、被动回答;理解能力弱、积极回答。教师可应用提问的分配和指导分别引导这四类学生。

1.分配

让理解能力强、能积极回答的学生起带头作用,让学习相对有困难的学生先回答比较简单的问题,不断地给予鼓励和帮助,比如说:"某某同学对如何回答这个问题还是清楚的,如果不紧张的话,他会回答得更好。"在以后的课上,教师应给予他回答正确的机会,来调动他的学习积极性,使他们逐渐地赶上来。

2.指导

指导主要是对被动回答的学生予以指导。在进行课堂提问时,总有一些学生不愿参加讨论,这时教师可以提出一些没有威胁的问题,引导他们参加活动。如果他们做出了回答,则应给予表扬和鼓励,并且把他们的答案引入讨论之中,使他们看到自己的价值。如果他们不能回答,也应给予鼓励和提示,或者将问题更改一下再让其他学生回答,以不损伤他们的自尊心。教师对提问的指导还表现在必须会控制学生的回答。比如提问时把目光停留在不愿参加交流的学生身上,即有所指向地望着某个学生,促使他思考,但不一定要他回答。教师不要轻易接受和鼓励学生七嘴八舌喊出来的答案,以免使提问和教学都无法控制,造成教师不能发挥主导作用。

四、停顿和语速

教师在进行提问时,还应有必要的停顿,适当的停顿留给学生足够的思考时间,学生做好接受问题和回答问题的思想准备,可使他们提高回答的正确率,增强学习自信心,增加参与的活动量,减少学生的疑惑。因而,发问后要给全体学生思考的时间,尽量使每一个学生都做好接受问题和回答问题的思想准备,切忌匆匆指定学生。

停顿对于师生都有一定的意义。对教师而言,提出问题后可以环顾全班,观察学生对提问的反应,这些反应一般都是非语言的身体动作或情绪的反应,教师可以从他们举手的动作、面部表情、眼神的变化来获取提问后的初步反馈信息,并迅速分析、判断,决定下一步行动,叫哪位同学回答较为适宜。停顿给学生也提供了一定的信息,停顿时间长短表明了问题的难易程度,停顿期间也就是让学生思考和组织答案的时间。这段时间内教师应保持沉默,不要干扰学生的思维,更不要催促和解释。如果忽略了必要的停顿,匆匆叫学生起来回答,学生会因考虑不周,措手不及而回答不出或回答不完全,反而耽误时间,还会挫伤学生的积极性。

提问的语速,应该由提问的类型决定。一般来说,低级认知提问的语速可以快些,高级认知提问的语速缓慢些,而且重点的词语还需重复、强调,使学生对问题有清晰的印象。如果以较快的节奏提出比较复杂的问题,学生很可能听不清题意,就会造成混乱或保持沉默。

五、反应与探询

在学生对问题做出了回答之后,教师应该马上做出准确而迅速的判断,这对于学生积极参与到教学活动中是十分重要的。正确的答案,教师应给予肯定或鼓励,并适当重复答案要点;错误的答案,应给予明确的纠正或有必要请另一名学生进行补充,有时需要进一步提出相关的较高层次的问题,使学生掌握的知识更深刻。教师还可以分析学生回答问题的思路和正确程度,分析个别学生的回答与其他学生的补充有什么关系,与别的学生的理解有什么不同与联系等。

探询是引导学生更深入地考虑他们最初的答案,更清楚地表达自己的思想,其目的是发展学生的评论、判断和交流的能力。在探询过程中,教师要注意以下几个问题:对于因思考不深入、视野狭窄、概念错误或不完全而导致的错误应答,通过探询使其明确哪里错了及为何错了,从而改善应答;促使学生能从不同的角度或从多方面来考虑问题,通过左思右想把应答与已学知识联系起来,使问题重点突出;促使学生明确应答的根据,通过再思考修正答案;促使学生根据别人的回答谈自己的想法,说明他的思考与他人想法的异同,对别人的应答进行修正和补充。

第四节 提问的类型

提问是一种很复杂的教学现象,依据不同的标准可以将其分为不同的类型。若借鉴布鲁姆认知领域教学目标分类学理论,根据学生的认知水平可将其初步划分为回忆性提问、理解性提问、分析性提问、综合性提问、评价性提问五种类型,这种分类与学生认知能力的提高同步,是适合学生心理发展水平需要的。

一、回忆性提问

它要求学生通过回忆,陈述已学过的美术知识、概念,借以强化学生对已学知识的记忆,修正错误回忆,使知识结构得到强化提高。面对这类问题,学生无须过多思考,只需将已学的美术知识复述出来即可。教师一般在授予新知识或课堂小结时使用。这类提问从认知角度来看,属于低级认知提问,但它对于学生进一步巩固和掌握美术基础知识和基本技能是不可或缺的。有时也可以由它自然引入新课,起到承上启下的作用。

◎ 案例 8-1 "有人和动物的风景"教学片段

师:同学们,今天咱们和大家一起学习第二十四课"有人和动物的风景"。说到漂亮的景和可爱的动物大家都喜欢,我们在生活中要爱护大自然,更要保护我们身边的动物。首先和大家复习一下上节课学习的内容:

同学们以前都学习过写生吧?那么什么叫写生?哪位同学说一说?(写生就是直接以实物为对象进行描绘的作画方式。)回答得很好。有的同学又要问了,画什么呢?城市和乡村都有美丽的景色。一块草地,一片树林,一道河湾,一条小径……都可以吸引敏感的眼睛。还有身边可爱的小动物也可以入画。今天我们就到户外呼吸新鲜空气,一起画有人和动物的风景。[①]

教师通过提问,激发学生对已有知识的搜索,并在学生回答的基础上顺势导入新课的教学,从而使学生自然而然地进入教学情境。

---

① 佚名:《有人和动物的风景》,快乐阅读网,http://www.zuowenw.cn/jiaoan/msja/xxmshja/200704/189947,html,2007-04-04。

案例 8-2 "桥"教学片段 1

师：谈谈你所知道的桥，包括桥的故事。熟悉的、见过的、特别的桥。——说一下（中国或世界）桥梁之最。

生：最古老的石拱桥——赵州桥；

最多桥洞的桥——宝带桥；

最早的闸桥——浙江绍兴三江闸桥；

最早的十字桥——山西晋祠鱼沼飞梁；

最早的铁索桥——云南水平雾虹桥；

最多石狮子的桥——北京卢沟桥；

最后的一座五亭桥——扬州瘦西湖五亭桥；

最早的一座城市桥——绍兴八字桥；

桥梁最多的地区——江南水乡；

公路高架"国门第一桥"——北京四元桥；

亚洲之最——武汉长江二桥。

以上过程使用多媒体辅助教学课件及说明，或学生收集的资料。[①]

教师通过提问，加强学生对已知各种桥的记忆，加深本课所学习的桥的相关美术知识。

课例 8-3 "桥"教学片段 2

师：大家熟悉的著名桥梁有哪些？

生：赵州桥、卢沟桥、南京长江大桥、美国金门大桥、悉尼跨海大桥……（结合课本）

师：最早的桥梁形式是什么？

生：石块、石板、木头、木块。

师：根据桥梁的用途、材料、外观来分类，同学们能不能说说你所记得的桥梁？

生：用途：公路桥、铁路桥、高架桥、立交桥……

材料：竹桥、木桥、积木桥、藤桥、石桥、水泥钢筋桥……

外观：平桥、拱桥、曲桥、折桥……

---

① 田丹丹：《桥》，快乐阅读网，http://www.zuowenw.com/jiaoan/chuzhongmeishujiaoan/200704/190127.html，2007-04-04。

接下来，教师播放各类桥梁的图片，让学生分析桥的发展和基本结构。①

教师通过对以前所学的"桥"相关知识的复习式提问，以此了解学生掌握旧知识的情况，以便为新知识的讲授找准基点、做好准备。

二、感知性和理解性提问

它要求学生用自己的语言解释、比较和说明某个美术现象或事实，借以了解学生对学习内容的理解和掌握程度。对于这类问题，学生们在回答表述中通常没有固定的标准模式，只有在理解的基础上，通过自己的语言，将教师所传授的美术知识进行重新组合，才能获得圆满的答案。教师在提问时往往会说：请你用自己的话叙述（或阐述、比较、对照、解释等）。

○ 案例 8-4 "招贴设计"教学片段

同学们，看看老师给你们带来了什么？（展示电影海报）
看完后，这些作品给你留下什么印象？
你还看过什么样的海报？（欣赏图片）
我们可以在什么地方看到它们？
师：你觉得招贴设计是用什么"招引大家"？
生：（小组讨论、汇报）（板书）
师：对比发现：观察，比一比，哪张作品更好？
生：……
师：校园里也经常出现把一种信息传递给大家的招贴，生活中什么地方需要用到招贴设计？
生：文艺演出、运动会、展览会、各类活动通知等。
师：假如学校下周要举行美术作业展，想想怎么设计才能吸引更多的人？
生：（四人小组交流）②

教师在学生欣赏完电影海报后，进行提问，引导学生对看过什么样的海报，这些作品给你留下什么印象，哪张作品更好，可以在什么地方看到它们，怎

---

① 田丹丹：《桥》，快乐阅读网，http://www.zuowenw.com/jiaoan/chuzhongmeishu-jiaoan/200704/190127.html，2007-04-04。

② 作者佚名：《招贴设计》，快乐阅读网，http://www.zuowenw.com/jiaoan/msja/xxmshja/200704/189949.html，2007-04-04。

么设计才能吸引更多的人等进行分析,共同归纳出招贴画的作用、类别、设计方法。

○ 案例 8-5 "京剧脸谱"教学片段

播放京剧唱腔片段《铡美案》。

师:哪位同学回答下面的问题?

(1)你知道这是什么艺术?

(2)为什么包拯和四大卫士脸上都有许多图案和颜色?

生:京剧,角色图案和颜色是用于舞台化妆的。

师总结:京剧是我国传统艺术,在京剧中有些人物的脸上有一些图案和颜色,是京剧特有的舞台化妆艺术。这种用来化妆用的图案和颜色在京剧中叫脸谱。(板书:京剧脸谱)①

教师让学生带问题欣赏京剧,可以集中学生欣赏京剧脸谱的注意力,并通过学生的回答,可以了解学生对京剧脸谱的掌握情况,并自然引出本课的主题。

○ 案例 8-6 "向日葵——色彩的心理效应"教学片段

欣赏课本第 12 页农民画《猴子吹号》。

师提问:这幅画在色彩运用上有什么特点?

生:这幅画以红、黄色为主配以红、黄色的对比色蓝、绿色,画面色彩饱和强烈,营造出了一种"普天同庆"的喜庆气氛。

师生小结:在我国传统观念中,红色往往与吉祥、好运(红运)、喜庆相联。红色便成为一种节日、庆祝活动中的常用色。

运用电脑,改变《猴子吹号》这幅画的色调以蓝、绿色为主。

师提问:色调改变了,画面的气氛有没有变化?

生:变得很难看、很恐怖。

师提问:同一种颜色在不同色彩的衬托下,给人感觉相同吗?

生:不同。

师提问:同一种颜色,呈现出不同的形状、笔触时给人感觉相同吗?

---

① 佚名:《京剧脸谱》,天天加油网,http://www.ttadd.com/jiaoan/HTML/223959.html,2007-10-13。

生：不同。①

通过提问比较，让学生感受色彩在绘画中表现情感的重要性。通过回答，提出色彩搭配知识。如：服装的色彩搭配、家居的色彩搭配等。让色彩知识与学生的生活联系起来，使学生深切认识到掌握色彩知识的重要性，变被动学习为主动学习。通过回答，让学生了解色彩能够表达情感，而且当它依附的线条、形状不同时，能够加强或减弱色彩给人的感受。

三、分析性提问

它要求学生通过各种依据、理由，对各种事实、现象进行解释和推论。这种提问，能够引导学生的思维向深度和广度发展，从而达到加深学生对美术的理解力并增进其思维能力的目的。从认知水平来看，它属于高级认知水平的提问。提问后，教师除了鼓励学生积极回答外，还要适当时给予提示和探询指导。

○ 案例 8-7 "拉斐尔笔下的母亲"教学片段

生：(阅读介绍拉斐尔的资料并讨论)。

浏览式欣赏拉斐尔的作品。

多媒体分别展示拉斐尔的《椅中圣母》、《西斯廷圣母》、《圣母玛利娅》和《母与子》，学生在欣赏时教师结合拉斐尔的艺术生平作简单的讲解。

师：(出示思考一)你喜欢拉斐尔的画吗？为什么？

(出示思考二)你认为下面哪些词语对拉斐尔绘画风格的描述最为恰当？

(出示思考三)拉斐尔笔下的圣母使你联想到了什么？

(出示思考四)你认为下面哪些词语对拉斐尔笔下的母亲现象的描述最为恰当？②

这些问题，均需要学生在理解掌握相关外国美术简史知识的基础上才可做出回答。解答第一个问题，学生需了解拉斐尔是什么历史时期、哪个国家的画家；第二个问题则要学生初步了解拉斐尔和他的绘画风格，方能对拉斐尔的

---

① 吴琼：《向日葵——色彩的心理效应》，中国美术教育信息网，http://www.art-eduinfo.com/bbs/viewthread.php？tid=7288 & page=1，2005-06-08。

② 佚名：《拉斐尔笔下的母亲》，js3000 教育资源网，http://www.js3000.cn/article/meishu/chuzhong/2007100158598.html，2007-10-01。

母亲题材的油画作品进行描述;第三和第四个问题则更需要学生对拉斐尔的油画作品进行个人的体验与理解,从而说出不同的感受。

四、综合性提问

它要求学生通过创造性思维,综合所学的美术知识、技能,提出自己对美术的见解和感受。这类问题可以帮助学生整体把握美术作品风格,激发学生独立思考,发挥他们的想象力和创造力,全面了解美术文化。

案例 8-8 "格尔尼卡"教学片段 1

师简介立体主义,屏幕上出现《格尔尼卡》作品。

引导学生讨论:

(1)你知道他的艺术思想和艺术风格吗?

(2)作者是采用什么艺术形式表现的?

以上两个问题的设计,旨在让学生在讨论中对毕加索的"立体主义"有一个全面而正确的认识。第一个问题,学生需要在欣赏作品后对毕加索的艺术思想和艺术风格进行诠释;第二个问题,则需要学生充分发挥个人的形象思维,对作品所蕴涵的现代美感进行归纳总结。

案例 8-9 "中国古代山水画"教学片段

师:《富春山居图》为什么能够画那么长?

生:视线的移动。中国绘画独特的散点透视法。"人在画中游"的感觉。

师:我们可以看出中国山水画起因的一个思想——卧游。(提示学生去了解画家宗炳)当然,在这儿还要特别提到黄公望,他是我们常熟人,这是我们的骄傲。以后同学们看画时,一定要放松心情,体会古人卧游的感觉。当了解了中国山水画产生的原因后,我们就要来了解山水画的发展了,看看在发展的过程中出现了哪些名家名作。同学可以进入"中国古代山水画"这节课的学习,先阅读一下山水画简史,然后根据自己的爱好选择自己喜欢的学习。学习时注意先看每张页面上的学习目标,学习中有任何问题,可进入讨论区讨论。

在学习过程中注意要解决这几个问题。

(1)了解中国山水画的萌芽、发展、兴盛时期。

(2)选择一个你喜欢的画家或一幅作品作深入了解,然后进行讨论。

(3)山水画在唐代就分化为青绿山水和水墨山水,你喜欢哪一种?为什

么？(要了解青绿山水看《千里江山图》、《早春图》等)

(4)大自然是五彩斑斓的，但为什么中国画家笔下的山水大多数是黑白的？

师生总结：画家具有中国传统的道家思想，道家提倡"无为"，尤其在乱世，中国文人更加追求自然，以林泉为伴。①

在这节课中，教师通过专题性讨论的方式，充分调动全体学生的美术学习积极性，提高他们对问题的探索能力，让学生在研讨过程中，获得"中国古代山水画家师法自然、林泉为伴"的认识。

五、评价性提问

它要求学生能够对美术作品的思想价值、美术的表现形式以及他人对美术的观点等等问题，综合运用新学的内容以及已有的知识和经验进行独立思考，并加以判断、鉴赏和评价，之后还要充分说明判断和评价的依据和理由。它是培养学生创新能力的重要手段。

○ **案例 8-10 "格尔尼卡"教学片段 2**

师：根据大家对毕加索《格尔尼卡》的描述、分析和诠释的结果，你能评价这件作品吗？

生：画家采用半抽象（意象）的立体主义手法，以寓意和象征的形象把法西斯令人发指的暴行揭露出来。这些超时空的形象组合蕴涵了画家愤懑的抗议。这种打破空间界限的绘画形式，使画面失去错觉性深度的效果，以一种史诗般的悲壮触动着观众的视觉和心灵。因此，这幅画成了20世纪美术史上最为重要的作品之一。②

教师通过评价性提问，一来可以让学生大胆说出自己对毕加索及其作品的真实看法，让教师及时了解学生的美术喜好；二来让学生在讨论中能够深入思考如何正确对待现代美术，从而提高学生的审美评价能力，三来可以充分提高学生的自我表达能力。

---

① 佚名：《中国古代山水画》，我要100分网，http://51e100.com:8080/html/634/200706/08/198594.html，2006-12-02。

② 佚名：《格尔尼卡》，快乐阅读网，http://www.zuowenw.com/jiaoan/msja/chuzhongmeishujiaoan/200704/190083.html，2007-04-04。

第五节 运用提问技能的原则和策略

一、提问的原则

教师在设计提问时,要遵循以下几个基本原则:

(一)目标性原则

一些为提问而提问,搞形式图花架子,游离于教学要求、教学目标之外,具有极大盲目性的提问,在美术教学中是要避免的。教师的提问要有明确的目的,提问内容应紧紧围绕本节课的美术教学重、难点来设置,便于有效地引导学生思维,为实现教学目标服务。

(二)有趣性原则

"兴趣是最好的老师。"教师在设计问题时,尽可能从日常生活现象、知识内在联系上提出问题,使问题"贴近"学生,激发学生回答的兴趣,促发求知欲,从而使学生愉快地接受知识、牢固地掌握知识。

(三)有效性原则

只有获得真实信息反馈的提问才是有效提问。诸如"这幅画好看吗?""你们喜欢吗?"等等问题,虽然学生的齐声回答造成课堂上的热烈场面,殊不知善于揣摩教师心思、投其所好的学生的回答并非反映教学的真实效果,有时甚至掩盖了真正的无知,还有类似这种"是不是"、"对不对"、"好不好"等接答式的无效问题在教学中通常也是起不到任何效果的,应尽量少用。

(四)启发性原则

课堂提问应具有思路诱导的价值,要能真正激活学生的思维运用,以达到让学生"跳起来摘果子"的效应。由此,问题的设计难易程度要适中,太容易,学生嚼而无味;太难,学生百思不解,都会挫伤学生的积极性。好的提问应该布疑得法,设在学生思维的"最近发展区",也就是说提出的问题应该是学生经过努力思考所能回答的。

(五)层次性原则

提问应遵循学生的认知发展规律,采用循序渐进的原则,由易到难,由浅入深,逐步提高。对于综合性较强或难度较大的问题,可作阶梯式分层提问,即把一个大问题分解为若干连贯的小问题,每一个小问题构成一个台阶,前一个问题的提出是后一个问题学习的基础,后一个问题的解决是前一个问题的

深化和发展。

（六）全体性原则

课堂提问应追求群体效应,不能将目光仅仅盯住优等生,而置大多数学生于不顾。这就要求教师准备适应学生年龄和个人能力的多种水平的美术问题,使绝大多数学生都能参与回答,从而达到激发所有学生的学习动力,全面提高教学质量的目的。

（七）实践性原则

美术是一门实践性极强的学科,在美术课堂中运用提问技能,最好采用与美术实践相结合,即"做中问"的方式,才能发挥出更好的效用。

美国一位教育家说过:"教师教学效率的高下,大部分可以从他们所问问题的性质和发问的方法中考察出来。"由此可见,美术教师对提问技能的学习和训练,掌握课堂发问的基本原则,是提高教学效率的重要途径。所以,它应该成为每一个美术教育类师范生都需给予足够重视的问题。

二、提问的策略

提问作为一种讲课的艺术和方法,需要我们在长期美术教学实践活动中,积累经验,掌握策略。一般说来,我们可以在以下几处设疑:

（一）于导课伊始时设疑——引学生入戏

课堂的导入环节对于一节课的成功与否是至关重要的。若想在一开始就抓住学生的兴趣点,引导学生尽快进入教学情境,提问则不失为一种有效的方法。如一位教师以"日常生活中你们喜欢什么样的美术作品"导入课堂,课堂气氛被调动起来,学生都争先恐后地说出自己的答案。这种提问式的导入可以说为本课的教学开了一个好头,同时也促进了教学环节的展开。

（二）于重难点处设疑——推波助澜

当要强调某一美术知识或某一问题时,可以通过提问引起学生的重视。如教师在讲解"明暗交界线"美术知识前,提高音量向学生发问"你们知道什么是明暗交界线吗",以引起学生对这个知识点的注意。对于教学的难点,可将其分成多个较易理解的问题,逐个提出,一一解决,从而使学生在解决问题的过程中更加深透地理解知识。

（三）于教材的衔接处设疑——完善知识链条

一本美术教材,构成了完整的知识系统。单元、章、节之间往往体现了知识的内在联系。如果不揭示这种联系,往往使学生只见树木,不见森林,影响学生知识体系的形成。因此,在衔接处设疑,既能提醒学生注意,又能自然地过渡到下一个美术知识点上。

（四）于无疑处设疑——风乍起，吹皱一池春水

古代许多哲人认识到"有疑"的教育作用。有些美术知识貌似无疑，但却蕴涵着深刻的教育意义和丰富的美术内涵。教师要善于在无疑处深入挖掘值得思考的问题，激发其疑问。在静如止水的课堂中掀起波澜，促进学生思维不断发展，认识不断深入。

（五）于枯燥乏味处设疑——平淡中见神奇

美术知识、技能的讲解有时难免会让学生感到晦涩难懂、枯燥乏味。若在此处恰当地引入疑问，一来会使学生的情绪重新高涨，注意力得到保持，学习兴趣得以重新调动；二来提问与讲解相结合的教学方式，使美术知识、技能的掌握也成为愉快的事情。如教师在讲解图案设计时，采用让学生欣赏花卉图案与花卉照片的图片，并提问："花卉图案与花卉照片的差别很大，如果老师给你一幅花卉的照片，你如何实现由真实的照片到抽象图案的转变呢？"在探讨中，师生共同归纳出花卉图案的变化、夸张等多种表现方法。

（六）于触发想象联想处设疑——激发创造性思维

美术是一门视觉艺术，它需要丰富的想象力、观察力、诠释力。教师若能在美术作品中可以激发学生思维处或可以设计美术创造性活动处引入疑问，则可以培养学生丰富的想象力和创造力。如在学生对建筑的常识、建筑与美术的关系有了充分的了解后，教师设计了这样的问题：(1)假设你是一位建筑设计师，你会设计什么样的建筑呢？(2)你的建筑具有怎样奇特的外形？回答这类问题就需要学生发挥想象，学生受启发，更大胆地运用仿生概念设计奇妙的建筑，开动脑筋表达设计意图，并且会把所学的美术知识灵活运用于实践中。

（七）于结尾处设疑——余音袅袅

一堂好课，既有好的开头，也应有好的结尾。设疑不失为结束课程的一种好方式，设疑使其词已尽，意无穷。教师应在课结束时，根据知识的系统，承上启下地提出新的问题，既使新旧知识有机紧密关联，又激发学生新的求知欲，为下次教学做好充分的准备。如一位教师采用"请同学们回去想一想，如何用不同的材料、不同的工具来塑造美术形象，我们下节课来讨论"这样的话语来结束"服装设计"的教学，既延伸了本节课的教授内容，激发学生课后继续思考，又为下节课的进一步教学做好充分的课前准备。

总而言之，课堂提问技能是教师教学技能的重要部分，在运用时，应遵循其基本原则，根据教学内容，采用相应的提问策略，将其贯穿于美术课堂教学

的始终,并在实践中不断总结、积累、探索,从而逐渐提高提问技能。

第六节　提问技能的应用

课堂提问作为一项可操作、可演示、可学习、可评价的教学技能,日益受到美术教育工作者的广泛重视和使用,那么如何提高课堂提问的效果呢?

一、运用提问技能的方法与技巧

(一)发问技巧

1．先提后问

提问的效果,最好是能启发多数学生的思维,针对不同水平的学生提出难度不同的问题,使尽可能多的学生参与回答。有的教师先叫名字,然后再提问,这样其他同学就会觉得"反正和我不相干",不去思考,对被叫者也是一个"突然袭击",容易"卡壳"。又如有些教师往往按照学生的座次依次发问,或者依照点名册上的名次发问,这种机械的发问方法,虽然可以使发问的机会平均分配给全体学生,但其弊端等同于先点名后发问的情形。

2．表述清晰

发问应简明易懂,只说一遍,尽量不重复,以免养成学生不注意教师发问的习惯。若某个学生没有注意到教师所提问题,可以指定另一个学生代替老师提问。如果学生不明白问题的意思,教师可用更明白的话把问题重复一遍。

3．适当停顿

教师发问后,要稍作停顿,留给全班同学充分思考、交流的时间。不可为了节约时间,问题提出后立即叫学生回答,否则容易使被点名者思维混乱,如临大敌,手足无措,无力回答;而其他学生则觉得与己无关而袖手旁观,也就达不到调动全体学生学习积极性的目的。

(二)提问时机

教师要依照教学的进展和学生思考的进程在恰当的时间提问。那种"满堂问"和"随意问"的提问方式不但不能开发学生的思维,相反还会造成负面效果,使学生对提问产生反感,产生"厌答"的心理,不利于思维活动的开展。选择好的提问时机可以有效地提高教学效果,及时反馈学生的信息。

1．在教学过程的最佳处提问

教学的最佳处可以是以下几种情况:当学生的思维局限于一个小天地无

法"突围"时;当学生疑惑不解、厌倦困顿时;当学生各执己见、莫衷一是时;当学生受旧知识影响无法顺利实现知识迁移时。在这些情况下提问,可以激发学生的好奇心,促使学生自己去认真研读教材,自己去解决问题。

2.在教学重点、难点处提问

教学内容能否成功地传授给学生,很大程度上取决于教师对本节内容重点、难点的把握。有教学经验的教师往往在备课时非常注意对重点、难点教学方法的选择,而在重点、难点的教学上恰当地提问则能起到事半功倍的效果。当然,教师此时提出的问题应当是经过周密考虑并能被学生充分理解的。当学生理解不透彻或抓不住重点,答案与教师所期望的有一定差距时,教师不要直接否定,而是要从内容到方法上给予启发引导,教会他们如何思考。

3.在教学内容的过渡处提问

在过渡处设疑不仅能起到对教学内容的承上启下的作用,而且能激发并维持学生良好的学习状态。教师应该在教学过程中用自己敏锐的眼光捕捉学生生活的信息,抓住契机,巧妙设疑,及时提问。把课文的内容贯穿起来,有效地激发学生的学习兴趣,并在质疑、释疑中提高学生分析问题、探究问题和解决问题的能力。

(三)提问气氛

1.教师要创设良好的提问环境

教师提问时应带着善意而友好的微笑,当学生回答问题时,教师应专心听,并用眼神进行情感交流,鼓励他大胆说出自己的答案;在学生面临回答不出问题或答错问题的窘境时,教师应采用亲切和蔼的态度,帮他们树立学习的信心。提问可在轻松的环境下进行,也可制造适度的紧张气氛,以提醒学生注意,但不要用强制性的语气和态度提问。注意师生之间的情感交流,消除学生过度紧张的心理,鼓励学生做"学习的主人",积极参与问题的回答,大胆发言。

2.教师在提问时要保持谦逊和善的态度

提问时教师的面部表情、身体姿势以及与学生的距离、在教室内的位置等,都应使学生感到信赖和鼓舞,如果表现出烦躁,甚至训斥、责难的态度,会使学生产生抵触、回避的情绪,阻碍问题的解决。

3.教师要善于倾听学生的回答

有些美术教师提出问题后,不管问题难易,马上要学生回答,学生可能答不上,这样既会挫伤学生学习的积极性,还会影响教学气氛。此时教师还以为学生真的答不出,就马上自己回答,成了自问自答。长期这样下去,会使学生认为反正教师会讲,因而就懒于思考。为此,教师在提出问题后,应给予适当

的停顿,便于学生思考,学生答完后再稍停数秒,给予该生或其他学生补充的机会。这样既可以得到较正确的答案,又可以使学生逐渐乐意回答教师的提问。

教师不仅要会问,而且要会听,要成为一个好的倾听者。"听"是一门综合艺术,它不仅涉及人的行为、认知和情感等各个层次,而且需要心与心的理解。

教师的倾听和鼓励会给学生无穷的鼓舞和力量。当学生回答问题时,教师要将自己的全部注意力都放在学生身上,给予对方最大的、无条件的真诚的关注,表示出对学生的尊重和兴趣。如果教师表现出不耐烦,目光游离,坐立不安,在教室里走来走去,或将目光转向窗外或看另外的同学的小动作,学生回答问题的积极性就会受到影响。对一时回答不出的学生要适当等待,启发鼓励;对错误的或冗长的回答不要轻易打断,更不要训斥这些学生;对不做回答的学生不要批评、惩罚,应让他们听别人的回答。

教师的倾听是一个主动的过程,它可以分为三个部分,即注意、理解和评价。有效的倾听要求教师在注意和理解的基础上运用描述、澄清性提问等形式,帮助学生弄清问题。

4.教师要正确对待提问的意外

学生的回答有时会出乎意料,教师可能对这种意外的答案是否正确没有把握,无法及时应对处理。此时,教师切不可妄作评判,而应实事求是地向学生说明,待思考清楚后再告诉学生或与学生一起讨论。当学生纠正教师的错误回答时,教师应该态度诚恳,虚心接受,与学生相互学习,共同提高。

总之,老师还要营造一个和谐、民主、平等的课堂气氛,教师信任并尊重每一个学生,使学生对自己的学习充满信心,也有利于学生积极思考,敢于发表自己的见解,敢于评价同学的见解,敢于向同学和老师质疑。

(四)归纳总结

对学生的回答,教师要做出明确的反应,或肯定,或否定,或点拨,或追问,恰当的反应可强化提问的效果。教师恰当的评价可以使学生强化美术知识,改正错误,找出差距,激发学习的热情。同时教师还要时刻观察学生的反应,鼓励他们质疑问题做深层次思考,调动学生的积极思维。

学生回答问题后,教师应对其发言做总结性评价,错误的给予纠正,正确的给予肯定,并给出明确的答案,给学生贯穿以完整的印象,使他们的学习得到强化。必要的归纳和总结,对知识的系统与整合,认识的明晰与深化,学生良好思维品质与表达能力的形成都具有十分重要的作用。

二、运用提问技能的注意事项

(一)提问应有充分准备

"凡事预则立,不预则废。"课前,教师要做好提问的准备,根据不同的教学目标,设计不同类型的问题;针对不同层次的学生,设计不同水平的问题。千万不可信口开河,想问谁就问谁,想问什么就问什么,甚至问得莫名其妙或牛头不对马嘴。教师要事先考虑到可能出现的各种回答及其处理办法,唯有准备充分,有备而来,方能处乱不惊,稳操胜券。课前围绕教学中心、重点、难点精心设计问题是十分必要的,但教学过程是师生双方信息交流的过程,因而有可能出现一些教师在备课时没有想到的事情,这就要求教师不能拘泥于原先的设计,而是要灵活根据现场反馈回来的信息,作必要的调整,改善教与学的活动。

(二)提问应以学生为中心

在课堂教学中,教师的任务不是直接向学生提供现成的真理,而是通过问答甚至辩论的方式来揭示学生认识中的矛盾,经由教师的引导或暗示,学生自己得出正确的结论。有的教师经常自问自答,有的教师在学生回答不出时,干脆提供正确答案,这种喧宾夺主、越俎代庖的做法不利于学生思维的发展。另外,教师应该通过提示、探究、转引、转问、反问等手段引导学生积极思考,得出问题的答案。另外,教师有时以学生的口吻来提出问题,学生会更容易接受。

(三)提问宁精勿滥

在促进学生思维发展方面,问题的质量要比问题的数量更重要。如果教师所提问题的答案显而易见,缺乏挑战性,学生对答如流,这样的问题再多,学生的思维也难有更高的发展。问题太多,学生往往把握不住教学重点。提问时,言语要精当,逻辑要严密,特别注意的是,要明确问题的重点,问题的内容要集中,让学生能较快地做出反应。那些含糊不清、模棱两可的提问,会导致学生不知从何答起。试比较下列一组提问:(1)你对这幅画有什么感受?(2)通过欣赏这幅画,它的构图、色彩带给我们怎样的感受?其中(2)的清晰度比(1)要高,便于学生有目的地进行思考,回答出教师所期望的答案。

提问一般不要使用"对不对"、"是不是"之类的口头禅,这些问题似在提问,实则未问,久而久之,易使学生是非不分,形成人云亦云的盲目从众心理。教学过程中教师头脑中临时浮现的问题不要脱口而出,要考虑它在教

学中的作用和意义。因此,教师应对提出的问题反复推敲,舍弃那些徒有问题形式而缺乏思维实质的"假问题",做到少而精。一般来说,在一节课中,教师提问不宜过多,以能真正触发学生思考、反映教学重点的关键性问题为主。

多提有价值的问题。所谓有价值的问题,应该是促进有效教学的问题。教学是否有效的唯一标准是学生有无进步或发展。理解型问题要求学生通过归纳总结、对比分析、推理判断等思维活动,发表对美术学原理和观点的认识,这样的问题不是单纯地背或照书读能回答的,这种问题就具有一定的价值。例如"大自然是五彩斑斓的,但为什么中国画家笔下的山水大多数是黑白的?""有些学者说'盛世出人物、花鸟画名家,乱世出山水画名家',这句话有没有道理,你如何看待?""现在还有人喜欢传统绘画吗?""山水画在唐代就分化为青绿山水和水墨山水,你喜欢哪一种?为什么?"等。

(四)课堂提问要有一定的坡度

问题的设计要按照课程的逻辑顺序和学生的心理认知顺序,由易到难,由具体到抽象,由简到繁,由已知到未知,步步深入,使学生获得的知识逐步深化。通过前后彼此关联的一个个、一组组问题的内在联系,以旧驭新,配合教师的逐步引导,层层深入,达到提问的目的和效果。那种信口开河,前后颠倒的提问只会扰乱学生的思维顺序。

(五)提问应兼顾各种类型的问题

提问方式不能一成不变,提问要具有多元性、趣味性、启发性。不同类型的问题可用于培养学生不同的能力。为了促进学生的全面发展,在提问时,教师应该兼顾各种类型、层次的问题,根据学生的实际情况来设问,低级认知提问和高级认知提问相结合,提问与讲解相结合,以调动各个层次学生的积极性。要注意防止单提一些识别记忆类的缺乏深度的问题,以免养成学生只会机械记忆,缺乏深层次思考的习惯。同时,注意开放性问题和封闭性问题的数量比例。

第七节 提问技能评价单

日期_____ 任课教师_____
请您在听课时对以下各项目评价,在恰当等级打"√"。

序号	评价项目	等级				权重
		优	良	中	差	
1	问题内容明确、重点突出、有思考价值。					0.1
2	问题的内容顺应学生的"最近发展区",符合学生当前的美术知识水平。					0.1
3	问题的设计有层次性,遵循学生的认知发展规律。					0.08
4	问题能展示美术知识的内在联系,有针对性,能激起学生对问题的兴趣。					0.12
5	提问有启发性,激发学生的美术想象力和创造力。					0.1
6	提问能集中学生的注意力。					0.1
7	提问后给予学生适当的思考时间。					0.08
8	提问后教师恰当地给予引导,帮助学生回答问题。					0.1
9	学生回答问题后,教师及时进行评价。					0.12
10	提问能让全体学生参与问题的思考。					0.1

您还有什么意见或建议:

思考与练习

1. 提问在美术教学中有哪些作用?
2. 运用提问技能时应遵循哪些原则?
3. 什么是分析性提问?什么是评价性提问?举例说明它们各自的特点。

4.你在美术教学中应用过哪些类型的提问?

5.应用提问技能时,需要注意什么?

6.在美术教学中发生以下情况时你如何处理?

在提出问题后:

(1)学生不愿回答;

(2)学生不会回答;

(3)学生回答错误;

(4)学生不明白问题。

第九章 美术教学板书、板画技能

第一节 板书、板画技能概述

　　板书、板画技能是教师运用在黑板或投影片上书写文字、符号或绘图等方式，向学生呈现教学内容，分析认识过程，使知识概括化和系统化，帮助学生正确理解并增强记忆，提高教学效率的一类教学行为。美术教学中的板书可分为板书和板画两部分。一般我们所指的板书不包括板画，而是以文字为主，有时配以线条符号。它是教师上课时为帮助学生理解、掌握知识在黑板上书写的凝结、简练的文字、图形、符号等，是用来传递教学信息的一种言语活动方式，又称为教学书面语言。板书以其简洁、形象、便于记忆等特点深受教师和学生的喜爱。板画是板书的一种特殊形式，以图画为主，一般不配文字，也叫黑板画，是教师在传递教学信息的过程中，以简练的笔法，将事物、现象及其过程描绘成生动形象的特殊板书。板画能突出事物或现象等的本质特征或示意过程。板画是以线条、一笔画、简笔画、漫画、素描等方法绘制的形象画、模式图或示意图等图画形式来代替抽象的文字符号。板画能反映事物的关系和结构，又比较具体形象，便于学生理解较复杂和抽象的内容，也有利于培养学生的逻辑思维。因此教师不仅要学会如何设计板书，也需要掌握板画的基本技巧和方法。

　　在美术课堂教学中，教师主要用语言向学生传递教学信息。但是，板书作为辅助教师口语表达的文字信息（包括形象画、符号、表格、图示、色彩等），是不可缺少的。教师的口语讲授调动了学生的听觉，而板书是调动学生的主导感觉——视觉的重要手段。在导入新课、揭示课题时，教师要板书章节的标题；在引入新概念时，要板书定义；在探求规律、研究原理时，要板书板画推论的过程；在分析解题思路时，要板书板画主要的思考途径及示范

解题的步骤;在复习、巩固时,要板书知识的结构及其内在联系,以及主要的结论和注意点。总之,一堂美术课,从教师的活动来看,离不开口授、演示及手绘书写。

板书包括两个基本的组成部分,即主题板书和辅助板书。主题板书是教师在对教学内容进行概括的基础上,提纲挈领地反映教学内容的书面语言,可以是讲授要点、层次分析、论点论据、概括总结,要求写在黑板的左半部和中部,又称正板书。主题板书是教师在备课过程中就已经精心准备好的。辅助板书是在教学过程中教师为了引起学生的注意或是为了解释一些学生难以理解的问题,顺手写在黑板右侧的书面语言。如教师在讲课中遇到的一些美术专业术语、关键词、学生没听懂的一些知识点,随手写在黑板的右侧,这些都是辅助板书,又称副板书。辅助板书没有必要保留很长时间,往往是只要起到了辅助口语表达的效果,就可以随即擦掉。而主板书作为教材内容的框架应保留下来,一般来说,一节课应有一个完整的板书计划,讲课结束后,黑板上应留下一个完整、美观的板书。

第二节 板书、板画的作用

一、板书的作用

板书是课堂教学的重要组成部分,又是课堂教学内容、步骤、方法的体现,是教与学思路的反映,是师生信息双向交流的桥梁。板书设计受年级、教材、课型、教学目的等多种因素制约,其形式纷呈万千。由板书的设计和运用构成的板书技能具有以下作用:

(一)强化知识脉络,便于理解记忆

条理清晰,简明扼要的板书,有助于突出教学重点,突破教学难点,强化知识脉络,使学生对本节课教学内容有一个系统、全面的认识。良好的知识板块结构,不仅能帮助学生理解和记忆,而且有利于知识的广泛迁移,培养学生的归纳概括能力。

教师在用板书将教学内容的知识结构呈现在学生的面前时,还可以表达出教学思路和认识问题的方法。这样也有助于使知识在学生头脑中形成系统的、有逻辑关系的体系,而不仅仅是一些孤立的知识点,知识的系统化对理解有很大的影响,割裂的材料难以理解,系统化了的教学内容有助于理解和

记忆。

教师用板书向学生呈现系统化的知识时,还可以用一些特殊的符号、线条、色彩等表示知识点间的关系或者强调重点及关键内容。板书具有调动视觉、长时间作用等优势,对学生突破难点,加深理解能发挥很好的作用。

(二)提供思维材料,进行思维导向

美术知识之间联系紧密,为此,教师教学时可选准为新知识提供最佳联系的旧知识设计板书,提供知识迁移的外部条件,通过对旧知识的提取、强化、加工、改组,帮助学生获取新知识。

教师运用板书能清晰地表达出新旧知识之间的关系,有助于激发学生的思维。对于比较抽象的知识,或一些美术理论知识的分析以及对美术技能的讲解,仅用口头阐述,学生往往难以理解。如果教师在讲解时配合使用板书加以说明,就可以大大增强教学内容的直观性,帮助学生更好地思考新旧知识的内在关联性,同时也有利于集中学生的注意力,启发学生的思维。

(三)提供正确示范,指导观察,引导实践

在美术教学中,教师运用板书可以为学生提供正确书写和运用美术专业术语的示范。美术专业术语(如中国画的白描、重彩、写意、工笔、没骨等)可以简便、准确地表达美术知识和体现美术学科的特点。美术术语是表述美术学科中某一概念的专用词语,有着严格的含义,既不可混淆,也不可乱用。可是,在一些课堂教学中,常有使用美术术语不当或错误的现象,以致形成某种误导,而某些错误的出现频率相对较高,如有的教师把"雕刻"说成"雕塑"。雕刻主要适用于石膏块、泥块、木材、石蜡、瓜果、泡沫塑料等材质的雕刻创作。所谓雕刻,就是指用刀、凿、锉等专业工具对雕塑材料进行刻、挖、雕、琢的一种表现技法,是从完整的坯体上把多余部分雕刻、挖凿掉,是一种"减法式"制作技法。这种技法既可以分解圆雕与浮雕作品,还可以随着雕刻的深入创作出一种计白当黑、虚实相生、空灵剔透的镂空雕作品。塑造是用手捏塑泥、蜡等可塑性材料来直接造型与用各类雕塑工具刀辅助造型的一种创作手法,也是一种常见的雕塑技法,塑造语言丰富,造型形式多样,工艺程序完善。完成的作品可制陶,又可翻制、铸造成不同材质的艺术品。由于泥塑创作过程与徒手捏塑紧密结合,因此泥塑作品常以即兴、手感强烈和活泼多变的形式见长。它是一种"加法式"制作技法。而有的教师概念不清,以为"雕刻"就是简单的"雕塑"。作为美术教师尤其要在教学过程中正确使用美术术语和用语,提供正确的示范,这对学生养成规范的口头表述能力和书面表达方式,提高运用能力都是有益的。

（四）培养审美观念，激发创造能力

板书是书法、绘画、制图等艺术的综合体现。教师的板书也可以在一定程度上体现教师的教学功底和文化素养，对学生也是一种教育和熏陶，同时对形成良好的课堂气氛也能起到促进作用。流畅漂亮的书法，新颖别致的布局，搭配合理的色彩等无不给人以美的感受，对培养学生的审美观念和激发创造能力都具有潜移默化的影响。

二、板画的作用

板画设计作为美术教案中不可缺少的组成部分，是美术教学活动中最基本的手段或辅助手段。好板画，对美术教学有着极其重要的作用。

从美术教案的板书设计来看，一般说来，它同其他学科（如语文、音乐等）教案的板书设计作用意义大体相通，如有利于学生记忆，有助于提高学生做笔记的能力，有利于掌握讲授内容的重点与难点，有利于培养学生思维的连贯性等。当然，如果说有"大同小异"的话，则主要体现在美术教案具有更精简、更有版式设计的意味上。

而美术教案的板画设计（既包括整套的绘制方法步骤、技法特点的演示板画，也包括对某一事物或其某方面的某一特殊技法的板画设计等），它的示范性、直观性、技巧性主要体现在以下几个方面：

1. 教师板画有助于提高学生的观察力。观察力既有客观性因素，又有主观性因素，即选择性、整体性、综合性等。教师板画为学生在美术学习中应该如何去观察提供了"样板"的方法。

2. 教师板画有助于集中学生的注意力。注意力反映了观察者对一定对象的指向性和集中性。在美术教学中，好的板画常令学生惊讶，易吸引他们的注意力，使他们兴趣顿生、全神贯注，从而产生良好的教学效果。

3. 教师板画有助于提高学生的想象力。想象是创作新形象的心理过程。没有想象，就没有艺术创造。教师板画能丰富学生的美术经验积累，对他们以积累的"经验"为基础去想象并创作出自己的艺术形象起到"点拨"作用。

4. 教师板画有助于提高学生的形象思维能力。形象思维，又称"艺术思维"，是一种与直观性、形象性紧密结合的思维形式。教师板画为学生如何通过形象去认识和理解事物与艺术作品，提供了思维方式过程的"样板"。

5. 教师板画有助于提高学生的实际绘画水平与能力。美术与美术教学的特征之一就是技巧性。教师板画为学生如何实际运用美术的技巧技法塑造艺

术形象,创造艺术作品,完成作业,提供了运作过程与方法的"样板"。

6.教师板画有助于提高学生掌握教学内容重点、突破难点的能力。好的板画,绘制步骤清楚、主次分明、重点突出、难点明确,再加上教师边讲边画,为学生掌握教学内容,完成作业提供了有利条件。

第三节　板书、板画技能的构成要素

一、书写和绘图

在美术教学中,教师板书的内容主要是文字、美术用语、形象画和一些图表、图像。书写文字要正确、工整、笔画清晰、笔顺规范、大小适当,要规范使用美术用语。一行字要写平直,书写时身体不要挡住学生的视线。绘图时,要注意大小比例恰当,要掌握基本的绘图笔法。使用彩色粉笔可以增加美感,但颜色不宜太多太杂,要注意版面的整体效果,给人以清新、顺畅、整洁的审美感受。

二、内容的编排

要使板书能够科学、系统、概括地反映教学内容的知识结构,教师应当从板书标题的确定、表现形式、各部分内容的出现顺序、相互之间的呼应和联系、文字详略等方面设计编排好板书的内容。

三、版面的布局

正板书是一节课的主要教学内容,也是一直要保留在黑板上的内容。副板书是可以在黑板上随写随擦的板书。学生熟悉但又必须进行知识点的梳理和整个变化过程的演示、提醒学生注意的概念、美术专业术语、诱导学生思维的草图、学生的板书演示等都是副板书的内容。对副板书也要注意局部内容的完整。副板书通常写在黑板的最右边。

合理的板书布局有利于教师的讲解,有利于学生思考和领会知识。另外,合理布局还包括要合理安排板书与教学挂图、屏幕投影的位置等,以便于学生听课、观看和记录。

四、时间的掌握

板书必须与讲解相统一,与其他教学活动相配合。板书的书写、投影片的展示,要把握好时机,力求顺理成章,要避免随意性。保留时间要符合教学的要求。

什么时候写板书?一般来说,全课的标题在复习提问及导入新课后书写,各部分的标题则依具体情况而定。一般来说,演绎法先写后讲,归纳法、发现法则后写板书,因为写出了板书也就知道了结论,这不利于学生思考。

第四节 板书、板画技能的类型

美术教学内容的丰富性,教学方法的灵活性,决定了其板书、板画的多样性。美术教学的诸种特殊性,也决定了其备课教案的板书、板画设计。板书、板画要根据教学目标、教学内容,学生的年龄及接受能力的不同恰当地运用。一般来说,板书、板画一是精简,二是应带有版式设计的意味。

一、具有版式设计意味的板书、板画

(一)绘制方法式板书、板画

这种板书、板画是以图画、文字、线条、符号、框图等方法提示绘制图像的基本方法、步骤及技巧技法为主的版式,使教学中的难点通过图示形象化,从而化难为易,这类板书具有形象性、趣味性特点,也可以把事物的变化过程和事物间的关系简明地表达出来。

绘制方法式板书、板画可以是教师手工设计的图画,这样的板书具有形象、直观的特点,能引起学生的兴趣、思考与记忆,具有一定的艺术性。也可以借助投影仪,事先在投影片上设计并打印好图示板书,这样既节省时间又能反复多次使用。运用计算机大屏幕投影能更方便地设计绘制方法式板书,或在网络上下载所需的各种图示信息,这样制作的板书不仅色彩丰富,而且还具有动画效应和演绎效果。

● **案例 9-1** "黑白木刻——黑白木刻版画的制作"教案中的板书板画设计

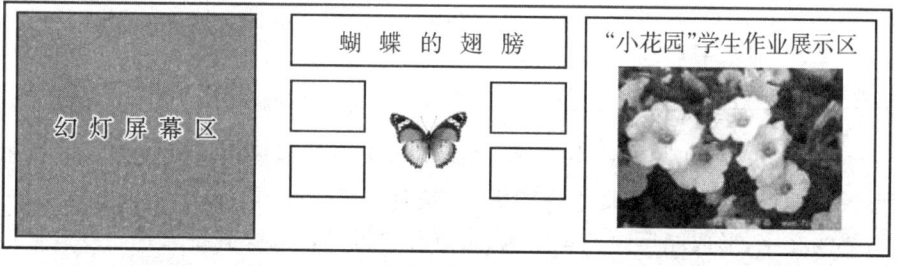

(二)形象式板书板画

这是以展示事物的形象特征为主的板书板画形式,便于学生清楚地掌握事物形象的特征及变化,理解作品通过形象所反映的主题。

● **案例 9-2** "蝴蝶的翅膀"教案中的板书板画设计

(三)关键图文式板书板画

这是以围绕一定中心意思的关键图文为主的板书板画形式,它有助于学生通过对关键图文的理解来掌握教学内容。

● **案例 9-3** "湖南地方戏剧脸谱艺术"教案中的板书板画设计

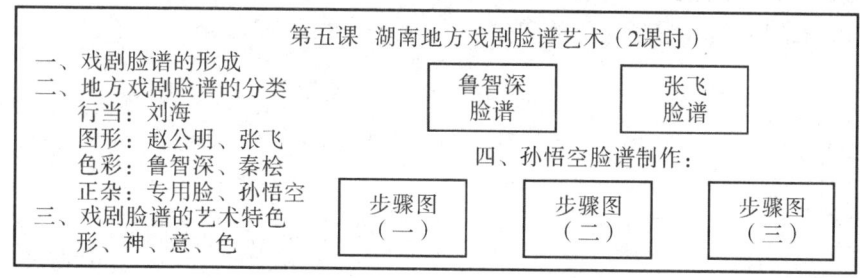

（四）综合结构式板书板画

这种板书板画形式的内容广泛、全面，其表现形式也灵活多样，既可提纲挈领地体现教学内容的主要教学要求，又可兼顾其他不可忽视的教学内容，便于学生理解比较复杂的内容，同时也便于学生从总体上掌握教学内容的结构特点与层次要求。

○ **案例9-4　综合结构式板书板画比例**

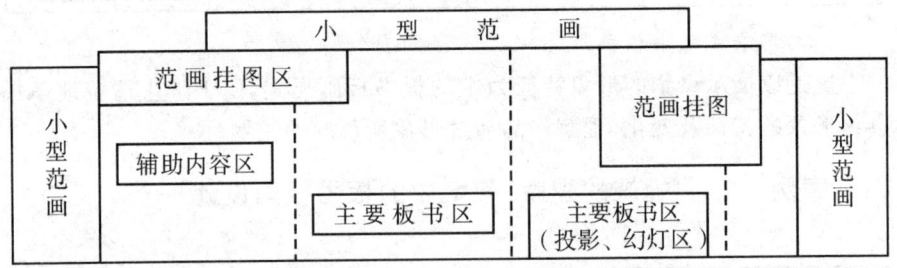

二、一般板书形式

（一）提纲式板书

把教学内容和讲解顺序，用简明扼要的文字提纲挈领地反映出来的板书形式就是提纲式板书。提纲式的板书，是对一节课的内容经过分析和综合，用精要的文字，形成能反映知识结构、重点和关键的提纲。其特点是高度概括地揭示授课内容、结构，给人以强烈的整体印象。这种形式的板书条理清楚、重点突出，便于学生抓住要领，多用于体现教材的内容与结构，是常用的板书形式。

（二）总分式板书

这种板书能抓住知识的主干，从而"挈领"式地分支出各个分知识点。总分式板书的特点是概括性强，条理分明，从属关系分明，有利于学生理解和掌握教材结构，给人清晰完整的印象。

第九章 美术教学板书、板画技能

○ **案例 9-5 海报设计的板书**

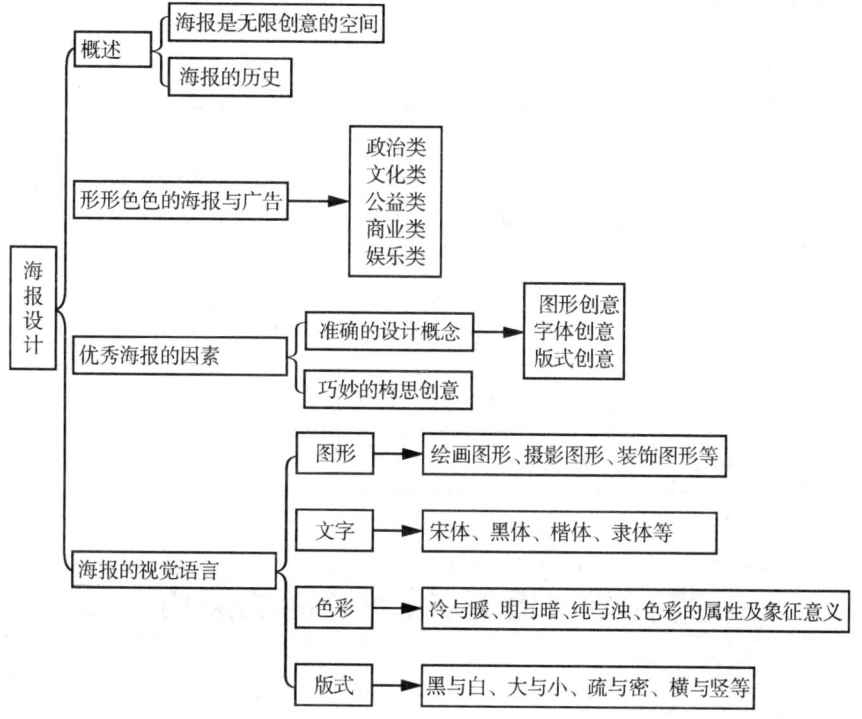

○ **案例 9-6 设计艺术内容分类板书**

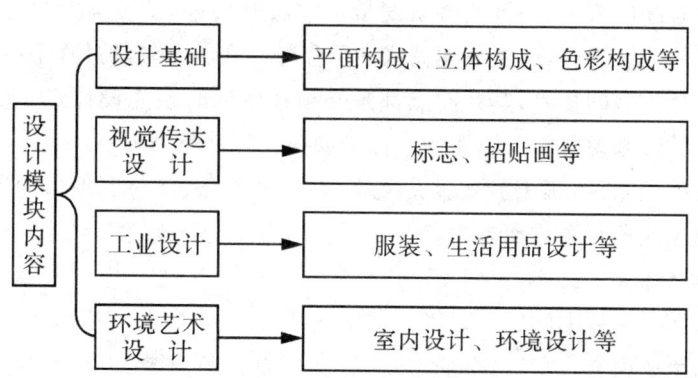

(三)表格式板书

表格式的板书,是把有关内容分门别类列入表格。这类板书的优点是类目清楚,井然有序,便于学生分类归纳,进行对比。常用于美术基础知识的教学。

◎ **案例 9-7　"走进陶瓷世界"教案中的板书板画设计**

陶瓷,一般指陶器与瓷器。从陶器的发展史来看,先有陶后有瓷。虽然都是用泥土烧制而成,但两者质地有很大不同。从制作工艺上看,材料、温度比较如下:

	陶	瓷
材料	一般黏土	瓷土(主要是高龄土)
温度	一般不超过 1 000 ℃	可达 1 200 ℃

第五节　板书、板画技能的应用

一、板书、板画设计的方法

板书、板画是课堂教学内容的逻辑主线,是学生记录学习笔记的主要依据。生动有序的板书、板画能够激发学生学习的兴趣,发展学生的智力,并可调动学生的非智力因素,更好地完成学习任务。在美术教学过程中,不管是运用了哪一种类型的板书,其共同点都是必须在备课时预先设计好。设计好板书对美术教师来说是至关重要的。但是如何设计好板书呢?

从实质上来说,板书其实就是文字、数字及线条、箭头和图形的组合。因此设计也应从这几个方面着手。

(一)锤炼语言文字

语言文字是板书的第一要素。文字包括汉字、数字及其他国家文字,是板书语言的主要内容,也是板书的工具、媒介。教材的内容、教师的意图都由此表达。因此,板书文字要做到正确规范,即不写错字,不写繁体字、异体字、被

废的简化字,要做到端正清楚,不潦草难辨,不影响学生学习。叶圣陶曾说过:"实用的写字,除了首先求其正确外,还须清楚匀整,放在眼前觉得舒服,至少也须不觉得难看。"这就要求板书文字做到漂亮优美,给人以艺术享受。生动的教学板书语言要求整齐、对称、流畅、富有乐感,表现语言的音乐美。锤炼语言时,可使用对偶、排比、比喻等修辞手法。

同时,教学板书的语言应做到:准确,语言能表情达意、没有语病;精练,板书语言要言而不繁,具有高度的概括性。在板书中为了追求简练,经常使用简称、缩略语等。

(二) 借用符号、线条

文字也是符号,是完整而系统的符号。除文字之外,教学板书还可使用标点符号、数学运算符号、气象符号、速写符号、批改符号、箭头符号、外文字母、商标、代号、记号等。另外,教学板书也常常运用线条与文字、符号、图形配合,借以表情达意、教书育人。线条有直线、曲线,有实线、虚线,有横线、竖线、斜线,有单线、复线等。在美术教学中,常用的线条有直线和曲线,其中曲线可以为不规则曲线、波纹线、抛物线等,也可以为封闭式的曲线,如圆和椭圆等。

(三) 创造图形,制作表格

科学实验证实:直观形象帮助记忆、加深印象。特别是美术学科的知识大多为形象与潜在的抽象相结合。如对于刚接触美术这一学科的学生来说,美术欣赏与绘画知识技能都离不开形象思维。因此在美术课堂中,教师免不了要充分使用挂图、图片等。而在教学板书中则使用图形示意,化抽象为形象,以取得良好的教学效果。板书中常见的图形包括示意图、简笔画、板画、板贴、综合图等。板书图形应依据美术学科特点、教材特色、教学情景、学生实际、教师个性,要求做到直观、新颖、优美。所谓直观,是指板书造型具体可感、形式可视,富有趣味性;所谓新颖,是指板书造型新鲜别致、独特新奇,富有创造性;所谓优美,是指板书造型符合美学规律、审美原理,符合审美取向,富有强烈的艺术感。有的板书如表格式板书,还应借助于表格。一般说来,表格可分为竖表与横表两种,其共同要求是概括要精要明了、格式要整齐端正、对比要强烈鲜明,给人一目了然之感。

(四) 协调色彩

心理学研究表明,色彩能引起知觉,唤起味觉,兴奋大脑皮层,促进神经活动,和谐心理发展。因此,在板书设计中,也应考虑色彩搭配是否合理,尽

量做到恰当、蕴藉、和谐。恰当，是指板书色彩搭配合理，有强调作用，白色外施加其他颜色可以突出重点、难点、疑点、要点、特点。蕴藉，是指板书色彩含义深刻，富有象征意味，起表情达意的作用。和谐，是指板书色彩搭配协调，有审美价值。色彩使用以白色为主，和谐配以其他颜色。据研究表明，彩色可增强对人视觉的刺激，因而彩色粉笔在板书中能起到画龙点睛的作用，有利于突出重点，便于学生分清主次，加深印象。实践证明，在白色的基础上，巧妙、适当地配以红、绿、蓝、黄等不同颜色，可收到预想不到的艺术效果。

好的板书要同时满足语言文字规范、线条符号使用得当、充分使用图形表格等要件，也要注意色彩的搭配及协调，可以说好的板书是一种艺术。由于美术学科的特点，美术教师应充分掌握好板书技能，使学生在学习美术文化知识的同时，还能得到美的享受。

二、运用板书技能的原则

（一）计划性

在课前要根据教学目标精心设计板书内容，根据教室黑板的大小确定安排板书的格式，预先定好板书位置。要有一个通盘的考虑，要认真安排这一堂课要板书哪些内容、安排在哪个位置、先板书什么、后板书什么、大标题写在什么地方、小标题写在什么地方、哪些内容应该保留到讲课终了、哪些作为临时板书随写随擦，这些方面都应该精心设计。

（二）准确性

板书多是教学的重点，可说是"一字千金"，如果板书出现了错误，会带来不良的影响。因此，要求板书的内容要正确，不失科学性，出现在板书中的词语、图形、图表等必须准确、规范、科学。字要写规范，写标准简化字，不写错别字和繁体字。

譬如，把"构图"写成"构成"，把"鉴赏"写成"欣赏"，把"生宣纸"写成"熟宣纸"，把"羊毫"写成"狼毫"等等，都会造成概念的模糊不清，甚至完全混淆，这样会直接影响学生对美术教学内容的理解和掌握。

（三）系统性

教师在备课的时候，应按照教学内容的知识结构设计板书，紧扣教学目标，条理清晰。要体现各部分的关系，如从属关系、并列关系、因果关系或递进关系等。板书要体现学生的认知过程，讲究先后次序，哪些内容写在前面为后面的知识做铺垫,哪些内容写在后面都不能随意变化。

(四)艺术性

美术教师在写板书、画板画或板图时应注意醒目、清晰、美观、规范、准确、工整,讲究艺术性。一幅好的板书,看上去就像是一件艺术作品,会给学生留下深刻的印象,能给学生美的启迪和享受。艺术化的板书能引起学生注意、激起学生的兴趣。而艺术性强的板书又能体现教师设计思想中的创造性、多样性和趣味性。对于低年级学生可以图例为主,辅之以关键文字,而高年级可以条理化的文字为主,以图形资料为辅。

(五)条理性

板书设计要使各个知识点结构严谨,有主有次,一条红线贯穿始终。做到横成线,纵成片,横平竖直。切忌横写竖写,似蚂蚁出洞;东写西画,像满天繁星,影响学生的视觉。条理性还表现在编号准确、合理,常用的编号方式:"一、"、"(一)"、"1."、"(1)"、"①"。

(六)概括性

板书应言简意赅,具有高度的概括性,重点内容十分突出,一目了然,并且要字迹工整。要真正把所讲的核心内容反映出来,几个字词,或是一两句话,或是简单的一个图形、公式,板书的内容虽然少,但它却是教学内容的高度概括和总结,能反映出教学内容的重点、难点、关键点,使学生看过以后一目了然,很容易纳入到自己的认知结构中去。一行字要写平直,不可越写越歪。书写时不要将身体挡住学生的视线。

(七)同步性

教师教学时讲解与板书、讲解与板画同步进行,边讲边写边画,这样不仅能使整个课堂结构紧凑,而且能调动学生用多种器官参与教学过程,事半功倍。当然,有些教师喜欢上课前就把大部分的板书写好,这未必不可。成型的板书对学生来说也有帮助,能够让学生立刻了解这堂课需要学习的内容,讲到具体问题时再配以详细的板书或图解。教学方式应视教师个性、习惯和教学内容而定,不可千篇一律。

目前实物投影仪和电脑多媒体课件广泛运用,但基本要求仍与板书、板画的要求相一致。

第六节 板书技能评价单

日期_____ 任课教师_____

请您在听课时对以下各项目评价,在恰当等级打"√"。

序号	评价项目	等级				权重
		优	良	中	差	
1	板书设计与教学内容紧密联系,结构合理、恰当。					0.2
2	板书工整美观,简明扼要,条理清楚。					0.15
3	板书文字书写规范、整洁。					0.1
4	板书、板画有足够大小、直观,便于观看。					0.1
5	板书、板画与讲解内容恰当,书写速度适宜。					0.1
6	板书、板画富有表达力。					0.1
7	板书、板画时做到简、快、准,能激发学生兴趣和思考。					0.1
8	运用了强化信息的板书(如采用彩色粉笔)使重点关键醒目,强化记忆。					0.15

您还有什么意见或建议:

○ **思考与练习**

1.在课堂教学中,板书、板画最突出的作用是什么?

2.教师运用板书、板画技能的主要功能有哪些?

3.找一例板书、板画设计进行评价。

4.以板书、板画技能应用训练为主,编制一段教案,注意不同板书技能类型的恰当使用。小组评议,进行修改。

第十章 美术教学讲解技能

第一节 讲解技能概述

讲解技能教学,在行为方式上的特点是一种"以语言讲述为主"的教学;在教学功能上的特点是一种传授知识、启发思维、表达情感的教学。这两方面的特点结合在一起,对讲解技能作了较为明确的界定。

"以语言讲述为主"指的是教学活动方式主要是教师讲学生听,学生学习的方式是接受式学习。这里并不完全排除教师的提问,但与提问技能中的提问不同,这里的提问主要是引起学生思考,不是以学生的回答得出知识结论,而是由教师依据学生的回答,再通过讲述得出知识结论。

在课堂教学中教师总要讲话,所以在运用其他各项教学技能中都不可避免地穿插教师的讲述。如在美术课堂教学中,应运用讲解技能与问答、讨论、板书、练习等不同的教学技能相结合,才能有效地发挥讲解的作用。所以只以语言讲述的活动方式来界定讲解技能是不够的,还要以语言讲述的教学功能来界定讲解技能。讲解技能教学功能上的特点是一种传授知识、启发思维、表达情感的教学,而其他教学技能中的语言讲述的教学功能与此不同,例如,导入技能中的讲述是为了创设问题情境,结束技能中的讲述是为了帮助学生形成正确的认知结构。所以教学行为的活动方式的特点和教学功能的特点构成了技能的内涵。

值得指出的是微格教学中的讲解技能并不等于讲授式教学法。这是两个不同的概念。讲授式教学法是指在宏观完整课的教学中,主要以教师讲学生听的方式传授知识。目前在我国的中小学课堂教学中,教师一堂课讲到底的情况并不多见,而是既有讲解,又有演示、提问和学生发现的活动,所以在完整课的宏观教学活动中单纯强调讲授法是片面的。讲解技能也是以教师讲学生听的方式传授知识,但这是在微观教学活动中的教学技能,是作为基本技能来进行训练的，在完整课的教学中它将与其他教学技能综合应用，构成完整课教学的有机整体，所以讲解技能并不等同于讲授式教学法。

因此，微格教学中的讲解技能是指教师运用语言辅以各种教学媒体，引导学生理解教学内容并进行分析、综合、抽象、概括，进而达到向学生传授知识和方法、启发思维、表达思想感情的一类教学行为。

讲解的优势体现在应用于课堂教学的普遍性和高效率。在美术课堂教学中，讲解技能既可用于阐述美术知识、分析美术现象和结构、说明美术内容、解释美术特点，又可用于引导学生形象思维、剖析美术教学中的疑难问题、概括美术学习方法、总结美术学习规律等等，它是美术教学中使用最多的教学技能。

第二节　讲解技能的作用

讲解的目的是更好地完成各项教学任务，对突破教学难点、突出教学重点有着重要的意义；能节省时间，提高课堂效率；讲解生动形象，有利于提高学生的学习兴趣；有利于掌握知识结构，培养能力；有利于对学生进行包括文化教育和思想教育等多方面的综合性的教育。

一、有利于突破教学难点及突出教学重点

难点是学生学习感到困难的地方。在难点之处，教师有针对性的、精练的、生动的讲解，往往能使学生茅塞顿开。

重点和关键是课堂教学的精要之处，这些知识对于完成教学目标至关重要，要求学生清晰、牢固地掌握。然而学生往往搞不清楚哪里是重点，什么是关键。教师在讲解的过程中，不失时机地强调重点和关键，并在这些地方着意雕琢，能集中学生的注意力，给学生留下深刻印象。

二、有利于提高课堂效率

讲解的内容经过教师的系统整理，将知识去粗取精、提炼和升华。其中包含教师对教材的深刻理解，以及学生学习的成功经验和失败教训。听教师讲课，可以减少学生认知中的盲目性，使学生少走弯路，事半功倍。

三、有利于提高学生的学习兴趣

教师讲课不能照本宣科，而应用生动、形象、精练的语言，有趣的、典型的

例子去解释和叙述。语调抑扬顿挫、表情自然亲切的讲解会把学生带入学习的情境,使学生如见其人、其物、其景,可以把枯燥的情节讲得出神入化,使学生神往陶醉。

四、有利于培养学生的学习能力

教师讲课严密的逻辑,清晰的层次,准确的推理,透彻的分析和综合,会影响学生,使学生学会认识问题的思路和方法,有利于学生掌握知识结构。教师向学生介绍学习方法,有利于提高学生的学习能力。

五、有利于对学生进行思想教育

教师在讲解的过程中,自然而良好的情感流露,如深刻的爱与憎,激愤与惆怅,兴趣与豪情,都会潜移默化地感染学生,在"润物细无声"中产生良好的教育作用。然而,讲解的这些特点,都只有使用恰当时才能体现。如果使用不当,比如不注意调动学生的积极性和主动性,很少安排学生的活动,一味地灌输,就会产生"满堂灌"、"注入式"等问题,这是课堂教学中应当特别注意的。

讲解是一种教学行为方式,其特点在于对知识的剖析,在于组织知识内容和表达程序,在于说明或引导学生分析新旧知识之间的关系、建立新知识与原有知识间的联系以及分析新知识中各要素之间的关系,在于启发学生形成新的认知结构体系,帮助学生掌握实质和规律。

第三节 讲解技能的构成要素

讲解是一项综合技能,以使用语言为主,还包含和渗透着提问、演示、导入、总结、板书、强化、变化、组织学生的学习活动等多项技能,就其特点来说,无论何种类型的讲解,都具有以下几项基本构成要素。

一、建立讲解的结构框架

教师在上课的时候,不能无序地讲授知识,要将教材的知识结构按照学生的认知规律清晰地展现出来,给学生留下深刻的印象。教师讲解的结构框架,是教材的知识结构、学生的认知结构以及教学方法的组织结构三者有机的结合,其中教材的知识结构是核心。美国心理学家布鲁纳强调学科基本结构的掌握,他认为:"不论我们选教什么学科,务必使学生理解学科的基本原理。"

"懂得原理就可以使得学科更容易理解。"

怎样才能清晰地建立讲解的结构框架？一般是通过提出系列化的关键问题、清晰的板书、转承以及分析综合实现的。

(一)精心设计提出问题

设置悬念或者系列提问对形成讲解的结构框架有重要作用。也就是说，讲解是以提出问题、思考问题和解决问题为线索实现的。问题可以明确讲解的中心是什么，可以激发学生的认知矛盾冲突，引起学生的注意和兴趣。教师在每学习一个新的内容时都提出一个关键问题让学生思考，问题通过讲解等学习活动得到解决即实现教学目标，可以进一步激发学生的学习动力，然后进入下一个问题的学习，教师提出的一系列问题环环相扣，编织了讲解的结构框架。因此，讲解时提出的关键问题应该精心设计，做好充分的准备，并以此为线索展开教学。

案例 10-1　"学习服装搭配"教学片段

课前提问：

a.要不要注意自己的形象？为什么？

即使你一言不发，你的穿着打扮已告诉他人。服饰作为一种符号和象征，可以表明你的身份、个性、气质，也可反映你的追求、理想和情操。美国科学家兼政治家本杰明·富兰克林说："饮食也许可以随心所欲，穿衣却得考虑给他人的印象。"服装给人的第一印象是十分重要的。服装好比信号灯，可以吸引他人做进一步的交往，也可以警告他人使之退避三舍。认真装饰自己，以取得他人的好感，并非不光彩，这正是尊重他人、表达善意、传递友情的一种方式。

b.怎样才能使自己的形象变美？

漂亮的款式、流畅的线条、和谐的色彩、精致的做工、新奇的构想，以及衣料的质地和当今流行的趋势等，这些都是服饰美的要素，但重要的是适合你的个性、身份、年龄、气质，并且与季节相符，盲目追求所谓时尚，无视气候和周围条件的装束，只能是不伦不类，贻笑大方。并且美是内在与外在的结合，丰富的内心加上美丽的外表，才是真正的美。

c.如果你拿来一件衣服问我美不美，我会怎样回答？

同一人穿不同的服装，效果完全不同。所以衣服只有穿在人身上才能获得生命。衣服不像画一样，挂在墙上让人欣赏，也不像雕塑那样立在公共空间公开展示。衣服从一开始就与人联系在一起。因此服饰美是人的外在形体与内在素养的共同展示，无法与人分开。服装配穿应考虑 WHO（谁穿）、

WHERE(在哪穿)、TIME(什么时候)、WHAT(穿什么)。如：面料的选择要与款式相符,色彩要与你的皮肤、头发相配,发型要适合你的身材,保暖的程度与环境和气候相适应,剪裁缝制精到,穿着得体等等。①

服装配穿

WHO	+	WHERE	+	WHAT	+	TIME
年龄 体型 肤色 脸形 发型 服饰配件		旅行 公园 运动 购物 约会 音乐会 应聘 婚宴 舞厅 文艺演出[特殊]		服装种类： 便装：家庭装 　　　　旅行装 　　　　运动装 正式装：工作装 　　　　社交装 　　　　正式礼服 色彩：对比色、邻近色、同类色 服装的款式：A、X、V、H		白天 晚上 春季 夏季 秋季 冬季

（二）辅以板书进行讲解

清晰的、结构化的板书可以强化讲解的结构框架,板书具有简明、直观的作用,能将讲解的主要内容概括地写在黑板上,并且用连线表明它们之间的联系,用彩笔加强重点,表现事物之间的各种关系。教师在讲解的时候有板书直观相配合,更能突出和明确讲解的结构框架。就像上面的内容讲解中,在配合观看投影和录像片段的同时,老师结合图表板书详细地进行WHO(谁穿)、WHERE(在哪穿)、TIME(什么时候)、WHAT(穿什么)的具体内容的教学,这样的讲解教学效果更好。

（三）注意转承和衔接

清晰的讲解要求讲清各部分内容之间的联系,因此在内容转换之处一定要做好转承和衔接,这对明确讲解的结构框架很重要。

（四）分析和综合

紧密结合学生认知水平的分析和综合,对于明确讲解的结构框架也有重要作用。教师对知识的分析综合,是为了充实和完善学生原有的认知结构。学生的认知一般经过以下几个阶段：意向、感知、理解巩固、应用和创造。

在学生认知的感知阶段主要解决是什么,怎么样,在哪儿的问题；在理解

---

① 常锐伦主编：《美术教学参考用书》,人民美术出版社2005年版,第36～38页。

阶段主要是帮助学生分析概念的内涵与外延,综合概括出美术知识的特点和规律,并进一步认识其原因;在应用阶段,教师是在综合概括全部学习内容的基础上,帮助学生灵活地分析在变换的新情境下出现的问题,由此可见,讲解是一个不断的分析综合的过程。教师准确、清晰的分析,适时、精辟的综合概括,可以帮助学生梳理和提炼知识结构,突出讲解的结构框架。

案例 10-2 "中国古代人物画"教学片段

提问:同学们谁了解《韩熙载夜宴图》这幅画?(包括年代、作者)

讲授:《韩熙载夜宴图》(作者:五代·顾闳中)

A.介绍作者:五代时期南唐的杰出画家,他擅长人物画、故事画。

B.简述此画背景:南唐后主李煜想用韩熙载为相,但又对他不太信任,于是派画家顾闳中、周文矩夜至其家,窥看他与门生、宾客夜宴的情景。

C.欣赏分析

提问:《韩熙载夜宴图》可以分为哪几个场面?

此画分成五个独立画面:听乐、观舞、歇息、清吹、散宴。

(引导学生学会欣赏中国古代人物画的艺术表现手法——"以形写神,形神兼备"。)

a.第一段,听乐(映示画面)

提问:在这幅画面中,我们看这些人都在做什么?(师生互动)

作者紧抓一个"听"字,把握不同听众的情绪反应,不论转身注视着弹琵琶歌伎的宾客,还是半掩在屏风后面探头倾听的女子,都统一到听乐这个中心,在场的每个人都被迷人的音乐陶醉。(教师讲解)

b.第二段,观舞(映示画面)

提问:在这幅画面中,我们看这些人又都在做什么?(分6人一个小组进行讨论,每组派代表来讲述他们所讨论的结果)

画面局部放大韩熙载为助兴站起亲自击鼓,舞伎翩翩起舞,众人也站立,击掌,打板,合着节拍。(学生回答)

c.第三段,歇息(映示画面)(老师讲述此片段)

夜宴中休息的场面,此段情节轻松,使《夜宴图》有张有弛,富有节奏变化,是整个宴会情节上的间歇。

d.第四段,清吹(映示画面)(老师引导学生对此画面进行欣赏)

描写韩熙载欣赏乐伎演奏的场面,休息后的韩熙载更换了衣服,袒胸露腹,盘腿而坐,右手挥扇欣赏管乐,故作不拘小节、疏狂自放的姿态。

(教师引导学生说)学生讨论、分析人物心理,从而得出画的主题思想(师生互动)

e.第五段:散宴(映示画面)

提问:在这幅画面中,我们看这些人都在做什么?

这段收尾用一对男女隔着屏风对话的情节,自然过渡到最后一段送别。

教师对《韩熙载夜宴图》进行综合讲授、重点分析,把长卷分为五段,即听乐、观舞、歇息、清吹、散宴,并分别进行详细介绍,把重要人物都用图像软件进行局部处理,拉近,放大,比原画更清晰,使人有身临其境之感,把学生的思维不由自主地带进充满遐想的绘画艺术境界中。最后点出中国古代人物画的特点:以形写神,形神兼备。深入挖掘其主要的艺术特色,总结欣赏中国人物画的方法。

学生的理性经验在高中美术欣赏教学中还有赖于教师的讲解,从而把握作品的内涵。通过分析综合、层层理解作品内涵,无形中增强了学生对优秀艺术作品的理解和感受,激发学生的爱国主义情感,鼓励学生大胆想象。[1]

二、突出重点

美术课堂教学中,教师处理好重点和一般的关系,突出地解决好重点问题,是讲好课的关键。突出重点,是指教师在讲课时,不要眉毛胡子一起抓,不分轻重缓急,不分主次。要将学生的注意力放在重要和基本的信息上,而将不重要的信息保持在背景状态下。要让学生明白什么是重点,教师在讲解的过程中,集中时间和精力于解决重点问题,对这些内容尤其要让学生理解和掌握。教师讲解时突出重点可采用以下做法:

(1)强调重点问题的重要意义,以引起学生的重视。

(2)在时间分配、讲解的深度和广度、使用教学手段上,讲到重点问题都要比讲到一般问题多下些工夫,多用一些精力。

(3)在讲解重点问题时,尤其要引起学生的注意,激发学生的学习兴趣,让学生全神贯注地听取教师讲解,积极思考问题,参与教学活动。

(4)教师在讲解重点问题时,声音要响亮,语言简洁,语气加重,吐字清晰,生动并富于逻辑。

(5)对重点问题要及时强化,做必要的巩固和练习,变换情境,在不同的认

---

[1] 参见王卉:《中国古代人物画》,金川集团第一高中分部艺组网,http://www.ty121,net/jcfb/lwja/200510/427.html,2005-10-27。

知层次上多次出现,让学生牢固、灵活地掌握。

(6)一般问题要少讲、略讲或指导学生自学。要知道,舍不得化简就腾不出时间去突出重点。重点和一般是一对矛盾,解决得好,则既可以将重点突出,又可以照顾一般,使讲解的层次更加清晰。

例如,讲解国画的山水画技法时,可以总结出山水画技法的笔法为:勾、皴、点、染。这样的讲解,重点突出,层次清晰。

三、突破难点

教学的难点是指学生不易理解与掌握的知识和技能。教学内容有易有难,如果教师不能帮助学生解开思想上的疑团,不仅对这部分内容学生听不懂、学不会,还会给以后的学习带来困难。因此,教师在教学时,除了突出重点之外,还要想办法解决学生学习的难点。教师要根据难点的具体特点,针对学生的问题所在,采取相应的解决办法:

(1)对于抽象的难以理解的知识,讲解时可以多联系学生所熟悉的实际,用活的例子或用形象的比喻,在一定的形象基础上加以类推;或用板书、板图、板画、挂图、幻灯、录像等直观手段进行讲解,以增强学生的感性认识,为学生实现从具体到抽象,从感性到理性的转化创造条件。

(2)对于缺乏基础知识而难以理解的知识,如果这些基础知识前面已经学过,现在忘记了,则从复习旧知识入手,逐渐引导学生掌握新知识,以旧带新,温故而知新。如果这些基础知识是学生从未学过的,教师则要先讲这些基础知识,让学生以掌握的这些基础知识为阶梯,逐步认识更难的问题,从而攻克难点。

(3)对于错综复杂的难点,则可采用分散难点的办法,按照先易后难的逻辑顺序,将难点分散成若干个小问题,引导学生由简到繁、由易到难地逐步加深认识,最终理解复杂的问题。

四、语言表达

讲解是否成功在很大程度上依赖于语言的表达。教师的讲解主要是以语言为工具进行的。教师讲解时语言运用如何,关系着讲解的质量。由于美术教学中的许多内容是需要学生在课堂上动口、动手、动眼、动脑练习的,在实践中感受美术的美。如果美术教师语言缺乏逻辑性,条理不清,重复累赘以及无边际的自由发挥,势必造成课堂拖沓冗长,或不能达到教学目的,或无法完成教学内容,学生亦谈不上美的感受。在讲解中,教学语言逻辑性强的教师,一般不用担心课堂纪律问题,因为学生肯定已被他吸引而紧跟他的思路。要做

到教学语言简洁,就要言简意赅,言浅意浓,不可无目的地重复。简洁精炼的语言会使说话更具魅力。要做到语言流畅,就要充分做好课前准备,理出教材的逻辑性,使语言的表达有层次有目的。语言的简洁流畅常常能体现出说话人分析问题的快捷与深刻,给人一种生机勃勃的感觉,能增添美术教学的魅力。

美术教师在讲解美术知识时,使用的描述性语言应形象、生动,能让学生迅速地形成美术知识的真实表象,把他们的想象带入到美术之中,意境真实、优美。语言要有一定的感染力。美术中的很多知识,对于年龄较小的学生来说,理解起来比较困难。如果教师只是照本宣科,局限于为美术而美术的讲课,会使学生感觉枯燥乏味,逐渐削弱他们学习美术的兴趣。所以,教师在讲解时,要力求做到化烦琐为简约,化生僻为通俗,化抽象为具体,化模糊为生动,真正快速有效地帮助学生掌握。对于那些枯燥乏味,难以理解的知识,教师可以结合学生生活中的一些形象生动的例子来对他们进行启发、引导。

案例 10-3 "泥条头像"教学片段

在上泥条头像一课时,正当一切都沿着教师所设想的路线(学生感受到作品的魅力——提出问题:它们是用什么东西做的?——经探究发现制作的材料和方法)时,有一位学生突然提出一个出乎教师意料之外的问题:"他叫什么名字,是哪一个国家的?"

教师处理这一突发教学事件的方式是:

灵机一动,给头像起名为"阿里",指出他来自非洲——引导学生帮"阿里"找朋友,并顺势提出制作泥条头像的要求——教师和学生一起投入"帮阿里找朋友"(制作)的过程中——学生把自己的作品与"阿里"放在一起,教师与学生一起进行欣赏与评述。

由于教师指出"阿里"是来自非洲的娃娃,因此学生就创造了新疆的"古丽"等与"阿里"做朋友,在无形之中创设了文化的情境,既提高了学生参与美术创作活动的兴趣,也使他们在潜移默化中接受了友爱、助人的思想教育。语言的生动形象在美术教学中是一个重要手段,它既拓宽学生的视野,又启发他们的形象思维并提高学习自觉性。[①]

[①] 参见尹少淳主编:《走进课堂——美术新课程案例与评析》,高等教育出版社 2005 年版,第 4~5 页。

五、使用例证

例证是学生进行学习迁移的重要手段。例证能将事实或学生的经验与新知识、新概念联系起来。在美术课堂教学中,要让学生理解美术知识,光靠教师讲道理,单纯地进行推理是不行的。这样讲课空洞枯燥,学生听起来会感到乏味,对问题也不好理解。如何将理论与实际结合得更密切呢?讲课时使用例证是很好的办法。例证特别是典型的最好是学生熟悉的例子,这些例子可以帮助教师把枯燥的、难以理解的美术知识讲得生动,与学生所见所闻联系在一起。例证是理论联系实际的良好纽带。

例证常用于以下讲解类型:

一是当解释某一美术事物时,用具体的例子或图例和实物来辅助讲解。

案例 10-4 "新的实验"教学片段

欣赏:弗兰克·库科的沙绘作品《首尔国际卡通动画影展2003》

学生思考:如果早200年我们会不会看见这样的一件作品?为什么?

这件作品中用了哪些必不可少的工具?这些工具在传统的美术创作中使用过吗?

这件作品与以往我们观念中的美术作品有哪些不同?

教师讲解:这是一件新媒体艺术作品,它采用了新的载体形式。艺术作品的传统载体多是纸张、画布等物质实体,而该作品采用了光束这种新的载体形式,通过实物投影仪和光转换投影仪设备的表现力将RGB状态下光的艺术显示展现在观众面前,配上音乐后,形成独特的艺术作品形式。当然我们看到的不是"原作",而只是原作过程的数字化记录。

……

欣赏:安迪·沃霍尔的波普艺术《玛丽莲·梦露》

教师讲解:丝网印刷绘画实际上是绘画、摄影和印刷三种媒介的综合。沃霍尔的玛丽莲·梦露系列是用这种方法创作的。丝网印刷法的使用可以使同一幅作品被成百次地加以复制。同时,它也使沃霍尔可以随心所欲地选取现成的表现题材进行创作。不过,对于沃霍尔来说,这种方法的最为吸引人之处仍然在于其不带个人风格的机器复制特征,显示着作品中的形象是未经艺术家心理的任何作用而直接呈现在画面上的。

二是在讲述某一类美术知识时,重点剖析一个知识点,通过剖析这一知识点,认识一类美术知识的特征。举例时,所选用的例子应该是典型的,能代表一般的。因为举例的目的是从个别认识一般或证实一般。典型的事物易于类化,学生只有获得了类化的知识,认识上升到一般概念的时候,这类知识才是最容易迁移的。

案例 10-5 "对客观世界的主观表达——走进意象艺术"教学片段

师:在《新华词典》中:"意"为愿望、料想。"象"为形状、样子。意象艺术是对物象加以简略,对其富有表现的因素容纳作者的思想,形成概括的艺术形象。

媒体展示:《圣维克多山》油画和圣维克多山实景照片

让学生欣赏《圣维克多山》油画和圣维克多山实景照片,通过对比,引导学生自主找到《圣维克多山》油画和圣维克多山实景照片有什么不同的地方,从而找到什么叫意象艺术。(如经过艺术家创作出来的油画作品《圣维克多山》,画中的山、房子、树、天空都变成细小的块面形象。)

教师媒体展示:

为什么有的美术作品形式怪异?(媒体展示油画名作《内战的预感》,作者:达利)

学生讨论、回答(略)
老师引导、归纳:

美术作品不仅可以再现客观世界,而且可以表现艺术家的个人情感、观念和意识。

媒体展示:

请同学讨论:如何理解意象艺术?

[媒体展示油画作品《教皇英诺森十世》油画(作者:委拉斯凯兹)、《被牛肉片包围的肖像》(作者:培根)、《蒙娜丽莎》(作者:达·芬奇)与《马蒂斯夫人》(作者:马蒂斯)]

学生回答:(略)

老师引导、归纳:

A."意象"是艺术家的"意中之像"。

B.意象艺术更倾向于心理的真实。

C.意象艺术形象更集中、典型。
D.意象艺术超越了时空的限制。

例证有正反之说,在举了正面的例子以后,有时再使用一个相反的例子,可以从对比中说明问题。

另外,举例还应该通俗、形象、直观,这样的例子不仅易于理解,也有利于引起学生的学习兴趣。还有一点需要注意的是,由于美术知识的复杂性,有时一个例子并不能完全说明问题,可举几个例子,表现各自的差异,切不可以偏概全。

六、反馈与调整

教学的本质是通过师生的相互作用使学生得到发展。美术教师在讲解时,如果只注意自己讲,不注意学生学得如何,听得如何,是不会有好的教学效果的。教学是师生的双边活动,信息流不仅指向学生,学生的一部分反馈信息还要反向传递到教师那里,教师根据学生接受信息的状况随时调节自己的教学行为,变换教学方式,才能有的放矢,引导和指导学生顺利地获得知识,发展智能。

讲解时,来自学生的反馈信息主要有以下几种情况:

(1)学生听课时表情是喜悦、兴奋、认同,还是呆板、不解、惆怅或是昏昏欲睡。

(2)学生的动作如打开书、举手等是迅速还是迟缓。

(3)学生的目光是集中还是分散。

(4)学生做练习、回答问题是否顺利正确。

(5)学生愿不愿意听讲,有无小声说话或做其他事情的情况。

教师采取的调节措施主要有以下几点:

(1)当大多数学生喜欢听课,对讲解充满兴趣时,此时教学状态最佳。应按原计划讲课,注意讲课的系统性,语言精练生动,一气呵成。争取让学生这种高昂的学习状态一直保持下去,直至讲解结束。

(2)当一部分学生感到疲劳,精神开始分散时,表明学生听讲时间过长或教师讲话音量过小,或知识已经学会,没有新意。这时学生对教师讲课的兴趣已经减弱,此时,应尽快结束讲解,转入知识的应用阶段,安排学生做练习或提问,根据学生的回答再进一步深入讲解。如果是音量问题,则可以调整音量。

(3)当学生注意听讲,但感觉听得吃力时,可能是讲解缺乏旧知识铺垫或缺乏实例,也可能是音量过小,语调平淡。

(4)教师讲解时有可能出现口误,学生发现教师讲课中的错误,或根本听不懂的时候,可提醒教师纠正。教师应鼓励学生提出不同的意见和看法,形成民主的教学氛围,及时发现并纠正每个错误,迅速疏通师生间的信息通道,避免出现大的失误。

(5)讲解中安排提问,教师可以从学生的回答中获得反馈信息,根据学生掌握知识的程度,把握并调节教师的语言、动作,教学的进度、深度或变换教学的方式。

总之,讲解不是教师单独的行为,讲解以学生为对象,是师生共同的活动。教师讲解的优劣,是以学生能否听得懂、记得牢、有兴趣为标准的。教学反馈可以沟通师生之间的联系,使师生之间形成畅通的信息循环。教学反馈的主动权在教师那里,教师在讲解时,要善于捕捉来自学生的反馈信息,迅速做出判断,并采取相应的措施调整自己的行为,教学就是在这样的师生互动中进行的。

七、情感控制

讲解不仅是美术教师与学生之间知识的交流,在学习美术知识的过程中,还渗透着教师的思想情感。讲解的情感控制是指教师在讲解美术知识时,要善于把握自己的情绪,按照美术知识本身蕴涵的思想内涵,恰如其分地表现其思想内容。教师讲解的情感控制还表现在教师责任心上,教师应全身心地投入到讲解之中,以教会学生为己任,心中想着学生,以关心、爱护学生的态度投身于教学,讲解就会有亲切、自然之感。

第四节 讲解技能的类型

教师的讲解方法和类型是多种多样的,各门学科的讲解有其共性,也有不同之处。每种讲解方法都具有它自己的特性,都具有不同的思维方式、语言的组织和内在的逻辑特点。根据讲解的目的、任务和内容需要的不同,美术课堂教学中的讲解方法和主要类型可分为以下几种。

一、描述、叙述性讲解

描述、叙述性讲解是以直述的方式描述或叙述人、事物和动作技术过程。

作用是建立表象，发展形象思维，表达教学内容的思想情感和动作技术过程。在美术教学中应用描述、叙述性的讲解方式是多方面的。

案例 10-6 "文化瑰宝艺苑奇葩——书法概述"课堂教学片段

在"文化瑰宝艺苑奇葩——书法概述"课堂教学中对"书法"、"法书"、"书法艺术"这几个概念的描述、叙述和讲解：

教师简述"书法"一词从古至今的演变。书法包括笔法（指点画）、字法（指结构）、章法（指布局安排），狭义的"书法"指那些书写水平高的、有观赏价值的书迹。

"法书"又是什么呢？是经历代筛选流传下来的名碑、名帖和著名书法家的名迹。

"书法艺术"则是在现代产生、当代流行的概念，那我们能不能把古今汉字书迹都称为"书法艺术"呢？（要看其书写的目的，"书法艺术"强调书法的艺术性质和审美价值。）

中国汉字对邻国日本、韩国等影响甚大。在历史上，这些国家和地区或书写使用汉字，或借鉴、改造汉字以作为本国文字，因此也流行"书法"，只是在日本多称为"书道"，在韩国则多称为"书艺"。

对美术技能教学过程的描述和叙述方式也具有一定的独特性。美术教学方法是多种多样的，多种美术教学方法服务于不同的教学目的和教学任务。教师要善于结合美术教学的特点与学生的年龄特征以及实际水平来选用灵活多样的方法进行教学。其中的美术媒材与工具讲解示范法便是美术教学新授课中常用的基本教法之一，是教师结合美术的内容讲解、简介美术媒材与工具的特点和基本操作方法。主要通过教师本人规范而科学地示范操作，进行详细的语言讲解，从而获得较理想的教学效果。这种教法既能形象示范，又能面授讲解；既能分析和归纳出美术媒材和工具的使用要领，又能及时纠正学生的错误；既方便、灵巧、有趣，又能立竿见影获得美术教学实效。

二、说明、解释性讲解

说明、解释性讲解是对美术教学任务、教学目的、教学内容以及背景知识、美术术语、美术知识内容以及美术情感表现等方面给予必要的解释、说明、补充和强调。但这种说明、解释应侧重在要讲的内容和方法上，而不是去追求某种表达式的讲述。通过此种讲解使学生对所学的概念、知识、技能技巧和方法

获得较透彻的理解,能够抓住事物的本质和特点,提高学习的自觉性,减少学习的盲目性。

(一)美术背景知识的说明与解释性讲解

案例 10-7 "清明上河图"课堂教学片段 1

在欣赏卷轴画《清明上河图》的课堂教学中,教师先作如下的美术社会历史背景知识的说明和解释性讲解:

公元 10 世纪后期,赵匡胤统一中国,建立了北宋皇朝,结束了五代十国的分裂局面。政治上实行了中央集权,经济上发展了农业、手工业和商业贸易。农业上注重了精耕细作、使用良种;陶瓷、纺织等手工业产品闻名于世,畅销国外;火药、指南针、活字印刷术三大发明等科学技术使对外贸易和城市经济空前繁荣,城市集镇不断出现,并产生了世界上最早的纸币,有了专营经商的"商店"、"剧场"、"娱乐场"等。当时的京城汴梁(今开封市)则更显繁华。但北宋后期各代皇帝为求苟安(亦称偏安),向辽国接受屈辱的澶渊之盟,给西夏纳"岁币",向金割地、纳银、贡绢。宋徽宗时期则更甚,虽联金灭了辽国,但次年金兵大肆攻宋,徽宗为求苟安,主张议和投降,罢免了主战派将领。终在1127年,徽宗成了金兵的俘虏,北宋王朝灭亡。张择端生活在北宋末期。皇帝宋徽宗赵佶虽昏庸腐朽,却是一个出色的画家。其在位期间是宋代画院的极盛时期,招录了不少有才华的画师入画院供职。宋徽宗很注重写生,他诏令翰林画院的画师都要写生。张择端根据京城汴梁繁华的集市贸易与街景(一是说清明时节,但清明时节的景象描写不多,另一说法是从清明坊到虹桥——汴河上河的街景。后者则更有说服力。人物中有赤膊的、戴斗笠的、轿上插树枝遮阴的、摊位上的遮阳伞、遮阴篷等可以作证)写生而创作了蜚声世界的《清明上河图》。

(二)美术术语、美术知识内容以及情感表现等的说明与解释性讲解

案例 10-8 "清明上河图"课堂教学片段 2

在欣赏卷轴画《清明上河图》的课堂教学中,教师帮助学生初步认识《清明上河图》的画面布局、内容结构、艺术手法、艺术成就,作如下的说明与解释性讲解:

《清明上河图》全长 528.7 厘米,宽 24.8 厘米,绢本白描淡色长卷风俗画,现藏北京故宫博物院。

第十章 美术教学讲解技能

全画气势磅礴,规模宏大,场面复杂,结构严谨,为全景式构图。总体上看,可分为田野、汴河、街市三个地方。画面连绵不断,高潮迭起。图中街市繁华,屋宇栉比,货摊沿街,人物众多,人喧马嚣,车轿穿梭。这番形形色色、熙熙攘攘、百货俱陈、百态俱备的情景,呈现了北宋末期工商业发达的社会面貌。从商业、交通、漕运、建筑等几个具有典型意义的角度,集中概括地再现了12世纪我国都市生活状况,反映了一个历史时期的政治、经济、文化及民俗,构成了一件内容丰富的完整的艺术品,成为研究北宋社会的综合性形象史料。

画卷画了众多不同阶层的人物(教材上虹桥部分就有130余人),不同种类和形态的牲畜五六十匹,不同类型的车轿二十余辆(顶),房屋三十余幢,大小船只三十余艘。无论状物写人,还是写动描静,对每个细节都求一丝不苟于浩大工程之中。画家具有非凡的观察力、记忆力和写生功底。用默写的手法,把游汴河两岸街景时遇到的典型事件描绘出来。如全画的中心——虹桥部分,表现出桥上喧哗、桥下沸腾的热闹场面。桥头货摊相连,左侧桥栏边的人物在观河赏景,桥右侧的人物扶栏观船逆流过桥。桥中达官贵人的轿马相遇,双方的豪奴都在呼喝让道,可见骑者勒马,轿夫阻步,表现出统治阶级的骄横,并使桥上出现拥挤阻塞现象。桥下水流湍急。一条大船船头已过桥面,船身尚在桥下,船橹末端尚露出在桥右侧一方。另一货船正要过桥,船身已横,船头已被激流冲下。船夫们手忙脚乱,有的奋力撑船,有的挥手呼号,不进则退。这种人声鼎沸、激浪奔腾的热闹场面,在画家笔下表现得淋漓尽致。

作为全景式构图的古代现实主义艺术大作,从远郊河野,一直至城郭街市,不但能鸟瞰繁华的街市,还可极目郊野;楼宇舟桥树木横列于近处,河道原野延伸至天边。景物的大、小、远、近、疏、密、动、静、简、繁,通过画家传神之笔,都得到准确、缜密、生动、妥帖的表现,使画卷具有长而不冗、繁而不乱、紧凑严密、起伏有致的鲜明的艺术节奏感,充满"方寸之内,体百里之迥"的宏伟气概,表现了画家在运思立意过程中,概括生活和选取题材方面的高度艺术才华,以及在布局上不受固定视点的限制,充分运用"散点透视"的娴熟技巧。

(三)分析、概括性讲解和对比性讲解

分析、概括性讲解应包括分析、归纳、综合和概括几个方面。分析是指把事物分解成不同的部分,或者分出事物的不同特征及不同的联系或关系。

人们对事物的分析具有不同水平和层次。分析可以对个别事物进行,也可以对一类事物进行,这是一种高级分析形式。分析是实现迁移所不可缺少的认知成分。综合就是将分析得出的个别事物的组成要素联合为一个整体,从而形成对该事物的整体认识。综合与分析是对应的。在对个别事物的认识过程中,既有分析也有综合,综合是在对相互联系的各组成要素的分析基础上实现的。

对比性讲解是把相应的两个方面或几个方面加以对比,指出正误、优劣、差异等区别。如美术教学中,时常有古代美术与现代美术、画家前期创作与后期创作、美术创作材质的美感等的对比。进行对比讲解,反衬性大,形象更具体,感觉更明显,印象深刻,有较好的启发性。

例如,在下面这个课例中,这一讲解技能运用得较为突出:

○ 案例 10-9　高一美术"中国书法艺术"

课业类型:欣赏课

课时:1 节

教学方法:讲授、讨论法

教材分析:中国书法是一门以文字为素材的抽象的线条艺术,有着悠久的发展历史,历代书法大家、名作迭出。课本以书法的发展历程为线,以历代书法名作为面,综合叙述了文字各种字体的发展,向学生讲授时以文字、书法发展和书作的年代发展分别向学生讲述甲骨文、金文、篆书、隶书、草书、楷书和行书等字体。书法发展历经甲骨文、金文、秦篆、汉隶(章草)、魏碑、唐楷,至唐朝中国书法的各种字体、书体均已出现。另外,课本还对书法的表现形式有所阐释。为了提高学生对书法的认识水平,特意让学生做一简单练习。

教学目的:使学生了解书法的发展史概况和特点及书法的总体情况,通过分析代表作品,获得如何欣赏书法作品的知识,并能作简单的书法练习。

教学重点:了解中国书法的基础知识。

教学难点:如何感受、认识书法作品中的线条美、结构美、气韵美。

教具准备:有关的文字各种字体作品、名家书法幻灯、书法练习的各种用具。

学生用具:毛笔、毛边纸、墨、报纸

教学过程:

一、导入新课

前面的第8课我们曾经对中国画题款艺术作了介绍,了解到书法在画面构图中有着举足轻重的作用。那么这节课我们将对中国书法艺术做初步的了解和认识。

二、新授

书法作为中国特有的一门线条艺术,在书写中与笔、墨、纸、砚相得益彰,是中国人民勤劳智慧的结晶,是举世公认的艺术奇葩。早在3 000年以前的甲骨文就初露端倪,书法从文字产生到形成文字的书写体系,几经变革创造了多种体式的书写艺术。(提问学生:哪一件书法作品给自己留下的印象最深?)

1.书法文字发展简史

(1)古文字系统

甲骨文——钟鼎文——小篆(打出古文字各体幻灯)

早在3 000年以前我们中华民族的祖先就在龟甲、兽骨上刻出了许多用于记载占卜、天文历法、医术的原始文字"甲骨文";到了夏商周时期,由于生产力的发展,人们掌握了金属的冶炼技术,便在金属器皿上铸上当时的一些天文、历法等情况,这就是"钟鼎文"(又名金文);秦统一全国以后为了方便政治、经济、文化的交流,便将各国纷杂的文字统一为"秦篆",为了有别于以前的大篆又称小篆。(请学生讨论这几种字体的特点。)古文字是一种以象形为主的字体。

(2)今文字系统

隶书——草书——行书——楷书(打出今文字各体幻灯)

到了秦末、汉初这一时期,各地交流日见繁多,而小篆书写较慢,不能满足需要,隶书便在这种情况下产生了,隶书另一层意思是平民使用,同时还出现了一种草写的章草(独草),这时笔墨纸都已出现,对书法的独立创作起到了积极的推动作用,汉末时的曹操就非常欣赏当时书法家梁鹄的作品,章草兴于汉章帝年间,故名。以上所讲的几种字体均属于今文字系统,是一个以象形为主的初级的书法阶段。狂草(连绵草)在魏晋时期出现,唐朝的张旭、怀素将它推向顶峰;行书出现于晋,是一种介于楷、草之间的字体;楷书也是魏晋出现,唐朝达到顶峰,著名的书法家有欧阳询、颜真卿、柳公权。这几种是今文字系统的典范。(请学生自己谈一下对今文字是怎样理解的。)教师进行归纳:它们的共同特点是已经摆脱了象形走向抽象化。

2.主要书体的形式特征

(1)古文字

甲骨文,由于它处于文明的萌芽时期,故字形错落有致,纯朴可爱,目前发现的总共有3 000多字,可认识的约1 800字。金文,处在文明的发展初期,线条朴实,质感饱满而丰腴,因它多附在金属器皿上,所以保存完整。石鼓文是战国时期秦的文字,记载的是君王外出狩猎和祈祷丰年。秦篆是一种严谨刻板的纯实用性的字体,艺术价值很小。

(2)今文字(在讲授之前请学生说一下自己对古文字形式特征的认识,自己都见过哪些今文字。)

隶书是在秦篆严谨的压抑下出现的一种潇洒开放型的新字体,课本图例《张迁碑》结构方正,四周平稳,刚劲沉着,是汉碑方笔的典范。章草是在隶书基础上更艺术化、实用化的字体,索靖《急就章》便是这种字体的代表作,字字独立,高古凝重。楷书由两大部分构成:魏碑、唐楷。魏碑是北魏时期优秀书法作品的统称。《郑文公碑》和《始平公造像》是这一时期的代表,前者气势纵横,雄浑深厚,劲健绝逸,是圆笔的典型;后者气象恢弘,郁勃纵横,体格凝重,雄浑遒密,是方笔的典型。唐楷(因唐朝楷书成就最高,故名)中的《醴泉铭》法度森严,遒劲雄强,浑穆高简,清雅秀丽,《颜氏家庙》骨力遒劲、庄严端悫,静穆古拙、浑厚刚健,《神策军碑》精练苍劲、风神整峻,法度谨严,以上三种书体分别代表了唐楷三个时期的不同特点。《兰亭序》和《洛神赋》作者分别是晋代王羲之、王献之父子,这两幅作品是中国书法史上的两座高峰,前者气骨雄峻、风神跌宕、秀逸萧散,后者在技法上达到了由拙到巧、笔墨洗练、丝丝入扣的微妙境界。课本还选取了"草圣"张旭的狂草作品《古诗四首》,宋代大书法家米芾的行草作品《虹县诗卷》,他们都是不拘泥于传统的章法和技能,勇于创新的大书法家,对后世学书法者产生了深远的影响;明代文徵明的书法文雅自如,现代书家沈尹默在继承传统书法方面起到了不可磨灭的作用。

3.欣赏要点

先找几位同学说一下自己评价书法作品的标准或原则是什么(或如何来欣赏一幅书法作品)。学生谈完后,对他们的观点进行归纳总结。然后再谈一下自己的观点:书法艺术的欣赏活动,有着不同于其他艺术门类的特征,欣赏书法作品不可能获得相对直接的印象、辨识与教益,也不可能单纯为了使学生辨识书写的内容,去探讨言词语汇上的优劣。进而得出:书法主要是通过对抽象的点画线条、结构形态和章法布局等有"情趣意味"的形式,从客观物象各种美的体态等独有的特性中,使人们在欣赏时得到精神上健康闲适的愉悦和人们意念境界里的美妙享受(结合讲授出示古代书法名作

的图片，并与一般的书法作品进行比较，让学生在比较中得出什么是格调高雅，什么是粗庸平常）。书法可以说是无声的音乐、抽象的绘画、线条流动的诗歌。

4.简单的点画练习

为了使学生充分了解、认识书法名家名作的书法功底和技巧，请学生进行局部临摹练习(3字以上)。

作业要求：从线的力度、字的结体、墨的浓淡干湿、字间的位置关系等方面进行综合的临摹。练习以前请学生谈一下自己对作业要求的理解，然后教师进行当场示范演习并侧重于前两项的要求，学生明白作业要求以后再进行作业练习。

从学生中选取优秀的书法作品进行点评，点评以优点为主，适当地指出影响学生作品进一步发展的不利因素（如用笔方法、用笔习惯等）。

三、小结

根据板书简述本课内容，着重分析学生在书体形式特点和审美欣赏方面表现出的得失。①

第五节　讲解技能的应用

讲解技能掌握之后，随之而来的就是教师如何根据教学目标、任务和教材内容的特点，针对学生实际，如何合理、灵活地运用讲解技能，真正实现讲解的价值意义和作用。成功的教学，不仅由教师输出知识和信息量的多少来判断，而更重要的是由学生有效输入的多少来判断。

总之，教师讲解时，态度要亲切、自然；讲解的词语要准确、简练和形象；讲解的内容要精选和严谨；讲解的方式要合理、灵活和多样化；讲解的时机要恰当、适宜，只有这样才能收到较理想的效果。下面从几个方面谈谈讲解技能在运用过程中要注意的问题。

一、充分准备

课前教师的充分准备、认真备课，是讲解技能实现的基础。单元教学计划

---

① 佚名：《中国书法艺术》，福建高中新课程网，http://www.gzkg.cn/search.asp，2007-03-30。

和教案的教学目标、任务要订得具体明确。课前要吃透教材,讲解内容要精选提炼,讲解的结构和层次要设计好。明确讲解的顺序,教学内容的重点和难点,力争做到循序渐进,承前启后,相互渗透。配合内容选择适宜的讲解方式,确定关键的词语和术语,减少讲课语言的随意性。

二、了解学生

讲解的有效性,首先要看教师对学生状态的了解,如对学生的年龄、性别、年级、知识水平、运动能力、兴趣爱好、纪律状况有所了解,讲解才会有的放矢,针对性强。把讲和听、讲和练、看和想密切结合起来。在互动教学的过程中,提高讲解的实效性。

三、组织有序

美术课的教学结构一般由开始部分、准备活动部分、基本部分和结束部分几个教学阶段组成。全课的讲解过程要密切结合这几个教学阶段,组织好讲解的结构、内容、层次、条理和语言的逻辑性。因此,在不同教学阶段的讲解中,教师必须钻研在一两分钟内用什么方式、怎么精讲,语言讲解时,重点内容的选择是什么。要随时考虑讲解技能的方法、效果,特别是学生接受的快慢、好坏的效果。

教师讲解的时机要适宜,在美术技能课教学中,是先示范后讲解,还是边示范边讲解,抑或是先讲解后示范,要体现美术教学的特点和美术学科的认识方法,体现讲解的及时性和有效性。这样可以加深知识的理解,加速技能技巧的掌握,提高美术水平。

四、讲解精练及与其他教学技能相结合

讲解不要枯燥、啰唆和烦琐,造成学生的逆反心理,影响学习的积极性。讲解的语言必须简洁,信息传递清晰、速度快。精练的讲解可以使讲解的内容重点突出,层次分明,思路清晰,提高学习兴趣。

讲解要与教学语言、演示、导入、提问、反馈、板书等教学技能相结合。在教学过程中,注意采用启发式教学,配合讲解与提问相结合的方法。在讨论和分析讲解的过程中,这些问题可集中学生的注意力,激发学生积极思维,开动脑筋,活跃课堂气氛,提高学生的参与意识,这是讲解技能运用上非常重要的方面。利用多媒体图片、录像和幻灯的演示,来弥补讲解的不足,提高讲解技

能的直观性、形象性和生动性。

教师还可用身体的姿态语、眼神、面部表情、头部动作（摆头、点头）和手势的变化以助说话，提高讲解的感染力。

五、注意反馈和控制

在师生互动活动的教学中，教师在课堂上讲解的同时，要随时注意学生的反应，观察学生对讲解内容的理解和练习时掌握动作的情况。优秀的教师要有敏锐的眼光，丰富的经验，随时从学生的神态、表情和动作中，发现学生是否注意、是否明白、是否理解、是否有疑问。根据存在的种种现象、问题和反馈的信息，及时调节讲解的内容，控制讲解速度，改变讲解的方式，以便及时改正，从而达到理想的教学效果。

第六节　讲解技能评价单

微格教学是通过对受训教师教学技能的专门训练，使其技能达到特定目标的教学过程。为了检验所确定的训练目标是否达到或达到了何种程度，就要采用评价手段对微格教学课进行观察、记录、鉴别、评定，从而取得微格教学评价的导向、激励、改进、鉴定、研究作用，以达到改善教学技能，提高教学艺术水平的目的。所以，讲解技能的评价就成为微格教学过程中不可缺少的重要组成部分。

微格教学技能的评价包括指导教师的评价、自我评价和他人评价。讲解技能评价单包括评价项目内容、评价等级和权重，它是对受训教师在教学过程中的教学行为准确、客观记录和评价的依据，以便从中发现问题，找出原因，进一步修改教案，再一次操作训练，以达到逐步提高完善讲解技能的目的。

日期_____ 任课教师_____

请您在听课时对以下各项目评价,在恰当等级打"√"。

序号	评价项目	等级				权重
		优	良	中	差	
1	普通话讲得准确。					0.1
2	吐字清楚,速度、节奏适当。					0.1
3	语调有起伏,富于变化。					0.05
4	用语规范、准确。					0.15
5	语言目的明确,主次分明,表达简明,重复恰当。					0.15
6	语言流畅、连贯、有条理。					0.1
7	语言生动、形象,有激励作用。					0.07
8	语汇科学、多样、无语病。					0.1
9	语言有启发性和应变性。					0.1
10	使用体态语、眼神、手势、微笑等恰当,能起强化作用。					0.08

您还有什么意见或建议:

思考与练习

1.针对"画布上的抽象"这一课堂内容,你将如何讲解?

2.讲解某一画面的内容与讲解该画面的绘制方法在讲解教学技能的要求上有什么异同?两者的联系是什么?

3.讲解教学技能是由哪些要素构成的?

4.以讲解技能应用训练为主,编制一段教案,注意不同讲解技能类型的恰当使用,进行教学录像并作评价。

第十一章 美术教学演示技能

第一节 演示技能概述

美术课上经常进行演示活动,这是因为美术课程目标维度和层次很多。近从造型与其他相关操作能力,远到审美创造、鉴赏、批评及相关心智能力,乃至美术学科属性而引起的人格不断完美,美术课程内容十分丰富、范围十分广博。根据美术技术内容可分为:(1)为"画"而设计的内容(平面造型与用色训练);(2)为"做"而设计的内容(立体造型与用色训练)。根据美术理论内容可分为:(1)为"观"而设计的内容(眼力与鉴评能力训练);(2)为"读"而设计的内容(美术史与美术文化知识训练)。实践表明,美术课堂教学一旦离开演示活动,就给学生的学习带来一定的困难。学生无法看到造型艺术的实际操作过程和美术文化现象。因此,演示就成为突出美术特征,解决美术环境的广阔性与教学空间局限性之间矛盾的重要教学方式。

演示技能是指教师根据教学内容特点和学生学习的需要,恰当地选择和使用直观教具、直观教学方式,在教学中运用操作、示范等教学手段,充分调动学生的视觉和听觉,形成表象及联想,指导学生进行观察、思维和操作的教学行为。

第二节 演示技能的作用

一、增强感性认识,形成正确的表象

学生对美术的理解是建立在感性认识基础上的。我国古代教育家、思想家荀子说过:"不闻不若闻之,闻之不若见之。……闻之而不见,虽博必谬。"捷

克教育家夸美纽斯认为:"真正知觉事物的本身是智慧的开端。"没有直观作基础的美术学习是空洞的,谈不上理解,甚至会出现错误。

○ 案例 11-1 "篆刻入门"教学片段

上课开始,教师便展示 3 方印石(其中一方已刻好)、一把刻刀和一盒印泥,尤其是 3 方带有龙、凤、虎形钮的印石引起了学生的极大兴趣。"哇!真好看!"学生带着羡慕的眼光,不由自主地发出感叹。"同学们,你们知道这是什么石头吗?"教师将 3 方印石在视频台上逐个展示。

"老师,是不是玉石呢?"

"不是!一般玉石太硬,不能用来作篆刻之用。这里一方是寿山石,两方是青田石,寿山石是福建寿山县出产,而青田石则是浙江青田县所产。这两种石头自古以来,均作篆刻专用之石,因为它们不硬、不碎、不粉,正好便于刻出篆书文字来。"

接下来,教师便很自信地说:"你们想不想看老师当场刻一方印呢?"

"想!想!想!"学生齐声响亮地回答。

"好!那我就当场给大家露一手吧!"这时,教师便先拿一方底边为 3 厘米的青田石,同时再出示一张 180 号的砂纸,就在视频台上,垫在一块玻璃上,开始磨印石,并解释说道:"你们别小看磨印石的表面,要想磨平还真不容易,大家注意看,磨印石要稍微用力,速度要均匀,重要的是注意一个方向磨了 4 个来回后,即刻要转换 90 度的方向,只有这样,才能磨平印石,否则印面不平,就不好盖印,印的效果也就会很差。"

紧接着教师便开始先将磨好的印石在一张白纸上拓一个与印面一样大小的正方形印痕,再用毛笔在印有正方形的范围内画印稿,趁墨迹未干,立即复印到印面上,在拿起刻刀准备刻时边讲解说:"大家注意执刀的方法,中指稍微靠近刀口约 1 厘米,走刀时速度不能太快,刀柄与印面的角度要基本保持不变,左手执刀时,注意食指和拇指不能高于印面,否则会很容易受到刻刀的伤害。篆刻的刀法一般有两种,即冲刀和切刀,今天我们主要是学习冲刀的方法。"接下来,只听见刻印时崩碎印石的声响,学生屏住呼吸,全神贯注地望着视频台,不时地能听见学生小声地议论:"哎呀!有味!过瘾,过瘾!"

约 6~7 分钟,一方印便刻完了,这时教师便说:"同学们,想不想马上看看效果呢?""想!"只见教师先拿出一个小棕刷,在印面上刷掉石屑,然后拿出一瓷盒装的印泥,说:"同学们,印章刻得好,还要盖得好,否则效果不理想。使用印泥也有优劣之别,好印泥盖出的印,厚重而有精神,印痕鲜明,选取一般的印油则有天壤之别!现在就看老师怎么盖印了。"只见教师很慎重地拿着印石在印泥上反复打印三四次。盖好后在视频台上展示鲜红的印稿,只听学生"哇!哇!哇!"的连声赞叹。教师紧接着说:"你们是不是也想试试呢?"此刻同学们已是迫不及待了。

教师出示课件,屏幕上展示已准备的常见姓氏篆书,并提出要求说:"请你按照屏幕上提供的篆字,今天每人只刻一个字,刻完后到讲台上来盖出印拓,看谁刻得有趣、工整、美观。"语音刚落,同学们即刻兴奋地做起来。顷刻间只听见磨石的"嚓嚓"声,之后就是一片刻石的"吱吱"声。快下课时,同学们都争相观看各自刻好的印稿,只听见"哦!我成功了!""哎呀!你刻得真好!""看看,我刻得怎样呢?"不知不觉下课了,同学们仍然沉浸在一片成功的欢愉之中……①

二、培养学生的美术操作技能

美术技能是中学美术课程标准要求学生掌握的基本技能之一。在学生学习美术操作技能的过程中,教师的示范操作以及在课堂教学中进行演示时的规范操作都是学生进行动作模仿的原型。在学生的美术操作技能形成的各个阶段,尤其是初始阶段,需要教师提供正确的示范。通过教师的良好示范演示,学生可以学到正确的美术操作技术和方法。学生可以从教师的演示中,学会从哪些方面进行观察思考,并掌握观察的程序、要领和方法。成功的演示已不单纯为便于学生机械模仿,更是引导学生发展审美理解力和审美情趣的有效手段。

三、培养学生的观察力、想象力和审美感受力

美术教学的重要任务是培养学生的观察力、想象力和审美能力,即培养学生运用形象思维和抽象思维,敏捷、全面、正确、深入地发现各种美术特征、规律和现象及其联系的能力。好的演示能够帮助学生准确感受艺术形象,直接感染、教育学生,帮助学生对美术作品的形式、内容、风格、思想情感、观念等方面留下初步印象。

---

① 陈卫和:《高中新课程教与学——美术》,北京大学出版社2007年版,第97页。

○ 案例11-2 "色彩的冷暖"教学片段

屏幕展示冷暖不同色调的作品,让学生去亲自感觉。

1.放映冷色调画面《雪山》,问:这幅画面给你什么感觉?(学生观察后回答)——给人以冷的感觉。

2.放映暖色调的画面《日出》,问:这幅画面又给你什么感觉?——给人以温暖的感觉。

3.屏幕同时显示这两幅画面,让学生再次去体会感觉。

启发提问:这两幅画面为什么会给人以不同的感觉?看哪位同学观察得仔细。(指名回答)

师根据回答情况小结:那是因为它们有不同的色调(色彩总倾向)。通过观察比较,我们体会到不同色调的画面给人的冷暖感觉是不一样的。比如在温度相同的室内,一间屋子涂成蓝色,另一间屋子涂成红色,两间屋子给人的感觉差别就很大。两间屋子给人温度差别可以达到三四度,原因是蓝色能减慢人们的血液循环,给人感觉较冷;而红色刺激人们的神经,使血液循环加快,给人感觉较暖。①

教师充分利用屏幕展示图片、作品等,通过对比,使学生直接感受到不同色彩、画面的冷暖感觉,并联系学生的实际生活进行讲解举例,比讲解更直观、更形象,使学生在轻松愉快的学习环境中掌握色彩的冷暖知识。

四、有利于突破教学难点

美术知识中的一些抽象、复杂的原理学生往往难以理解,造成学习时的障碍,形成难点。有些问题虽然就知识本身来说并不难,但教师感到难教,不知从何说起,不知怎样才能讲明白,这些地方往往也成为教学的难点。怎样解决这些难点呢?许多时候,选择恰当的教具进行演示,则能迎刃而解。演示可以将复杂的问题简单化,抽象的问题具体化、形象化、化难为易。最典型的例子是学习剪纸。

---

① 作者李杨:《色彩的冷暖》,哈尔滨市花园小学校网,http://www.hyxx.hledu.net/jiaoxuezhichuang/showArticle.asp? ArticleID=906,2006-06-07。

案例 11-3 "剪纸"教学片段

1. 结合剪纸作品教师讲:剪纸是我国传统的民间艺术,历史悠久。大体上分为南北两大流派:北方剪纸粗犷朴拙,天真浑厚;江南剪纸精巧秀丽、玲珑别透。剪纸的样式很多,这是窗花、墙花、门笺、喜花、枕花、礼花等。具有单纯、简洁、明快、朴实、富装饰性的特点。(教师板书)

2. 教师将剪纸展示给学生问:这些作品是运用哪些工具制作出来的?(学生回答,教师板书)

3. 教师指图1、图2,用启发性的手势、语言提问:图1、图2都是人物头像,但在眉眼等细节上却用了截然不同的表现手法,哪位同学发现了?(教师综合学生回答板书)教师再指图3、图4问:用什么方法能让这两幅剪纸出现多种色彩呢?(学生回答困难,教师可用半成品给学生示范,结合学生回答教师总结板书)。

图1 皮影人物头像

图 2 毛主席头像

图 3 鸳鸯彩色剪纸

图 4　鼠彩色剪纸

4.教师展示图 5、图 6、图 7 讲：下面我们研究剪纸的造型装饰手法，图 5 这幅剪纸突出了人物的形态，而次要的细部却没有刻画，它采用的是什么方法？（学生回答，教师板书）教师指图 6、图 7 问：鱼和猪的形象和生活中的形象有什么差别？大家讨论一下。（同学讨论后回答，教师板书）

图 5　福娃

图 6 鱼

图 7 猪

5.教师展示图 8、图 5 问:这两幅图的构成形式有什么不同?(根据学生回答教师板书)

6.教师给学生做剪纸示范。示范时配以讲解,注意扩展学生的思路。如:运用折叠法剪的是花卉(图 9),如果剪单独对称式的人物怎么剪?(图 5)均衡式的呢?(图 8)

图 8 古代人物剪纸

7.先让学生认真观察图 1、图 2,指出阳刻时应"剪剪相连",阴刻时要"剪剪相断"。再让学生观察图 9、图 10,指出对错。经过比较议论得出画纹样时必须注意纸的连断的结论,突破难点。布置课堂作业,学生设计制作,教师辅导。①

图 9 花卉

---

① 佚名:《美术教案——剪纸》,快乐阅读网,http://www.zuowenw.com/jiaoan/msja/gaozhongmeishujiaoan/200704/190179.html,2007-04-04。

图 10 折叠式剪纸

教师在教学中应运用典型作品演示、做剪纸示范来启发学生发现剪纸具有单纯、简洁、明快、朴实、富有装饰性的特点,了解剪纸的构成、起稿、剪刻和贴裱等步骤,了解剪纸先细后粗、先密后疏、先内后外、先上后下、先左后右的顺序。培养学生的观察力与创造力,突破教学难点,将民间剪纸艺术发扬光大。

五、提高学生的学习兴趣

演示是一种生动的教学形式,它可以打破教学的平静,吸引学生的注意力。教学中经常遇到这样的情况,教师讲课的时候,学生精神不很集中,但教师举起一幅照片、一件模型或打开计算机时,学生的目光会立刻集中到图像上来。这是因为,大量生动、优美、逼真的事物的形象,会使那些求知欲旺盛、好奇心强的学生产生兴趣,使他们在欣赏、品味中为之动情。

演示所展现的新颖、生动的形象,演示的成功和教师操作的熟练、优美,都能唤起学生的兴趣和热情。当学生对美术课感兴趣的时候,往往自觉性强,注意力集中,喜悦之情溢于言表,能和教师产生情感交流,动作迅速、反应灵敏,能积极与教师的行为相呼应,踊跃发言。学生在这样的学习情绪和气氛中学习,效率自然要高。正如布鲁纳所说的:"使学生对一门学科有兴趣的最好办法,是使这门学科值得学习。"演示可以起到这样的作用。

◉ 案例 11-4 "泡泡乐"教学片段

1.让八个学生玩吹泡泡的游戏,全班同学共同欣赏泡泡的形和色。

2.教师提示学生在玩吹泡泡时发现了什么奥秘,找一找泡泡的形状和色彩。问学生:泡泡是什么形状?是什么颜色?(圆形或球形。五颜六色,有红、橙、黄、绿、青、蓝、紫)

3.以吹泡泡的快乐感受为话题,进入泡泡形状与色彩知识的讨论与学习。请学生谈感想和感受,美在哪里?(形状美和色彩美)

4.以体验印、画、撕贴泡泡的不同表现方式为学习活动的主体任务,问学生:想不想去表达出来?(想)

通过学生吹泡泡的游戏演示,学生可以观察泡泡的形状和颜色,大小的变化,表达对泡泡的不同感受,激发学生的学习兴趣。启发学生平时要关心身边事物的色彩、形状,乐于联想,寻求与他人不同的想法。

六、增强记忆

掌握美术知识需要记忆一些美术概念、艺术流派、艺术家的名字、作品名称、历史年代等。然而靠单纯的重复、死记硬背课文,会挫伤学生学习的积极性,使他们产生枯燥、乏味的情绪。一名优秀的美术教师往往能掌握记忆的规律,不仅重视知识的复习巩固,而且重视在学生记忆的初始阶段,通过演示,给学生以清晰、深刻、正确的感知,让学生留下难以忘怀的印象。这是美术知识能够记忆、保持、再现,进而形成迁移的基本条件。

第三节 演示技能的构成要素

演示技能的内容极为丰富,这里只探讨它们的共同之处。一般来说,演示技能的构成要素有演示媒体的选择、演示媒体的优化、演示的程序安排、演示的操作控制、组织引导等。

一、演示媒体的选择

演示是借助模型、图像、实物等教学媒体,向学生展示或模拟美术现象和事物的形态或运动,发出声、光、色、形等信号,让学生认识美术学知识的结构、

特征、原理和规律。因此,演示是否有效,很大程度上取决于课前的准备。教师要花很大的工夫去选择恰当的演示媒体,安排演示步骤和方法,精心制作各种演示教具。

（一）选择演示媒体应符合媒体本身的特点

演示媒体具有以下特点:第一,演示媒体是人体的延伸,使人体器官得到扩展。例如人眼的视觉分辨率为0.1毫米,速度快于0.1秒的运动物体人眼很难辨认。听觉的音频在16~20000赫,但利用摄影、录音、录像可以记录人的机体不能获得的信息。如摄像机是人眼的延伸,计算机是人脑的延伸等。第二,演示媒体改变了人体器官的平衡,单一的媒体传递信息会使一种感官凌驾于另一种媒体之上,例如只听,视觉就要减弱,听觉也会疲劳。因此,应注意多通道传递信息,提高信息传递的质量和效率。第三,演示媒体强迫学生按照教师预定的方式接受信息。第四,没有万能的演示媒体,每一种媒体延伸了人体的一种感官,各种媒体不能相互代替,但可以互相补充。

美术教学中使用的演示媒体的特点,可参看表11-1。

表11-1 演示媒体特点比较一览表

项目	动感	色彩	声像配合	立体感	真实感	表示空间分布	简便经济	滞留时间
挂图	√	√		√		√√	√	√
图片		√			√			
幻灯	√	√			√			
录像	√√	√√	√√	√	√√			
多媒体计算机	√√	√√		√√	√√			
模型	√	√		√√	√√			
实物		√√		√√	√√			
标本		√		√√	√√			

表11-1所示,录像机和多媒体计算机的表现力最强,它不仅具有声像配合的特点,而且能从多方面表现美术作品的立体感、色彩逼真,具有一定的真实性和动感,古今中外的艺术珍品也能在屏幕上出现。这些手段在美术教学

中使用最广泛。因此,有条件的学校应尽量使用。

在各种演示媒体中,教学挂图(范作)在表现美术作品的形象直观性方面有独到之处,而且教学挂图、图片、幻灯片价格便宜。美术模型、多媒体计算机在表现美术事物的内部结构、运动上有其他媒体不可比拟之处,美术实物教具具有最强的真实感。图片和幻灯片能生动、直观地表现美术作品。

美术教师应熟悉各种演示媒体的特性,充分发挥每种媒体的作用,选择最有效的手段体现演示的功能和价值。

(二)选择演示媒体应适合教学内容

中学美术课的教学内容分为欣赏·评述、造型·表现、设计·应用、综合·探索四大学习领域。欣赏·评述学习领域的演示媒体应以反映美术史、美术文化知识和相关的美学理论及眼力与鉴评训练为主,美术史包括:(1)中国美术的发展脉络与重要美术家及代表作品;(2)外国美术的发展脉络与重要美术家及代表作品;(3)中外设计的发展脉络及重要作品。美术文化知识和相关的美学理论包括:(1)美术的含义及分类;(2)美术的功能与目的;(3)美术创作;(4)美术表现;(5)美术史;(6)美术批评;(7)艺术风格;(8)艺术典型;(9)艺术形象;(10)美术、语言、情境、形式感;(11)美术媒材;(12)写实;(13)变形;(14)抽象;(15)感知;(16)体验;(17)审美、审美属性;(18)悲剧性;(19)喜剧性。

造型·表现、设计·应用学习领域的演示媒体应以反映平面造型、立体造型和色彩训练为主。除了普遍受到重视的素描、速写、中国画、油画、版画、雕刻、设计之外,根据新的中小学美术课程的内容,还应该增加手工、陶瓷艺术、媒体艺术(摄影、摄像、电脑美术),条件允许的话,还应该学习金工、木工等技能。

由于美术教学活动的综合性强,各个学习领域的学习方式多样。因此,进行美术教学时,各种演示媒体必须交互使用。造型·表现、设计·应用学习领域多以绘画、艺术设计的绘制步骤和工具性能及技法特点的演示为主。欣赏·评述学习领域的绘画、雕塑、设计、建筑等艺术形象则以自动幻灯、图片、录像、实物等表现最生动。这样组成的美术演示媒体系统,符合美术文化知识的特点,既可以帮助学生建立正确的审美观念,又能形象生动地表现美术现象。

(三)选择演示媒体要依据学生的认知水平

年龄越小的学生对形象的演示媒体越感兴趣。因此,给初一或初二年级的学生上课应增加图片欣赏、示意图、录像等生动的演示形式,再慢慢过渡到自制教具演示以引起学生的兴趣,从感性认识入手,边观察边分析,逐步提高学生形象思维和抽象思维的能力。

二、演示媒体的优化

制作演示媒体应注意密切结合教学内容,范画、范例要精选,不仅要图像形象清晰、色彩鲜明、造型美观,还要便于操作。

三、演示的程序安排

(一)按照美术知识的系统来安排演示程序的目的是揭示美术知识的内在联系,从而认识美术的特点及其规律。因此,演示必须按照知识的结构层次进行

案例 11-5 "三原色与三间色"教学演示程序安排(如表 11-2)

表 11-2 "三原色与三间色"的知识结构与演示内容

序号 \ 内容	知识结构	演示内容
1	三原色(红、黄、蓝)	电脑演示设计制作好的电脑课件,一段由三原色组成的拟人卡通画面。
2	三间色(紫、橙、绿)	1.幻灯演示,让学生观察三原色相加能否变化出别的颜色。 2.通过实验演示,先从红、黄两杯色水中各倒一部分掺和,进一步证实三原色相加产生了橙、绿、紫,证实三组(三原色调配三间色)公式。 (师边说边做)
3	用三原色调配三间色 红+黄=橙 黄+蓝=绿 蓝+红=紫	操作演示,师在预先绘制好的一色环图上演示三间色的调配过程,边调边填。在色环上先填上三原色,在两原色之间再依次填上三间色。

(二)按照学生的认知规律安排演示程序,要按照由浅入深、由近及远、由简单到复杂、由形象到抽象的认识规律安排

案例 11-6 "球体画法"教学演示程序安排(如表 11-3)

表 11-3 "球体画法"的步骤与演示内容

序号	认知过程	演示内容
1	构图	绘画演示:(用直线在画纸上定出最高点和最低点,以及等量长度的宽,注意构图的位置重心应在纸张的中心偏上。) 然后用直线依次逐步削去其角,逐步使其趋于圆形。 (注意:画圆不能运用圆规,这样做意在锻炼眼力和塑造形体的能力。)
2	找出明暗交界线	绘画演示:在球体上明暗交界线是一个弧形,同样用短直线相衔接来表现这一弧形明暗交界线。 (注意:明暗交界线在球体上的表现并非是截然的明暗分界,而是较模糊的,并且受反光影响,明暗交界线在色度上也并非一成不变,在表现上就更应注意观察,避免画死和概念化。)
3	施加明暗	绘画演示:在施加明暗时,最好把处于暗部的包括明暗交界线、暗面、反光和投影一块儿统一起来画。先统一为一体,然后再在"明暗交界线"等地方逐步加以强调,使之在统一中寻找变化、对比和关系。在亮面靠近明暗交界线的地方是亮灰面,它的表现应由靠近明暗交界线到高光方向依次减弱,并始终使其明度高于暗面,高光的地方留白。 (在画的过程中为了突出球的体积效果,可以强调明暗的对比,特别是明暗交界线的表现,事实上往往得画得比看到的调子要重些。这是因为铅笔的表现力度远远达不到光照的效果那么丰富。)
4	调整	绘画演示:调整在整个绘画过程中是很重要的一步。在前面局部的刻画中,难免会出现和整个调子不和谐的地方,或者是刻画不足或者是刻画太过,甚至是某些局部的形不够准确,都会影响到整体效果。在调整过程中,就是针对这些进行修改,使其在形体上准确,色调上统一和谐。(在调整中,作为最初的辅助线,此时也应融入形体中,特别是最初所画的圆、表现明暗交界线的弧线,都应融进所属的面中,对于多余的辅助线应擦去。)

四、演示的操作控制

(一)教具的摆放

演示教具的摆放应考虑有明显的直观效果。如颜色要与背景色有明显的区别,高度合适,让全班学生包括最后一排和旁边的学生都看得清,光线明亮,挂图、屏幕、电视机的位置要合理配置等。

(二)手势和站位

演示离不开手势的配合,用手势指明观察的位置,用手势表示运动的方向和趋势,用手势强调观察的重点等。

演示时教师的站位应不影响操作,不遮挡学生的视线,如教师右手拿教鞭时应站在图的左侧,左手拿教鞭时应站在图的右侧等。

(三)控制教具的运动方向和速度

如演示小型雕塑时,应把小型雕塑的360度都显示给学生看,要注意掌握演示的速度,控制快慢和停顿,让学生有时间观察。

(四)控制演示的程度

例如在讲解中国画的用墨时,教师用毛笔蘸墨吸水演示墨分五色,将毛笔往杯里吸水时,要注意何时饱和,让学生注意墨和水的不同比例,如果不注意毛笔的吸水量,此次演示实验将无意义。

(五)控制演示的时机和次数

演示要有启发性,当学生有了求知的愿望但不知答案是否正确时,再去演示效果是最好的。例如学习明暗素描时,一般先要求学生观察和表现物体的明暗变化,然后再由教师在挂图上指图说明并示范绘画,而不是一开始就由教师在挂图上指图讲述和示范绘画。

演示不要简单重复,但在重点之处可变换角度、方式进行多次演示。例如在讲人的第二表情——手时,教师首先边演示边讲解手的正面形状、比例,其次边演示边讲解手的背面形状、比例,最后握紧拳头再次演示和讲解。三次演示都是说明手的形状特点、结构、比例的,但角度和方式不同,分别从正面、背面、立体上分析说明,逐步加深。

五、组织引导

演示是美术教师有组织有计划的操作活动。要达到演示的目的,必须让学生积极参与,将全班学生都吸引住,使之活跃起来,按照演示的步骤积极思考。因此,组织引导是十分必要的。例如,当教师演示范画的绘制步骤时,是不是所

有的学生都把注意力集中到画面上;当教师利用图像提问时,学生是否都在积极思考。教师要学会用目光、停顿、语言等组织教学,将学生的注意力集中起来。

提问对组织观察起到重要的作用,教师在演示时要善于提出一系列新颖有趣的问题吸引学生的注意力,学生答对了要给予鼓励。在安排学生活动时,要明确学生做什么,时间安排要紧凑,活动后要总结。

第四节　演示技能的类型

一般来说,演示包括操作示范、模像演示、实验演示和电化教学四类。计算机辅助美术教学方兴未艾,发展很快,计算机在美术教学中的作用越来越显著。

一、范画、范例的演示

在进行美术操作技能的教学时,学生通过观察教师范画、范例的演示,把动作要领形成动作映象保存在头脑中。教师的现场示范为学生的模仿提供了正确的模式,并能帮助学生养成认真严谨的习惯。学生的观察要点是教师的示范绘画和操作,并认真体会绘画与操作要领和原理。

● **案例 11-7　"文房四宝和毛笔执笔"教学片段**

教师分别演示毛笔的执笔和行笔姿势两种技法。
一、教师演示毛笔的执笔方法
执笔笔位:与写毛笔字大致相同。具体指位是:
(1)先用三指合力持笔;
(2)再用无名指抵住笔管;
(3)指实掌虚。
教师边讲解边演示,与生同步练习执笔指位。
二、教师讲解演示行笔姿势
行笔姿势主要有两种,一种是直笔:笔管是直的,如同写毛笔字一样,中锋用笔。另一种好似卧笔:笔管是卧的,侧锋用笔。用笔有时可悬肘,有时可枕肘。

● **案例 11-8　"十二生肖"教学片段**

教师边制作一只"老鼠"作示范,边讲解制作方法。
1.从书中选一个自己属相或自己喜欢的生肖图,在底版纸上画稿,最后用

肯定的线条将生肖图画准。

2. 截取纸条(已让学生事先准备好)。

3. 粘贴。先按轮廓线涂上适量的胶水或贴上双面胶；然后将纸条的断面沿轮廓线细心地粘，要让贴上去的纸条竖立着并不歪斜，等稳定一段时间后再松手。如贴上去的纸条长于轮廓线，应将多余部分的纸条剪去，若不够长则应接一段上去。

二、模像演示

这类演示使用最多，包括实物、模型、图片演示等。

(一) 实物演示

它是教师将准备的绘画作品、雕塑作品、设计产品或学生的美术作业带到课堂，让学生观察它们的形状、颜色、大小和结构，从而认识这些美术作品的特征、美感及其内在要素之间的联系。由于一般实物的个体较小，为了让全班学生都能看清，教师可走到学生中间去演示，或让学生互相传看。

● 案例11-9 "文房四宝和毛笔执笔"教学片段

结合作画用具，教师简要介绍其性能。

毛笔：分大、中、小号，有羊毫，也有狼毫，小号叶筋笔是勾画叶筋和线的。羊毫一般是上色用的。

墨：一般是用书画墨汁，它比较黏稠，要根据用墨需要调好再用。

纸：宣纸有生、熟之分。生宣纸是用来画写意画的，能洇水。熟宣纸不洇水，是用来画工笔画的。

砚：是用来研墨的，由于原墨较黏稠，需要用水来研匀，方可使用。

(二) 模型演示

这是将学生不易看到的巨大的事物制成美术模型，让学生观看模型，达到以大化小、由远及近、揭示内部结构的直观效果。如使用建筑模型、景观沙盘、几何石膏模型、人体解剖模型进行演示等。

(三) 图片演示

图片在美术教学中使用得相当普遍，这是因为图片是美术事物的真实写照，它形象直观、美观典型，而且价格低廉，易于收集，便于携带。它可以人为突出事物的特点、揭示事物的本质或内部结构，有利于促进学生对知识的理解。

图片的种类很多，有绘画作品图片、雕塑作品图片、平面设计图片、立体设计图片、色彩学图片、服装设计效果图片、建筑设计效果图片、民间美术图片、示意或漫画图片、美术字图片等。美术教师应注意收集各种适合课堂教学使用的典型图片,使之成龙配套,且各章节都应有相应的图片配合,为学生提供第一手感性材料。

三、实验演示

美术实验是师生使用一定的设备和材料,教师"边讲解边演示",模拟美术现象的发生、发展过程,通过操作和观察,认识美术事物的特征、规律、美感。美术实验正在进入美术课堂教学。例如在讲解光与色的关系时,教师出示一张白纸,问:这是什么颜色?白色。打上红色的灯光后,问:现在是什么颜色?红色。打上蓝色的灯光后,问:现在是什么颜色?蓝色。大家从这个实验中,得出什么结论:在不同的光线下,物体会展现不同的颜色。

○ 案例 11-10 "印象主义绘画"教学片段

师:教师邀请学生一起做个实验,每组有一张纸,纸上画了一个圆,请大家用现有的彩色水粉笔,在圆中混合点色点,观察混合后的颜色。

请几个小组的成员一起回答自己小组得到的颜色。

大家可以发现,不同的颜色经过色点的组合,就形成了新的色彩,刚才大家用的绘画方法就是——点彩画法。

点评:通过色彩的实验尝试用原色色点配置,学生观察到画面产生色彩混合的视觉效果,认识到新印象主义的艺术特点是运用准确分布的各种色点来客观理性、冷静地组成画面艺术形象,也称为"科学的印象主义"。

美术实验演示应注意以下几个问题:

(1)上课前应做好充分准备,对实验的用具、材料进行仔细检查,以保证实验的成功与安全。

(2)实验前教师对实验的目的、要求、依据的原理、实验用具的使用方法和操作过程都要有明确的说明。实验时教师要做好示范演示。

(3)实验的设计安排要具有科学性。

(4)学生分组实验时,教师应加强对学生的指导。

四、电化教学演示

电化教学是指教师运用现代化的视听工具,如幻灯、电影、录音、录像、电子计算机等进行教学,也叫视听教学。近年来,国际上把现代科学技术应用于教育,逐渐发展为一门新的学科,称为教育技术学,电化教学是其中的一部分。

美术教学中的电化教学已经相当普遍,演示电子图像已成为美术教师重要的教学技能之一。随着教育技术的现代化,在美术课中开展计算机辅助教学已成为一种发展趋势。因此,如何用计算机进行教学设计,如何制作计算机课件,如何使用教学软件进行计算机辅助美术教学,是摆在每一位美术教师面前的重要课题。对经济发达地区的学校来说,进行计算机辅助教学是美术教师应该具备的一项技能。

(一)幻灯演示

幻灯的种类很多,有直射式幻灯、投影式幻灯、反射式幻灯、实物投影式幻灯和自动幻灯等。利用幻灯进行美术教学具有节省时间、直观性强、重点突出,容易引起学生兴趣和便于制作、携带、保存等特点。目前,使用最普遍的是投影幻灯和自动幻灯。

投影幻灯有单片放映、分解复合放映和活动放映几种类型。

单片放映一般是将单一内容的美术现象画在一张幻灯片上,教师一边放映一边讲述。单片放映时应注意图像映到屏幕上的位置及图幅的大小,图廓外空余部分应当用纸遮挡,以免将强光打到屏幕上降低清晰度。另外,教师还应注意自己的身体不能挡住图像。

分解复合片的放映是把几张在内容上相关的幻灯片的一侧用胶条黏合起来,放映时先分别演示每一张幻灯片的内容,再将几张片子重叠起来放映,用来比较美术现象的特征或进行综合分析。进行分解复合幻灯片放映时,幻灯片一般不要超过三张,内容要简洁,重叠时要注意几张幻灯片的位置应对正。

活动片的放映是通过几张幻灯片的相对运动,演示美术现象的发展变化过程,揭示其规律和成因,使得教学内容生动、易懂。活动片放映要求教师的语言与动作密切配合,讲到哪儿,片子就活动到哪儿,不偏不倚,不快不慢,才能切中要害,画龙点睛。另外,教师在课前应事先演示一下,看"机关"是否灵验,否则,若出现该动不动的情况就会适得其反。

无论用哪种投影幻灯演示,都要注意选择合适的幻灯片,把握演示的时机和次数,讲求实效,并注意与其他手段密切配合。

自动幻灯放映使用自动幻灯机,这种幻灯机使用135幻灯片,可购置也可自拍(用135反转片自拍,这种胶片是正片,冲洗后即可直接用做幻灯片使用)。上课前将若干幻灯片装在幻灯机上,用时可连续放映。自动幻灯影像色彩鲜明、真实、清晰,若再有音乐或自然音响相配合,演示美术现象可有身临其境之感。演示自动幻灯片,要求教师用清晰、精练、生动的语言描述,指导语也要事先准备好。

第十一章 美术教学演示技能

（二）录像演示

录像是一种相当好的直观手段，它的图像清晰、逼真，而且能动静结合，使用起来很方便，有着广泛的应用前景。在条件许可的情况下，教师应随时录下电视台播放的与美术有关的资料以备课堂教学中使用。

教师在演示录像时要注意选择那些与教学内容密切相关的片子放映，还要适合学生的年龄特点，讲课前应准备好解说词。要充分利用录像可静止、可回放、可慢放的特点，有些主要的画面可"定格"下来讲解或组织学生讨论。

（三）多媒体演示

利用多媒体辅助美术教学已经在许多条件较好的学校中开展起来。随着教育技术的进步和教育信息化的发展，多媒体在美术教学中的应用将会更加普遍。

在美术这门课中开展多媒体辅助教学是非常适宜的。因为美术是视觉造型艺术，"百闻不如一见"，仅靠教师用语言进行描述，不仅十分枯燥，而且难以让学生想象。多媒体具有极其强大的存储和处理文字、图像（图片、影片、动画）、声音的功能，这就为美术教师向学生展现美术教学信息，创设学习情境和问题情景创造了极为良好的条件。

另外，美术欣赏教学中经常会遇到构图、色彩等形式美的问题需要解释，如色彩的明度、纯度、冷暖倾向的渐变、对比等原理，这些知识单靠教师讲解是不易让学生理解的。而多媒体具有极强的形象直观性，它对表现色彩、形象、动态、现实生活与艺术、变化逼真的教学内容，解决教学中形象与抽象、静与动、现实生活与艺术的矛盾，对突出教学重点，突破教学中的难点、关键极为有利。

多媒体还具有强大的人机交互、检索功能。好的多媒体教学软件，大都检索方便，计算机随时可以将师生需要的信息调出，师生能够按照自己的教学要求操作计算机，选择学习内容、活动方式、确定进度，并可重复某一段教学。这就为发挥教师的主导作用，特别是发挥学生的主体作用创造了有利的条件。美术教师如果能够利用多媒体的交互功能和强大的信息存储处理能力，可充分发挥学生的主体作用，或引导学生在大屏幕前与计算机展开对话，或在网络环境下，让学生自己操作计算机，利用计算机提供的教学资源进行探讨，自己得出结论，这对培养学生的创新精神和实践能力，对活跃课堂气氛，发挥学生的主动性，改进美术课堂教学都具有十分重要的意义。

学校的多媒体辅助美术教学一般有两种教学方式：教师演示式和学生自学交互式。第一种方式是教师在教室里将计算机作为演示媒体，用较大的屏幕显示教学内容，师生通过与计算机的交互对话，完成教学任务。另一种教学方式是学生在网络环境下自己操作计算机,自己选择学习内容、活动方式,确定进度,并可重复进行学习。两种方式均可以采用班级集体、分组讨论的形式,都要充分发挥教师的指导、引导、帮助和组织作用。

进行多媒体辅助美术教学的关键是必须具有良好的计算机辅助学习环境和必要的软硬件设备。

当前,我国对中小学教育技术现代化极为重视。早在1999年,我国教育部提出,面临21世纪知识经济的挑战,必须加快我国教育信息化的步伐,根据各地区经济发展不平衡的现实,分三个层次推进信息化教育。这三个层次是:(1)以计算机多媒体为核心的教育技术在学校的普及与运用;(2)组织学校上网,利用网上资源;(3)开办远程教育,提供丰富的学习资源,不断满足社会终身教育的需求。在1999年中央颁布的《关于深化教育改革,全面推进素质教育的决定》第15条中写道:要大力提高教育技术手段的现代化水平和教育信息化程度。加强现代远程教育网、校园网和局域网的建设,搞好多样化的电化教育和计算机辅助教学。

在我国的学校(包括中小学)中,多媒体教学网络系统建设也在积极进行,许多学校已经建立了多媒体教学网络系统,实现了教师多媒体备课、多媒体课堂教学和学生多媒体自学,计算机已经进入每一个教研室和每一间教室。在任何一个终端上,都可以实现用计算机进行备课、讲课和学习的功能(如图11-1)。

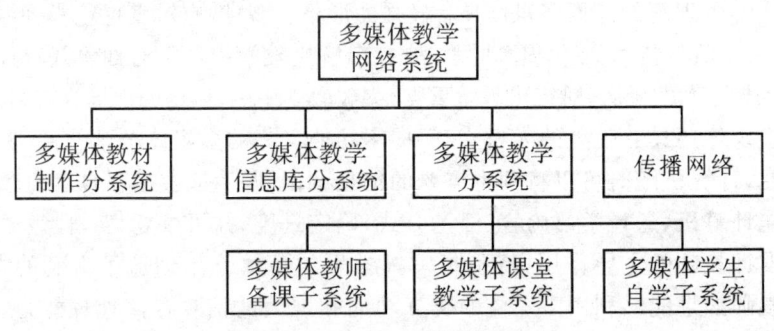

图11-1　多媒体教学网络系统

上述在学校的多间教室中同时进行不同学科、不同学习内容的多媒体课堂教学,在所有的教研室中做到用计算机进行多媒体备课,设计电子教案,制作计算机多媒体课件,在图书馆等地进行多台电脑的多媒体阅读等功能的计算机网络软硬件的开发已经较为成熟,价格也不贵。在经济发达的地区,一些中学已经安装了这样的设备。

第十一章 美术教学演示技能

国家的高度重视,学校多媒体教学网络系统的建立,为计算机辅助美术教学的广泛开展,为计算机走进课堂创造了良好的环境。

进行计算机辅助美术教学,还必须有优秀的教学软件。用于教学的计算机软件称为课件,开发优秀的课件是进行多媒体计算机辅助美术教学的关键。课件的开发有两条途径,一是靠国家教育部门和计算机公司、出版社的研制发行,二是靠美术教师自己制作,而后一种方式将成为课件开发的主流。

但是也应看到,我国教学软件的开发还相当薄弱,好的教学软件还很少。另外,教学软件的设计思想也在进步和发展,过去制作的教学软件,虽然由有经验的美术教师或专家按照一定的教育理论设计脚本,再由计算机专业人员去制作,但并不一定适合每一所学校、每一位教师使用,于是出现了"积件"(一种由教师和学生根据教学的需要,自己组合运用的多媒体材料库和工作平台)。这样的教学软件由多媒体资料库、微教学单元(小的课件)、课件制作平台等组成。也就是说,未来出版的教学软件是向教师提供经过加工的多媒体素材,由教师根据教学的需要,自己用多媒体开发平台去整合(设计与制作)适合教学需要的课件。现在,"积件"型的教学软件已出现,软件在光盘的文件库中储存着大量的图片、地图、动画、游戏、练习和影片,图片上还提供"画板"供教师修改画面使用,动画的画面可以控制,其目的就是让美术教师用这些素材组合成适合教师自己教学需要的课件。

除出版的"积件"能提供课件制作平台以外,多媒体合成工具软件还有PowerPoint、洪图、Authorware、Flash、方正奥斯等。美术教师应学会其中的一两种,掌握最基本的制作和使用方法。

综上所述,美术教学课件设计制作的主力军应该是广大的美术教师。要在多媒体教学网络系统环境下开展计算机辅助美术教学,美术教师应具备以下技能:

(1)从因特网、校园网的多媒体信息库等网络中下载多媒体素材的技能。

(2)捕捉多媒体素材,特别是视频素材,用于制作自己的教学课件的技能。

(3)用多媒体合成工具软件 PowerPoint、洪图、Authorware、Flash、方正奥斯等整合素材制作课件的技能。

(4)收集或制作(主要是设计脚本,由计算机专业人员制作)微教学单元的技能。

(5)电子教案的实施和课件的使用技能。

(6)辅导学生网上学习的技能。

案例 11-11 "标志设计赏析"教学片段

[课型]高中美术欣赏

[教材分析]

"标志设计赏析"是现代商业美术课中的重要内容,是高中美术欣赏课中知识性与应用性相结合、提高审美能力与掌握基本技能相结合的典型课题。其中既有对国内外优秀标志设计作品的欣赏,又有对标志作品的设计思维和方法的剖析。

[教学目的]

通过本课的教学,向学生介绍标志设计的基本知识、设计思路和方法,使学生了解标志设计的基本审美原则和掌握标志设计的基本技能、设计思路,从而提高学生的审美能力,树立正确的审美观念。

[教学过程]

(一)导入新课

同学们,首先让我们假设这样一种情境,我们到一个陌生的地方旅游,在无法用文字语言交流的情况下,如何尽快找到想去的地方?

学生回答……

教师明确:其实答案很简单,你自然会去找能够代表这种地方的图形符号,这样的符号就是我们要讲的标志。

(二)基本知识

1.什么是标志

用一种文字或图形来代表另外一种事物的符号。

标志的这种作用与文字产生之前的原始社会采用的结绳记事、堆土记事、刻木记事的作用是一致的。

教师明确:结绳记事盛行于原始社会,"先民结绳以明事",结绳不同,所寓之事即有别。这应当说是标志的雏形。

2.标志的类别

教师提问:现在,我们大家每天可在不同的场合见到一些标志,请仔细回想,你都见到过哪些标志?这些标志各有什么作用?

学生回答:……

教师归纳:确实如此,标志存在于我们社会的每个角落,适用于社会生活各个方面,在现代社会中,标志已不仅仅是一种单纯的视觉符号,它具有独特的美学价值,强大的社会功用,成为一种文化。

(用微机展示一幅图片,介绍生活中常见的几种标志)

(1)从用途上分:

①纪念标志:例如 5·12 汶川大地震

②组织标志:例如联合国标志

③会议标志:例如北京奥运会

④商业标志：
A.代表企业公司形象

B.代表行业产品类别（简单介绍标志设计及艺术设计对经济的促进作用）

⑤公共图形：贴近生活，服务社会，与人们的日常生活息息相关
如：规范人们行为的电力安全标志和常见于公共场合的服务性标志

图1　电力安全标志

第十一章　美术教学演示技能

图 2　中国青年志愿者标志

(2)从造型特点上分：

①具象型标志特点：形象自然、生动活泼、有直观趣味感。图例为：音乐会标志[＊]

②抽象型标志特点：造型严谨、寓意深刻，是把无形的事物转化为有形的可表意的形象。图例为：中国移动通信公司标志[＊]

③字图型标志特点：运用广泛、传播速度快。图例为：中国铁路标志[*]

以上同学们认识了标志的类别，但怎样区分标志设计的优劣，是否需要有一种评判标准呢？而这种标准也正是标志设计必须遵循的基本原则。只有在创作中遵循了这些原则，才会唤起人们的一种普遍的审美情感，同时，也才能够符合人们的审美标准，给人以美的愉悦和享受。

3.标志设计的主要原则

①简：简明易认，一目了然（采用美国百事可乐饮料公司标志的五次变革来说明标志设计从繁到简的过程）[*]

②准：内容准确、形象直观（飞机指示标志）[＊]

③奇：独树一帜、不能雷同（采用几幅典型的名车标志图说明）[＊]

④美：符合艺术美的规律、符合大众普遍的审美情感（文化艺术周标志）[＊]

4.标志设计的艺术表现方式

在电影史上有众多的流浪汉形象,然而,大家可曾想过:为什么这众多的形象中只有卓别林留给我们一种卓尔不群的艺术感受呢?原因即在于他独特的形象设计和别具风格的艺术表达方式。相同的内容,不同的艺术表达,即可产生风格迥异的艺术效果。同样,既然标志设计是艺术设计,那么它应运用一些基本的艺术表现方式。下面介绍几种常用的方式。

(1)形象高度夸张、概括、简洁、几何形化(采用三菱公司和瑞士信贷银行标志说明)[*]

图1　三菱公司标志

图 2　瑞士信贷银行标志

(2)运用联想、比喻的方式(展会标志)[*]

(3)运用象征的方式(亚特兰大夏季奥运会标志)[*]

(4)运用民族艺术表现形式(采用中国和外国两种不同风格的标志设计说明民族性特征在标志设计中的运用)(突出民族性)请同学们确定两幅标志的类型[*]

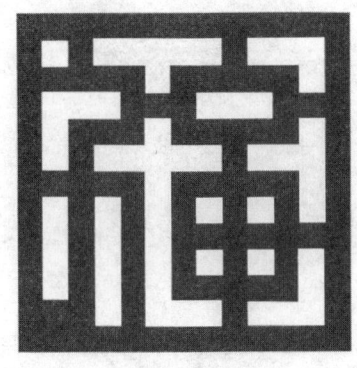

图1 中国某企业标志

图2 外国某企业标志

这两幅标志设计的构图特点正反映了两种不同的民族文化观。我们知道,在漫漫的历史长河中,不同的民族史造就了不同的民族性格,而不同的民族性格又滋养了不同的民族文化底蕴。大家知道,我国是一个崇尚人与自然和谐的民族,天人合一是最高的人生境界。这点恰与欧美国家形成了强烈的反差。不同的民族文化背景创造了风格迥异的艺术,但给人的却同样都是美的享受。

(三)用提问的形式使学生加深对知识部分的理解

(此处采用几个国家的航空公司标志让学生分析判断类别及艺术表现方式)[*]着重介绍中国民航新标志[*](让学生通过不同航空公司标志的对比体会标志创作的艺术演变规律)

中国民航标志说明:①在创作构思上,作者突出了标志设计的民族性特点,它以中国固有的民族图腾形象之一"凤凰"作为构图的主体,体现出中国传统文化的血脉滋润与独特内涵。②从造型特点上看,具有极强的现代设计意识,完全符合上述标志的现代设计原则。这是一幅传统民族文化与现代美原则和谐统一的杰作。

(学生运用所学知识赏析几幅优秀作品)
(1)中国铁路标志介绍:[*]

①"工人"点明铁路行业之属性,即铁路是属于工人阶级的,而工人阶级又是国家的主人,它洋溢着铁路工人当家做主的自豪感、责任感。②"人工":在新中国成立初期,中国处于一穷二白的阶段,而这一标志的含义恰在说明广大铁路工人乃至中国人民勇于战天斗地,不畏艰难险阻,誓与"天公"一比高的豪迈之气,歌颂了"人"改造自然的力量和精神。③在具体形象上,"工"字取铁轨横截面之形,整个构图外形上组成了一个完整的火车头形象,它夺面而来,蕴涵了磅礴的气势,孕育着无穷的力量。

可以这样说,这幅作品构思精巧,构图精美、意蕴深刻。它虽创作于50年代,用当时的艺术标准衡量,实属佳作;即使放在今天,它依然不失为一幅极具现代设计意识的、不可多得的典范性作品,具有极高的艺术价值。

(2)金牌纯羊毛标志[*]

(3)某运动品牌标志[*]

(四)指导学生分析标志设计的构思过程

(通过识读清华大学九十年学术研讨会标志来分析设计人员的设计思维过程)[*]

（五）小结

以上同学们看到了很多中外优秀标志作品，了解了标志设计的基本知识和设计过程。标志设计概括而言是一种美的创造，同时也是一种民族艺术的流露与渗透，从这一点讲，我们应该以一种正确的思想和心态去认识中国标志设计现状，既不盲目崇外，更不能故步自封。正如斯大林所说：只有民族的，才是世界的，世界文化并不是要排斥各民族的民族文化，而是以民族文化为前提并且滋养民族文化；正像各民族文化不是取消而是充实和丰富世界文化一样。我衷心希望同学们吸收中国民族文化的营养，投身于标志创作的领域，以更多的具有中国特色的美的作品，为中国、为世界艺术史写下壮丽而又灿烂的新篇章！这是中国的骄傲也是世界的骄傲！

注1：本教案中标[＊]的部分为微机画面演示。

注2：本课例获第二届全国中小学美术课（录像）评比一等奖。

教学后记

在准备这节课的过程中，为了使学生有更直观的感性认识，我收集了大量中外优秀的标志设计精品作为课堂范例，以使之能准确表达教材内容。但在第一次试讲之后发现了一些问题：所选用的范例中国内的优秀标志设计数量偏少，课堂上学生们明显表现出对我国标志设计现状信心不足，缺乏民族自豪感。针对这种情况，我对本课的教学内容和结构进行了调整，突出强调了几个环节：选择国内优秀标志设计作品（如中国铁路路徽和中国民航新标志等），并作重点分析，使学生在欣赏之余增强民族自豪感；选择家乡著名品牌的标志设计作品（如中国长城干白葡萄酒标志等），使学生在亲切之余，又多了一份对家乡的热爱；选择教师自己的设计作品为范例（如心理门诊标志等），来讲述标志的设计思维和制作过程，使学生增强对内容的理解，切实感受到设计就在自己身边。同时，辩证地分析我国标志设计现状，增强学生的紧迫感，增强自强信念，抒发爱国情感，恰当地加入德育内容，使本课在教育目的上提高了一个层次。

这节"标志设计赏析"课本着知识性与实用性相结合、提高审美能力与掌握基本技能相结合的原则，在课堂结构设置上采用了环环相扣的方式。通过介绍标志设计的基本知识（包括标志的概念、类别、设计的基本原则和艺术表现方式），分析重点设计作品，强化学生对基本知识的理解，分析标志设计的思维过程和方式等环节，使学生达到在一课中既要学习知识又能使用知识的教学目的。在本课中，结构设置体现了较好的连贯性和完整性，使整节课脉络清晰、层层展开、一气呵成，这些成为本课比较成功的一个方面。这样的结

构设置,使课堂教学内容比较丰富,但同时也限制了学生自由思维的时间和空间,使他们的内在创造力没有得到充分的展示,这也成为本课的不足之处。

采用现代化教学手段是本课的又一大特点。利用微机编制 CAI 课件并使用液晶投影或大屏幕电视展示作品与传统教学手段相比确有优势:信息量大,单位时间展示作品数量多、效果好。通过欣赏大量的范例作品,加强学生的直观感受和感性认识(本节课为学生展示和分析了四十余件设计作品,这在传统教学手段中是很难做到的);在分析作品的设计思维过程和动态演示上,能够促进和激发学生思维,增强对作品的深层次理解(比如对教师自己设计的心理门诊标志和自己家乡的长城干白葡萄酒标志设计思维过程的分析和演示就很能说明问题);此外,利用现代化教学手段的多媒体视听效果教学,对调动学生的学习兴趣和注意力,强化教学效果起了明显的作用。

以上是我在教学过程中的几点突出感受。当然,在对课堂的把握、教学语言的运用以及在师生交流方面都有值得注意和商榷的地方,但经过细致、周密的备课和课堂上的大胆尝试之后,这一课将对我以后的教学思路、教学方法、对教学规律的总结和把握都有很大益处。①

第五节 演示技能的应用

美术教师在进行演示时,应遵循以下应用原则:

一、目标性原则

美术教师在演示时,应随时将学生的注意力引导到正确的观察对象上,明确观察的目的,做到有的放矢,才能获得对美术学清晰、完整的认识。例如,当教师展示一些动物装饰时,学生往往注意那些自己感兴趣的事情,如鸟类美丽的羽毛、大象悠然自得的形态而忽视对植被的观察。此时,教师应及时告诉学生从哪些方面去观察,例如,自由的构图、夸张的变形、平面化的形象、主观的色彩等装饰画特点,动物形象变形的基本形,主观想象的色彩,以及装饰画为

---

① 史向东:《标志设计赏析》,中国范文网,http://www.todaytest.com/ja/ms/cz/2230.html,2005-08-27。

什么有这些特点。这样按照教师事先计划的要求去多角度观察，学生对装饰画的认识就全面、深刻得多，教学目的也易于达到。

二、直观性原则

教师将实物、标本、模型和图片展示在学生面前并不一定会产生直观效果。如果使用的实物并不典型，标本已经陈旧变质，幻灯的色彩不真、图像模糊，或者在教师演示时稍纵即逝，都不会产生好的直观效果。

美术教师在演示时，应选择有较强直观效果的教具。例如图形色彩要真实、清晰，具有典型意义；要采取立体与平面相结合，动态与静态相结合的演示方法；教具的摆放、演示动作都要直观清晰。

三、科学性原则

科学性原则主要体现在操作的准确、规范性上。教师演示动作的快慢、方位、强弱、程度都要准确无误。规范准确的动作不仅有利于学生掌握美术学知识，而且有利于培养学生严谨的科学态度。演示要按一定的程序进行。

四、参与性原则

演示的目的是让学生获得感性知识，培养学生的创新精神和实践能力，发展学生的观察、思维、想象和操作能力。因此，必须在教师的指导下，让学生充分活动起来，调动学生的多种感官去感知事物，那种演示中只是教师在表演，而很少让学生参与的教学是不可取的。

五、安全性原则

要注意避免伤害，防毒、防火、防爆和防触电，以确保师生的安全。

第六节　演示技能评价单

演示技能的评价项目全部由演示的原则决定。根据重要性的程度，演示的直观性和科学性的权重最大，其次是学生的参与程度，评价项目如表8-5。

第十一章　美术教学演示技能

日期_____　　任课教师_____

请您在听课时对以下各项目评价,在恰当等级打"√"。

序号	评价项目	等级				权重
		优	良	中	差	
1	演示是否符合教学目标。					0.1
2	演示是否直观、清晰。					0.3
3	演示是否准确、规范。					0.3
4	学生参与程度。					0.2
5	演示是否安全。					0.1
您还有什么意见或建议:						

思考与练习

1.什么是演示技能?它们在中小学美术课堂中的作用是什么?

2.演示的类型有哪几种?运用演示技能时应注意的问题有哪些?

3.你所掌握和了解的多媒体美术软件有哪些?它们各有什么特点?

4.多媒体课件的制作:以一节中学美术课的内容制作 PowerPoint 课件、Flash 课件、Authorware 课件。

5.根据绘画、设计的方法和要求,自己设计内容进行范画和自制教具的技能练习。

第十二章
美术教学强化技能

第一节 强化技能概述

强化是一个心理学概念:"使有机体在学习过程中增强某种反应重复可能性的力量称为强化。"强化是塑造行为和保持行为强度的关键。强化的理论基础,早先源于条件反射和反应性条件反射、刺激和反应理论。美国心理学家斯金纳于1953年提出了"操作性条件反射"的概念。他把一只饿鼠放入实验箱内,当鼠偶然踩在杠杆上时,即能得到食物,为强化这一动作,经多次反复,鼠即会自动踩杆而得食。这类必须通过自己的某种动作(操作)才能达到一定目的而形成的条件反射,称为"操作性条件反射"。在"操作性条件反射"中,强化只同反应(操作)有关,并出现在反应之后。"操作性条件反射"理论的基本思想归结到一点就是强化会加强刺激与反应之间的联结。后来训练和行为的强化效果的研究转到人,并在70年代具体运用到课堂教学实践中。斯金纳指出,学习者倾向于重复那些受到奖赏的反应,而中止那些没有受到奖赏的反应。

强化技能是教师主要依据"操作条件反射"的心理学原理,对学生的反应采用各种肯定或奖励的方式,使教学材料的刺激与希望的学生反应之间建立稳固联系,帮助学生形成正确的行为,促进学生思维发展的一类教学行为。在美术教学中特指教师为鼓励学生在美术学习中的某种行为而做出的积极反应(包括奖励、鼓励性的反应),使实际的教学效果与所期望的学生反应之间建立起稳固的联系,帮助学生形成正确的思维方式,促进美术学习的进一步发展。当学生对教学材料的刺激做出了正确的反应,教师就给予肯定或奖励(即强化),学生就会在以后的学习中重复那些受到奖励的反应,中止那些没有受到奖励的反应,这种强化也叫做正强化。正强化包括奖品、对成绩的认可、表扬、

安排担任挑战性的工作、给予学习和成长的机会等。而教师用批评、处罚等方式除去某些不利影响,并帮助学生做出正确的反应,这种强化叫做负强化。负强化的方法包括批评、处分等,有时不给予奖励或少给奖励也是一种负强化。但是正强化比负强化更有效,所以在强化手段的运用上更强调正强化,必要时对坏的行为给予惩罚,做到奖惩结合。

第二节　强化技能的作用

对于教学活动来说,强化是进一步学习的重要因素,具有如下作用:

一、在课堂组织方面

(一)排除非教学因素的干扰

在教学过程中,学生可能同时接受到多种媒体所传递的信息,其中大部分信息是与教学内容和教学活动有关的。然而,那些与教学内容和教学活动无关的信息,会对学生的学习产生干扰。学生不会长时间地把注意力集中在某一件事上,精力容易涣散,初中学生表现得更加明显。对于这种情况,教师不必大声责骂,大吼大叫,以免有失教师风度。应该巧妙地运用强化技能,通过眼光的接触、手势、身体的接近等方式就可以有效地制止这些不良行为。

例如,定期"监控"全班,即眼光"扫描"全班学生。这样能有效地对学生出现的问题做出反应,把出现的大部分问题都解决在萌芽状态。对认真听讲的学生给予肯定或表扬,对学生的正确反应、对全班聚精会神的听课给予很好的评价或对精神不集中的学生给予一定的批评等强化方式的运用,都能促使学生的注意力集中到教学活动中来,防止和减少非教学因素所造成的干扰,提高学生注意的持久性。

(二)促进学生积极参与教学活动

课堂教学是一种师生间双向交流的活动,应该避免出现"教师上演独角戏,学生上课不配合"的情况。在课堂调控中,教师要善于通过强化技能开启学生心灵,诱发学生思考,开发学生智能,让学生积极主动地投入到教学活动中。

教师的教是为了学生的学,学生是学习的主人。教师是学生学习情绪的主导者。在课堂上,教师对主动参与教学活动、认真学习的学生给予表扬,不仅能使他们本人更主动地参与教学活动,还能带动更多的学生尝试主动投入

到教学活动中来。学生的主动参与，不仅活跃了课堂教学气氛，而且学生通过参与教学过程，积极主动地去感受获取知识的快乐，发挥聪明才智，锻炼自身技能。

二、在学生学习方面

(一)帮助学生养成良好的行为习惯

美术教育不仅要让学生掌握课堂知识，同时也要有或多或少的情感体验，不仅要注意培养和发展学生的智力因素，还要培养和发展学生的非智力因素。帮助学生形成良好的行为习惯，这对于学生将来工作、学习都非常有帮助，教育应以学生的健康成长为主，真正地做到育人。

实践证明，运用强化技能塑造学生的行为是行之有效的。教师应帮助学生增强学习热情，使学生形成良好的行为习惯，如遵守纪律、独立思考、自主学习、劳逸结合等，对做得好的或有进步的学生经常采用各种赞赏的方式，对学生形成并巩固正确的行为，能够起到很好的促进作用。

(二)牢固掌握课堂知识

心理学测试表明，同样基础和同等水平的学生，在教学过程中能不断得到鼓励，及时知道所犯错误，尽快了解学习成绩的学生，其学习效果要好得多。在学生的学习方面，教师提出问题或布置其他学习任务后，当学生做出的正确反应(如回答或操作正确、思维敏捷、见解独特等)符合甚至超过教师的期望时，教师采取适当的强化方式承认学生的努力和成绩，例如："××同学做得真快，而且做得很好，能把你的方法写在黑板上，为我们讲解一下解题的思路吗？"这样的表扬能帮助学生在课堂上掌握适合自己的学习方式，培养学生的自学意识，提高学生的学习质量，对所学的知识进行巩固，从而牢固掌握了课堂的知识。

三、在情感培养方面

教师要认真地研究学生，通过课堂交流、课下谈心或聊天、书面交流等形式，了解学生的内心世界，明白学生之间的个体差异，充分认识到学生的情感特点，了解他们的心理需求。从学生的心理特点出发，进行适合学生心理特点的强化教育，可以达到事半功倍的效果。

例如，承认学生的努力和成绩，能够促使学生将正确的行为巩固下来，使学生的努力在心理上得到满足，这是沟通师生间联系的一个重要方面。在情感上沟通师生间的关系，会使学生对教师产生好感，产生信任甚至依赖的情

第十二章　美术教学强化技能

感。学生认为教师关心他、理解他、重视他、信任他,这些都会对学生产生极大的鼓励作用,对他们当前和今后的学习,都会产生深远的影响。和好学生相比,后进生更需要鼓励,如果老师能够适时帮助、鼓励,他们在成功之后,一辈子都会感激这位老师的。教师要多与学生接触、交往,形成融洽的师生关系。教师只有充分认识到学生的情感世界,才能更好地运用强化技能。

四、在课堂教学方面

在各种教学技能中,强化技能被称为巩固技能,大教育家孔子曾经说过:"学而时习之,不亦乐乎。"可见,强化技能历来是现代教育者从事教学过程中不可忽视的教学技能之一,其应用可以分为以下几个部分:

(一)提供机会

教师运用强化技能是为了促进和增强学生的正确反应和保持学习精力。在课堂教学中,教师要向学生传递清晰的信息,构建交流讨论的平台,可采取提问、让学生做习题或者上台演示、操作等方式,让学生充分地表达自己的思想,给学生做出反应的机会。

教师还要给学生一定的思考时间,一位优秀的教师能准确地判断学生是否已充分交流完他们所能想到和理解的一切,果断地决定在何时介入。当学生表达不太清楚时,教师要考虑到学生的心理活动,可进一步询问他想要说什么或做什么,让学生充分表达自己的意图。切不可一旦学生在课堂上回答不出问题,老师就让大家来帮助,于是乎,课堂上"小手林立",而被帮助者往往显得很无奈,这对被帮助者的发展是很不利的。

(二)做出判断

当学生对于老师所给的问题或任务做出反应后,教师应该谨慎而迅速地做出准确的判断:这种反应是不是所期望的。要善于观察,在学生的心理活动(如需要、情感、冲突与困惑)发生变化时,对其变化产生的原因与发展趋势做出准确的判断与预测,进而帮助学生做出有效的反应。

教师要善于抓住学生反应中的每一个闪光点(有价值的因素)予以强化,只有这样才能调动不同水平学生的积极性。当教师对学生的反应一时不能做出准确的判断时,不可武断下结论,以免"冤枉"学生,打击学生学习的积极性。当做出错误判断后,应当大方地道歉,而不是恼羞成怒、不分青红皂白,甚至顺着自己的性子批评指责学生。

(三)表明态度

教师在对学生的反应做出判断后,要明确地表明自己的态度,可以采用表扬、批评或其他的活动方式,对学生的正确反应进行强化,不能认为"这是应该的"而对正确的反应无动于衷。评价标准因人而异,对学生的表现不应苛求完美,只要有进步,就应该给予肯定。

教师的态度应当明确,要使学生知道肯定的是他的哪些行为,不能笼统地说:"嗯,这个做得不错……"让学生摸不着头脑,"我到底是哪里不错了?"从而不能对正确的行为进行强化。教师在进行强化时,尽量面向全体学生,必要时指向个别。

（四）提供线索

学生做出反应后,必须要让学生知道其反应是否正确或需要改进,教师可以直接以某种方式表明。当教师认为有必要也有可能让学生对自身做出的反应进行自我强化时,要给学生提供线索,引导学生认识自我、分析自我、反省自我,让他们对自己的反应进行检验或判断。对正确的反应进行巩固,对错误的反应进行剔除。提供线索的方式依具体情况而定,可采用提问、提示、实践验证等不同方式。比如,找学生谈话,让犯错误的学生谈自己的想法,找到问题的症结在什么地方,才能有目的地对学生进行批评教育。

第三节　强化技能的类型

强化技能的方法很多。教师在教学中运用的诸如赞赏、批评的语言,鼓励和称赞的目光,会心舒坦的微笑,以及其他利用面部表情、活动等方式,为学生创设学习环境,调动学生的学习情绪,从"要我学"转变为"我要学",真正地体现学生的学习主体地位。从教师实际应用强化技能的具体形式看,强化技能主要有以下几种类型:

一、语言强化

它是教师用语言评论的方式,如表扬、鼓励、批评,对学生的反应或行为做出判断和表明态度,或引导学生相互鼓励来强化学习效果的行为。

语言是教师向学生传递信息的主要载体。因此,语言强化是使用最多、最普遍的强化方式。对学生在听课、回答问题、解答习题、进行实验等学习活动中的正确反应和行为,都可以用语言进行强化,它包括口头语言强化和书面语言强化。

第十二章 美术教学强化技能

（一）口头语言强化

口头语言强化指教师对学生在课堂上的反应和表现以口头语言的形式做出针对性的确认、表扬或批评以达到强化的目的。

1.表扬

人总是喜欢表扬，需要鼓励，学生也一样。表扬的话绝不吝啬，该出口时就出口。课堂口头表扬因其直接、快捷等特点，已成为课堂教学中使用频率最高、对学生影响最大的过程性激励方式，也是教师的沟通艺术。如学生回答问题之后，教师评价"非常好"、"太棒了"、"这是一个非常好的想法"、"回答得很有见地"、"看来你读书时是用心思考的"等，这都能起到激励该生的作用，增强其学习信心，提高其学习的兴趣。

2.鼓励

鼓励与表扬不一样，表扬是教师做出的一种价值判断，而鼓励的目的则是激发学生去开始或继续完成与学习目标相关的学习活动或学习任务，让学生有目标地一点点进步。例如"相对来说，你的方向是正确的"、"继续努力"、"还差一点就行了"、"很好，再想想，就快接近正确答案了"等等诸如此类的话语是教师经常用到的。这不仅使受到鼓励的同学享受到成功的喜悦，也为别的同学指明了希望与方向，有很大的激励作用。

3.批评

指教师对学生的学习行为或结果进行否定，如对上课不注意听讲的同学，对不完成作业的同学，对不遵守纪律的同学等等。教师提出批评意见，指出缺点毛病，无疑会起到抑制、纠正错误行为的作用，同样具有强化效果，使之以后不犯或少犯类似错误。但是批评时要考虑到学生的自尊心，尽量不在全班同学面前点名批评某某同学，可以点事不点名，表明批评是对事不对人，这样既保全了被批评学生的面子，也起到教育其本人，同时教育大家的作用。如有的学生不善于在大庭广众面前表演、发言，说话唯唯诺诺、毫无自信心。这时教师走近他，轻声说："你很少在同学们面前展现自我，所以总是没有信心，希望以后多加强这方面的锻炼，争取下次回答好。"这句话就属于批评性鼓励，很有针对性，旨在鼓励学生提高口头表达能力。总之，这一类语言强化是教师针对因各种原因使学生做出不全面、不正确反应的强化训练。既有善意的批评，更有鼓励的成分。

注意表扬和批评不可滥用，过于频繁地强化可能会出现负面效果。批评与表扬和鼓励应该适当地结合。教师在批评时要说明原因，指出改正的方向，让学生用积极的态度思考批评的问题。当学生能认识到错误，有悔意时，教师

不需继续批评,而应关心他,给予他改正错误的机会。当学生改掉了错误的行为习惯,这时教师要善于发现学生的闪光点,及时加以赞许,恰当地给予表扬,将批评转化为表扬,达到了强化其行为的最佳效果。

4.教师概括、总结学生学习活动的语言强化

这是教师对学生正确反应做出的支持性的较高层次的语言强化与总结。也是教师进一步概括、综合、升华式的语言强化,能使学生的回答更加明确、深刻以及容易记忆。

(二)书面语言强化

书面语言强化是通过教师在学生的作业或试卷上所写的批语,而对学生的学习行为产生强化作用的一种方式。书面表扬是一种延时的表扬,是口头表扬的有效补充。书面表扬在某种程度上起到很好的激励作用,促进学生学习的积极性。

例如,学生在黑板上书写或作画后,教师及时写出评语或在画面上写评语,做标记等。如一个对作业从不认真的学生,经过教育后,有所改进,教师在学生的作业本上写出恰当的批语:"画如其人,大有进步,如果下工夫一定会有更大的进步!"经过反复的鼓励强化,这个学生对作业的态度便会有所改变,比笼统地写"好"、"有进步"更有强化作用。如果只写一个"阅"字则对学生没有强化作用。

另外,对于一些情感细腻的学生,口头语言的表扬和表情的表扬不一定能触及他们的内心深处。对此,教师可采用书面式表扬。例如,可以用小纸条写上表扬他们的话,在合适的时候送给他们,也可以在批改作业时给他们写下热情洋溢的语言,让他们在"我与老师最亲密"的体验中受到激励。

二、动作强化

一个成功的教师不仅在课堂中会利用语言手段,而且还会利用非语言因素的身体动作或面部表情、姿势和眼神(又称体态语)等来强化教学的行为。一个教师的教学魅力,往往可以通过他的体态语言对学生的表现表示自己的态度和情感,促进教师和学生的双向情感交流,使教学信息得以顺利传授。一个会意的微笑,一种审视的目光,都可以把教师的情感正确地传达给课堂里的每一个学生。

(一)微笑

很难想象冷若冰霜或板着面孔的教师,其课堂气氛能够活跃,教学效果能够理想。相反,表情丰富的教师,师生之间易于产生情感共鸣,学生主动参与

第十二章 美术教学强化技能

学习的意识强烈，热爱学习的兴趣浓厚，如此教学效果自然较好。

教师以甜蜜的微笑面对着学生，能给学生一种宽松的师生交往人际环境，能使学生感受到教师的理解、关心、宽容和激励。教师的微笑是腼腆学生的兴奋剂，使他们得到大胆的鼓励，敢于去表达自己；教师的微笑是外向好动学生的镇静剂，使他们得到及时的提醒，意识到自己的言行需要控制和自律。

（二）手势

如拍手、鼓掌、举手等，对学生的表现给予强烈的鼓励和支持，还能吸引学生的注意力。手势的效果在于是否用得恰当、适时、准确。所以教师讲课时手势应该随着教学整体发展而适度变化，并与语言、表情、身姿等有机配合，准确无误，以加强表达效果，并激发学生的听课情绪。

但手势次数不应过于频繁，幅度也不能过大。切忌不停地挥舞或胡乱地摆动，扭扭捏捏，也不要将手插入衣兜或按住讲桌不动。手舞足蹈会令人感到轻浮不稳重，过于死板又会使学生感到压抑，还可能会加强学生的无关刺激。另外，还应注意各种消极的手势，如用中指指人，用黑板擦不停地敲击桌子，玩弄粉笔或衣扣等。

（三）目视

眼睛为心灵之窗。教学的高层次是心灵的交流与和谐。教师的眼神要使学生感到亲切中有严肃、肯定中有期待、否定中有鼓励、容忍中有警告。

目视是对学生的表现表示关注或提醒。教师讲课时，应以敏锐而亲切的目光有意识地关注每一个学生，使他们感到没有被冷落。当然，整个目光还要随着教学内容的进行、学生的情绪等自然地变化。对听课认真、思想活跃、回答问题正确无误的学生投去赞许的目光并伴有点头动作；对精力不集中、做小动作的学生可投去制止的目光并伴有摇头动作；当学生做某一演示或回答问题时，教师的目视表示关注和鼓励；当学生不专心时，教师的目视则可以提醒他注意。

教师要始终保持明亮透彻、神采奕奕的眼神。教师切忌眼神暗淡无光、昏昏欲睡；切忌双目紧盯着天花板、望着讲义或窗外，没有与学生进行目光的交流；切忌视角频繁更换、飘忽不定，给学生心不在焉的感觉，造成教学活动的干扰。

（四）站立位置变化

教师在课堂上的位置、走动接近学生的程度，如走到学生身边站住，倾听其回答问题等都会产生积极的强化效果。如学生不认真听课，大可不必浪费时间来批评，这样易伤孩子自尊心，这时，教师可以貌似不经意地移步到该学生附近,引起其注意,给予暗示性批评,便可迅速达到强化的目的。对于出现正确反应的时候,也可以用拍拍肩膀、轻轻摸一摸头等动作表示鼓励和赞赏。学生的心情也会充满喜悦感,激起其求知欲,使其对学习更加有兴趣(对年龄小的学生更有效)。

但是,教师不能在教室内频繁走动,以免分散学生的注意力。教师的脚步不宜过快,也不能过慢。在学生激烈讨论的时候也不宜随便接近学生,容易造成学生正确反应的中止。同异性学生交谈时,距离不宜太近,更不要随便拍打学生,以免引起反感。

(五)沉默

当课堂上有学生做出有违课堂纪律的事情,或学生对某一问题进行激烈讨论的时候,以及学生在准备回答问题时,教师可采取沉默的方式。喧闹中突然出现的寂静,可以紧紧抓住学生的注意力。在许多情况下可以成为一种强有力的课堂强化和控制手段,起到"此时无声胜有声"的效果。一般来说,停顿的时间以三秒左右为宜,这样的停顿足以引起学生的注意。停顿时间过长,反而会导致学生注意力涣散。

(六)点头或摇头

对学生的表现给予肯定或否定。学生答题时,教师可以点头表示赞成学生的行为或见解,反之则摇头表示否定。不论表示肯定还是否定,教师的表情应和蔼、亲切,应富有感情,这样易于产生情感共鸣,激发学生参与课堂的意识和热爱学习的兴趣。

有研究表明,在言语行为的全部效果中,体态语占55%。在课堂教学中,教师的动作强化常伴随语言强化同时出现往往能获得更好的强化效果,这是由于学生能够更强烈地感受到老师的鼓励和肯定。

三、标志强化

教师对学生的成绩或行为给予象征性的奖赏物(图章、红花或批语等),如在其作业、板书后写上简短的批语,也可以奖励一些小物品,激发学生保持某种正确的行为,如遵守纪律、认真做作业、上课等,以表示鼓励和肯定,使他们的心理得到极大的满足。年龄越小,效果越好。因为年龄小的学生总认为,从老师那里获得物品是一件无比荣耀的事情。

例如,在练习中,书写工整、正确率高或比上一次有进步,在作业本上盖一朵小红花或写一个"优"字作为奖励,并加上适当的、鼓励的批语,使学生的心理因素得到优化,激发其学习兴趣,增强学习积极性和上进心。

第十二章 美术教学强化技能

强化字面意义有增援、支援、加强、加固的含义,专指对某些符合教学要求的行为进行促进或加强,使其与相应的刺激建立稳固的联系。教师运用一些醒目的符号、色彩对比、加彩色圆点、曲线等各种标志引起注意来强化教学活动的行为,促进或强化了学生认识中的尝试活动,虽不能算作教学中的强化技能,但是起到强调作用,符合加强学习活动的一般意义,能够促进教学活动。例如:在讲评重点、关键内容的板书中加入标志符号,如打"√"、"×"或"?"、"!"来突出强调问题,或加彩色圆点、彩色曲线等,都可以引起学生的注意。又譬如:在演示平面设计教学活动中引导学生观察时,用不同颜色的粉笔勾画出不同绘画要素的基本形,可以用简笔画的形式在画面的重点如结构、骨架处加标志、加说明等,引起学生的兴趣,强化平面设计教学的目的。

四、活动强化

活动强化是以特殊的个别的活动作为奖赏物,对在教学活动中有贡献的学生进行奖赏和鼓励,例如部分地代替教师工作,帮助教师检查学生的练习等。

(一)动手操作

动手操作既能丰富感性知识,又能满足学生好奇、好动的心理,提高他们的学习兴趣。课堂的演示,除了教师操作之外,也可以有目的地请一些同学上台来试一试。这样既表达教师对学生正确行为的奖赏,也体现教师对学生的信任,强化其正确行为。

(二)做"小老师"

在教学活动中,可以请一些学生当"小老师",年龄越小,踊跃的程度越高。让他们向全班阐述自己的见解或把自己的解答写在黑板上,能在课堂上提供自我表现的机会,可以有效地调动学生的潜能,提高学生的学习积极性。

(三)竞赛

适当地展开竞赛活动能激发学生的学习积极性,它是教学强化的活动形式之一。竞赛是培养学生刻苦学习、攀登科学高峰的一个途径,是促进教学工作、提高学生水平的方法。例如,开展"班班有美展"的竞赛活动,来帮助学生开阔思路,提高能力,扩展课堂上所学的知识。再如,开展课堂抢答竞赛等活动形式。

但是竞赛最终总是要分出胜负,容易让学生产生一种攀比的心理,而一部分学生可能经常体验失败的痛苦,从而对学习产生厌倦的情感体验。有些老师总是说"我们比比看谁做得最快",导致学生过于注重结果,于是草草完事,使得竞赛仅流于形式,学生却没有真正获得知识。所以竞赛活动选取恰当才能很好地强化学生的学习,提高学生积极学习的劲头。

另外,练习和测验是加强或巩固对知识技能的掌握程度,与对学生的正确反应进行鼓励是两回事,虽不具有强化技能中强化的意义,但是通过各种学生间的相互作用的活动,加强学生参与教学活动,进而达到强化的目的。

(1)布置课堂练习。讲完新课后,设计有针对性的习题,教师组织学生进行练习,使学生在有实际意义的情境中反复操练,教师从中肯定学生的积极行为,促使自我学习运用新知识达到强化目的。

(2)作业考核。教师经常对学生进行作业考核,这不但能够检查学生的学习成绩,同时也能让学生在学习过程中保持一种紧迫感,也是对所学知识的一种强化。

除了以上列举的集中类型外,还有很多其他强化技能。教师不经意的举手投足都有可能成为强化物,因此教师的教态应适宜、大方。强化物不一定始终由教师支配,有时可以让小组、同伴或其他人来给予,学生自己也可以给自己强化。

此外,强化的效果也因人而异,有些学生把强化作为唯一的学习动力,有些学生则把强化看作外来之物;有些学生强化越多学习劲头越大,有些学生强化多了反而不再努力了,如此等等。因此,不同学生在教学过程的不同阶段,需要不同类型的强化,甚至不同数量的强化。不管怎么说,强化在教与学过程中起的作用是一致公认的,关键看教师所使用的强化类型、频率是否恰当和必要。

第四节　强化技能的应用

教师在运用强化技能时,使用的方法要合适、得当。尊重学生,理解学生,从学生的角度出发,要使学生产生愉快的情感体验,乐于接受教师的建议,从而形成正确的行为。因此,作为教师,不论是奖赏或者惩罚,都要明确当下的行为方式是否有利于强化学生形成正确的反应,是否有利于学生的身心健康和智力发展,是否有利于对教学内容的巩固和知识的内化。

一、应用强化技能的技巧

(一)强化技能的应用力求准确与可信

1.判断正确,选择强化点

教师对于学生的反应要做出迅速、准确的判断。教师要判断学生反应的正误。回答得全面与否,教师的态度一定要鲜明,不能模棱两可。然后再决定

对学生行为的整体或某一个侧面进行什么形式的强化。教师对强化点的选择要明确,务必使学生知道强化的是哪些行为,从而保证教师的意图能被学生正确地理解,避免发生误解。

但是,教师对学生的行为一时不能做出准确判断的情况在美术课中还是经常发生的。随着网络的发展,教师已经不是学生获得知识的唯一途径。例如从电视上看到的艺术欣赏、鉴宝等一些奇闻逸事非常识性的东西。教师不宜从自己的主观臆断出发,做武断的评论,否则容易挫伤学生的积极性,也会降低教师的威信。教师应该让学生充分发表自己的意见和见解,从积极参与教学活动、敢于发表自己的见解等角度进行强化。

2.选择合适的强化物

教师不但要选准强化点,而且强化物的应用也要准确。比如请学生解答问题。学生回答得准确、迅速、简练、完整,该学生在各方面都表现很优秀。教师就可以在对学生的答案进行肯定的同时,对该生的学习态度、日常表现给予全面肯定,进行强化。教师可以采取语言强化的方式,说:"××同学学习态度向来刻苦认真。你们看他回答得多好啊!大家都应该向他学习。"当学生的回答或操作不完全正确时,教师应抓住其合理部分进行正面强化,适时地引导其往正确方向发展,而不能给予打击。如学生在解答问题时,虽然回答错了,但是思考问题的方法、步骤是正确的,教师可以首先指出错误和错误原因,然后对其解题的思维过程进行正面强化,同时指出努力方向。

(二)强化技能的应用要注意恰当与适度

1.方式恰当

强化的方式要与学生的反应相适应,还要注意与学生的年龄特点相适应。对学生口头表述的答案,教师可采取语言强化、动作强化;对学生的书面答案,如作业、研究报告等可以用语言强化,也可以用标志强化;对学生的动手操作可以用语言强化、活动强化等。强化的方式与学生行为的方式相适应,尽量多变,不要太枯燥单一,让学生感到自然、不生硬,易于接受。

2.适应学生的年龄特点

对于不同年龄的学生,采用的强化方式也应该有所区别。如初一的学生情感外露、自然、毫无掩饰;而高年级的学生则多了一些含蓄和深沉,自尊心和虚荣心也强。对此,教师应该采用不同的强化方法。如低年级学生回答问题之后,教师鼓掌或发动全班学生鼓掌,或给予其小物品作为奖励,效果可能会更好。而在高年级,不适当地采用全班同学鼓掌表扬、奖励一些小物品等做法显得过于幼稚并会使作答的学生难堪,反而适得其反。

3.适度强化

过分的强化有时会产生副作用。例如,对于一个不是十分聪明、学习成绩一直不好且自卑心较强的学生,在没有什么突出表现时,说他"十分聪明,反应迅速,学习成绩出众",他会认为这样的表扬是虚伪的。不恰当的赞扬、过高的评价会使答题的学生感觉是一种讽刺。但是,如果这个同学有独到见解地回答了一个问题或是较好地完成了一种操作活动,超出了教师的期望,教师可以说:"××同学的回答有自己独特的见解,你的回答让老师受到了启发,所以说只要开动脑筋,认真学习,××同学一定会是很出色的。"这样的强化,有可能树立起这个同学的自信心,使他产生一个极大的转变。

另外,采用接近强化时,频繁地走动、靠近学生,也会分散学生的注意力;采用接触强化时,若不慎重,可能会使学生产生反感;采用标志强化,在黑板上画得太乱,会使学生眼花缭乱。这些教学行为都不利于强化学生正确的行为。

4.避免消极的强化

学生在回答问题的时候,经常不完整或是只有一部分回答正确。即使是这样,学生仍然应该得到表扬。教师要承认学生付出的汗水,循循善诱,鼓励他们继续朝着正确的方向前进,这对于教师来说是极为重要的。在这种情况下教师可以给予部分强化,也就是对那些正确的方面进行肯定性的表扬,同时设置坡度,让他们逐步进步,运用以下的评语对教师和学生都是很有帮助的。如:"好的,你的想法是对的"、"你已经回答出了问题的一些方面"、"再进一步思考,答案就出来了"、"你还有什么地方没有考虑周到?"教师使用这样的方法就可以避免采用消极强化(如:贬义的词语,消极性的动作,或是讽刺和批评)而主要对学生的努力给予肯定的答复。

负强化的惩罚不等于体罚,体罚会给学生的身心造成伤害,应当避免。如果一个学生因作业马虎而被老师罚站了三个小时,学生因此站得是天昏地暗、头昏眼花,这种变相体罚是不利于学生身心发展的。《中小学教师职业道德规范》中详细规定:不得体罚或变相体罚学生。体罚学生是一种违法行为,侵犯了学生的健康权、身体权、人身自由权等权利。

(三)强化技能应用上,教师态度要真诚

强化过程是师生之间心灵的感情交流。学生能从老师的强化中体验到教师期望他们迅速成长的殷切心情,体会到教师为自己取得优异成绩而无比的骄傲和自豪。这种情感会深深打动学生,让师生之间产生共鸣,使学生产生一种"亲其师,信其道,乐其学"的感觉。这种强化的效果是最佳的。但是,只有教师的真诚才能产生这样的效果,即使是批评,甚至是使用处罚等负强化作用,学

生也能从中感受到教师的殷切期望,让学生体面地、心悦诚服地接受批评教育,从而产生积极的强化作用;如果教师的态度不真诚,学生得不到心灵和情感的感应,会认为教师的强化是虚假的、挖苦的,会产生反感,甚至出现逆反心理。

从心理学上分析,教学过程中教师对学生的积极态度,其核心是对学生暗含期待。教师的暗含期待,是指教师用各种方式对学生进行暗示,表示出对学生的亲切关怀、高度信任和鼓励。学生受到来自教师的这种心理感应,会受到巨大的鼓舞,产生强大的自信力,并转化为克服困难的能力,将它付诸实践,取得学习的成功。教师的暗含期待效应,在心理学上称作"罗森塔尔"效应,也称作"皮格马利翁"效应。所有的教师都应当充分利用"罗森塔尔"效应的原理,对学生施加影响,激发学生的潜能,使学生取得教师所期待的进步。

(四)强化技能的应用要做到把握好时机

教师把握好强化的时机也是十分重要的,应根据具体情况采用即时强化和延后强化。课堂中的短小提问或一个操作过程,用即时强化效果最好;比较抽象的问题、比较复杂的推理过程等,应等待学生充分思考,大多数同学已经能够理解之后再进行强化,这样的强化才会对大多数同学产生效力。对于高年级学生来说,在没有听完其他学生的回答以前,不要急于对前面学生的正确回答给予表扬,这样可以不打断课堂讨论,尊重学生意见,对学生开阔思路、集思广益是很有益处的。对于值得表扬的发言,完全可以放在讨论之后给予肯定赞扬。

(五)注意强化技能应用的多样性和个别性

1.强化的多样性

强化的方式多种多样,可以单独使用,也可以配合使用。在一节课中,语言、动作、标志、活动等强化方式交替使用,能使学生始终保持一种新鲜感,这样才能达到预期的强化目的。即使是使用同一种强化方法,在反复使用时也要有所变化。

2.强化的个别性

教师要承认学生之间的个别差异。有一些腼腆的学生可能会对口头表扬感到难堪,而对写在作业本上的鼓励性评语产生良好的反应。有些学生比较喜欢在全班面前表达自己的想法,而有些则喜欢私下表达等。因此,教师要确立对学生行之有效的强化方式,还要考虑到班上学生的年龄和能力特点,才能达到最好的强化效果。

(六)应用强化技能要注意引发学生间的相互激励

教师可以采用让学生互相鼓励或表扬的强化方式,使教学过程中实施的彼此强化得到发展。例如,让一组学生正面评论另一组学生所做的努力;让大

家为某同学精辟的阐述鼓掌;由班委会成员表扬学生进步者、互帮互学者等等。所以,学生的正确行为习惯、学习的动力、成绩的提高,并不是完全依赖于教师直接给出的强化。

二、运用强化技能的原则

(一)目标强化

课堂教学必须有明确的教学目标,只有教学目标明确,教师才能充分发挥其主导作用。根据条件反射说的"塑造"理论,教师在运用强化技能时不仅要做到教学目标明确,而且要使教学目标具体化(包括知识和方法、智力和能力、重点和难点以及思想品德等方面的内容)。要进行教学目标的有效强化,就必须明确应该强化什么,从哪些方面进行强化,运用哪些强化技能,这样才能达到调动学生学习的积极性、控制和调解学生学习的最佳状态的目的。

在课堂教学中,教师不必对学生所有的反应都给予强化,对教学影响不大的行为可以忽略不计,如同桌之间偶尔低语两句、相互做个鬼脸等。而应当对与达到教学目标有密切关系的正确反应予以强化。比如,在有些知识点上很容易犯某种错误,有的教师就反复强调,让学生记住不要犯此类错误,其实无形中可能就是帮学生强化知识点上的易错之处。

(二)情感强化

强化是为了塑造学生的行为,而一个人改变自身的行为常常感到痛苦,所以,教师在运用强化技能塑造学生行为时,态度应该是客观的、真诚的,这样才能对学生的情感产生积极的影响,使学生产生愉快的情绪体验,乐于接受教师的建议,从而顺利地形成正确的行为。为此,教师的情感强化应首先做到实事求是、准确合理、恰如其分。其次,强化要融入师爱,一旦学生感受到这份情感,就会努力奋进,塑造自己良好的行为。"多用情,少用气",对待犯错误的学生,要以情感人、亲切和蔼、心平气和,让学生体面地接受批评,而不应怒气冲天、训斥指责、或者有意冷淡疏远,容易让学生产生叛逆心理,不利于学生的心理成长。最后,强化要让学生体验到成功的乐趣,体验到学习的愉快,从而增强信心,产生强大的精神力量,推动其不断进步。

(三)恰当性和针对性

强化实际上是刺激某种需求,然后通过满足这一需求使强化对象产生更强烈需求的一种手段。所以运用强化技能应自然、恰到好处。运用时要有区别和变化,由于学生在年龄、性别、性格等方面的差异,学生个人对强化方式的喜好是不同的,教师应针对学生的特点,有区别、灵活地采取不同的强化方式。

如过分频繁地走动和接触学生易引起高年级学生的反感。有些活动如帮助老师、做谜语题,对年龄小的学生可能更合适用强化物。因此,必须对不同年龄的学生提供相应的、有力的强化刺激和事物。强化只有恰当才能起到应有的作用,不恰当的强化,如过分夸大学生反应的正确程度,教师的语言、表情过分戏剧化等,将会使学生感到别扭,甚至被学生认为是虚假的而适得其反。

因此,教师应研究学生,了解他们的心理需求,以便进行适合学生心理特征的强化。同时应该看到,每一个学生的心理特征都具有某种个人色彩,同一个学生在不同的时期心理状态也不相同。因此,教师在给予强化时不能用单一的、简单的方法对待,只有做到因人、因事而异,恰当、可靠,才能起到强化技能的目的,使强化更具有针对性,否则强化不但没有作用,还可能带来不良的后果。

(四)时效性与定比率强化

把握好强化的时机,对提高强化的有效性也是很重要的。对所期望的行为一旦出现应即时强化,这样可给学生留下较深刻的印象。对于学习行为不良或纪律较差的学生,要注意他们微小的进步,一旦出现进步就及时给予强化,这样不仅有利于目标的实现,而且通过不断地激励可以增强信心。同时强化的实效性还体现在应用定比率强化程序强化行为,操作性条件反射说的"强化程序"理论告诉我们,强化程序影响机体的反应速度,定比率强化程序的反应速度最快。也就是说,获得间歇性强化的反应比获得连续强化的反应在停止强化后保持的时间要长。当某种希望的行为出现且已稳定的时候,教师就应逐渐减少强化的次数,并延迟强化,直到强化只在任意时间间隔里偶尔出现。保持一种已经形成的行为,这种强化比经常强化更有效。因此,教师在教学过程中应尽量运用定比率强化程序,特别是在教学的重点、难点处。

(五)鼓励为主,兼带惩罚的多样性强化

在进行强化时,还应注意方式的多样性。如果反复使用单一的强化物,对学生的激励作用就会减弱,失去应有的作用。强化的针对性决定了强化的多样性,教学对象不同,教学内容不同,决定强化的方式也是不同的。

操作性条件反射的"消退"原则告诉我们,正强化和负强化并不对立,也就是说正强化增强行为,惩罚并不一定削弱行为。只有奖励没有惩罚的教育也是不完整的,惩罚有时效果更佳。当然,学生应以鼓励为主,多鼓励意味着获取更多的正强化机会。因此,在实际教育教学中,"多鼓励,少批评",发现学生的闪光点,培养学生的自尊心、自信心,通过发扬优点来克服缺点。对于那些反应缓慢的学生更应该热情鼓励,充分肯定其点滴的进步,并适当地控制强化的节奏。强化的多样性还表现在强化的形式上多样,如:学生的成绩不仅可以用高分来奖励,也可以用口头表扬、公开承认(把好的作业张贴出来作为大家学习的榜样)、象征奖励(五星、笑脸、小红旗)、额外的特权或活动选择、物质奖励(点心、奖状)等。这样,被强化的行为就会重复发生,没有得到强化的行为就会消退。

总之,强化方法的运用要因人而异,要因教学内容而异。灵活掌握强化技能,那些能够对学生的反应采取恰当的肯定或奖励,能够使教学材料的刺激与所希望的学生反应之间建立起稳固的联系,能够起到帮助学生形成正确的行为和促进学生思维发展作用的做法,都是很好的强化手段。实践证明,教师在课堂教学中如果能够艺术地把握强化技巧,能激发学生积极的求知欲望和注意中心,强化他们对知识的理解和记忆,培养学生观察、记忆、思维、归纳、推理和创新等能力,学生的学习兴趣、学习能力和学习成绩就能得到明显的提高,教师就能顺利地落实教学内容,实现教学目标。

第五节　强化技能评价单

日期_____　任课教师_____

请您在听课时对以下各项目评价,在恰当等级打"√"。

序号	评价项目	等级				权重
		优	良	中	差	
1	教师采用的强化目的明确。					0.10
2	强化引起了学生的注意力。					0.15
3	强化促进了学生参与教学活动。					0.20
4	强化运用时机适当。					0.10
5	教师运用强化时情感热情、真诚。					0.15
6	强化方式多样性。					0.10
7	强化自然、恰当。					0.10
8	正面强化为主,鼓励学生进步。					0.10

您还有什么意见或建议:

思考与练习

1. 请综述强化技能的含义,它的心理学根据是什么?
2. 强化技能有哪些类型?试举出几种非语言强化方式(如手势、姿势、身体接触等)。
3. 强化技能在教学中有哪些作用?举例说明。
4. 阐述奖励和惩罚的关系,以及如何在实际教学中灵活应用。

第十三章

美术教学结束技能

第一节 结束技能概述

一堂好课,应该注重教学结构的安排,不仅有引人入胜的开端,环环相扣的中间,还需要有耐人寻味的结尾,草草收场会使整节课黯然失色。教师应该合理安排课堂教学的结束阶段,精心地设计一个"言有尽而意无穷"的课堂结束语,做到善始善终,给课堂教学画上完整的句号。

结束技能是教师完成课堂教学活动或一项教学任务时,有目的、有计划地通过重复强调、概括总结、实践活动等方式,以精练的语言对知识进行归纳总结,使学生对所学的知识和技能进行及时的、系统化的巩固和应用,并转化、升华,使新知识稳固地纳入学生的认知结构中形成完整的知识结构,并为以后的教学做好过渡所采用的一类教学行为。

结束技能常用于一节课的结尾,在课堂教学中任何相对独立的教学阶段也都可以应用到,小到讲授某个概念、某个新问题的完成,大到一个单元或一章教学任务的终了。

结束技能的恰当使用,对学生理解学科的基本结构作用很大。在新知识教学完结前,明确地进行概括总结要点,浓缩出关键的知识信息并加以系统化,起到画龙点睛的作用,而且有利于学生掌握和记忆本课的知识要点。同时,有目的地把概括的新知识与学生原有的相关知识联系起来,使学生的认知结构得以充实和完善,也能够促进学生逐步形成和把握学科的知识结构,让学生尝到掌握新知识后的愉悦感。也可设置悬念,促使学生的思维活动深入展开,诱发继续学习的积极性。另外,运用这项技能还能及时反馈教与学的效果,教师通过把握教学目标达成的情况,调节教学进程。因此,结束技能也是调控教学过程的重要技能。

第二节　结束技能的作用

一堂课艺术地收场可鼓起学生的思维之翼,使他们对教学内容遐想联翩、深思求解,或有所启迪而渐悟其理。从信息及其加工的角度看,结束技能是帮助学生对新知识学习中获得的信息进行提炼、筛选、简化,有重点地记忆、储存,并通过与原有知识信息的联系从而促进知识的结构化和迁移运用,使新知识有效地纳入学生的认识结构中的过程。完善、精要的结尾,可以使课堂教学锦上添花,余味无穷。具体而言,结束技能有如下作用:

一、整理作用

在一堂课的结束阶段,教师将本节课的中心内容加以总结归纳,提纲挈领地加以强调、梳理或浓缩,如同聚光灯一样帮助收拢学生纷繁的思绪,理清思路,梳成"辫子",使学生所学到的新知识、新技能了然于胸,理解得更加清晰、准确,抓住重难点,并总结出规律,变瞬时记忆为长时记忆,记忆得更加牢固。

二、审美作用

教师引导学生领悟所学的内容,美术作品的主题,作者所要表达的情感基调。在一节课即将结束时,学生对所学的内容不仅仅停留在对某个美术作品或某个材料的理解上,教师应引导学生去领悟美术所表达的内容,文章的主题,以及作者所要表达的情感,加深对美术文化知识的进一步理解。

三、评价作用

引导学生参与评价活动,使学生领悟所学内容的思想性,做到情理统一,培养学生思想感情的健康发展。并引导学生团结友爱,互相评价,学习别人的长处,体现学科人文性。

四、检测作用

在课堂结束阶段,教师可以设计一些随堂练习、实验操作、回答问题、改错评价、进行小结等活动,检查本节课的教学效果,了解学生学习中的困难和对知识掌握的程度。有的时候一部分教学内容需要几节课才能完成,这就要求教师充分地进行教学设计,恰当地运用结束技能,既要对本节课的内容进行总结概括,又要及时地得到教学反馈信息,为下一节课或下一部分的教学内容的改进或调整做好准备。

另外,新颖的结束技能会使课堂气氛活跃,沟通师生情感,有助于师生活动的顺利进行。

五、创作作用

以训练美术创作为目标的教学(如漫画创作、平面设计、立体设计),结束部分一般为自主练习阶段。每个学生独立完成或以小组为单位共同完成教师交给的任务(如自己完成命题漫画创作、家居设计等),完成后,学生之间可以相互观摩、交流。通过不同的途径获得知识,既可以扩大学生知识的视野,又发展了其自学能力,更培养了学生的思维能力、想象力和观察力,提高学生的整体素质。

第三节 结束技能的构成要素

导入是"起调",结束是"终曲",完美的教学必须做到善始善终。课堂教学的结尾,要根据本节课的教学内容,如同农民收割庄稼一样,将学生分散的知识集中起来,进行系统总结,帮助学生理清思路,由感性认识上升到理性认识。所以,结束技能和导入技能一样,也是课堂必不可少的一个环节,是衡量教师教学艺术水平的重要标志之一。按照构成要素,结束技能可以分为以下几个部分。

一、给出信号

在刚要进入教学结束阶段,教师通过结束性的语言,例如"好!××××的内容,我们今天就先学到这里,接下来我们来总结一下"。或者通过概括教学任务和对照教学主要内容的进展情况,给学生一个信号:教学活动已经进入总结的阶段。帮助学生将思绪集中到教学活动的结束部分,为学生主动参与总结提供了一个心理准备,对整个教学内容进行简单的回忆,整理认识的思路。

二、提示要点

在课堂教学结束部分,指出本节课教学内容的重点、难点、关键点,进行归纳、概括,对本节课的知识点进行梳理,使课堂教授的知识条理性清晰、逻辑性强、重点分明。在教学活动中,教师可以独自进行总结,也可以进行互动,带

领学生总结,从而使学生掌握概括美术学知识的能力。最后概括本节课的教学要点,明确结论。在必要的时候,教师可以进一步说明,进行巩固和强化。

三、检验学习结果

学生是学习的主体,离开了学生的积极主动参与,教学就没有意义。一堂课下来,学生掌握的情况如何,教师应该做到心中有数。在教学结束的部分,教师可以通过组织学生进行练习,或者提出问题等方法来检验学生本堂课的学习效果,及时获得教学反馈信息。采用的检验方式多样,但要注意循序渐进,既要达到检验的目的,同时还要让学生感到获取知识的愉悦感,体会学习所带来的快乐。

四、应用巩固

在课堂结束的时候,巧妙地进行设计和组织,可以以提问、练习、小测验等方式创设情境,让学生感受到问题的存在,发现自身薄弱的部分。在解决问题时不是简单地告诉学生答案,而是引导学生把所学知识应用到新的情境中去,自己去发现、探究、索取解决的办法。通过解决实际的问题,学生加深了对新知识、新技能的理解、掌握和巩固,并且能够进一步激发学生的思维,更好地提高课堂教学效果。

五、拓展延伸

美术课堂教学的结束不应是简单的重复罗列。在结束时不仅要总结归纳本节课所学的知识,把前后知识联系起来,帮助学生理清易混淆的知识和概念,使学生形成巩固的系统化知识,而且要与其他学科、生活现象等联系起来,让美术学科与其他学科之间建立起一条广泛的知识信息纽带,形成完善的知识结构体系,既有利于求同,使知识深化,又有利于求异,促进思维朝多方向展开。

第四节　结束技能的类型

结束教学的效果取决于教师自身的素质,而不同的教学内容,不同的教学活动,不同的教学目的,不同的教学对象也决定着不同类型的结束教学。通常情况下,美术课结束教学的类型有:总结归纳式、分析比较式、巩固练习式、展开活动式、拓展延伸式等。

一、总结归纳式

它是由教师、学生或师生共同对本节课的内容要求、知识结构和美术基础知识、基本原理、基本技能进行梳理、概括,讲重点、讲难点、讲思路、讲带有创见性的问题,从而结束本节课的一种结课形式。又可分为语言式归纳、图表(多媒体视听)式归纳等具体形式。

基本要求如下:(1)总结扼要,概括主要内容,明确方位重点,加深理解记忆。语言应简练、生动,措辞严谨,富有启发性和趣味性。画龙点睛,吟诗作结。(2)展示的图表、线索层次清楚、简洁,具有自明性,一目了然。(3)设计的习题紧扣教学内容,抓住重点、难点、热点,题型新颖,题目灵活。

案例 13-1 "美术作品中的艺术形象"教学片段

教师总结:在美术作品中,美术形象是用来传达信息的最直接的媒体,这一媒体产生于现实生活,但又高于生活,这就要求我们在欣赏每一件作品的时候,首先要把握的就是作品中的艺术形象。这种把握,往往可以直接通过视觉直接感知,当然,在直观感知的前提下,我们还应联系作品产生的时代背景,才能更好地理解作品的艺术价值。

案例 13-2 "标新立异的艺术世界——外国现代主义绘画"教学片段

教师总结:我们初步欣赏了外国现代主义绘画,了解到不能把像不像,看懂看不懂作为评价的标准,学习了用视觉艺术语言去分析作品。这还刚刚开始,西方现代主义绘画中确实有消极、荒诞和艺术趣味不健康的东西。还要进一步学会鉴别和欣赏,开阔视野,逐步提高审美能力,真正地感受外国现代主义绘画的艺术魅力。列宁说过:"一句话,那一切科学的(正确的,郑重的,不是荒唐的)抽象,都更深刻,更正确,更完全地反映着自然。"

案例 13-3 "墨与彩的韵味"教学片段

教师总结:刚才大家做的几种笔墨游戏,就是水墨画的几种表现方法:浓破淡、淡破浓、色破墨、墨破色。利用水和墨在宣纸上的冲化、融渗产生的浓淡变化,通过墨与彩的泼洒、点染、堆积形成墨、色、水相互辉映的效果。这种效果妙在似与不似之间,令人回味无穷,这就是水墨画的韵味。这也是水墨画不同于其他画种的独特之处。

二、分析比较式

教师引导学生将新学到的知识、技能,与原有的知识技能,或两种关系比较密切而又不易区分的知识、技能进行比较分析,从中找出各自的本质特征和基本属性、内在联系与区别,从而更加准确、清楚、深入地理解、掌握所学知识和技能。比较的方法很多,常用的方法主要有直接比较和间接比较,横向比较和纵向比较,同类比较和相异比较等。

○ 案例13-4 "园林与民居"教学片段

师总结:园林艺术作为中国古代文化的一部分,是为满足封建统治阶级和文人士大夫游憩生活的需要而兴起和发展起来的,渗透着古代文人的艺术情趣,这些文化遗产,又是劳动人民智慧和创造力的结晶。中国园林,取法自然,高于自然,融建筑美与自然美为一体,以诗情画意的传统作为创作方法,至今仍值得借鉴、继承和发扬。

欣赏了我国的园林建筑之后,我们再来看一下我国的民居建筑(显示一组民居图片),将各地的民居建筑进行对比,概括我国民居建筑的特点(结合图片进行小结):

平面形式丰富,空间组合多变。

因地制宜,就地取材。

造型朴实,群体和谐,环境优美。

鲜明的民族特色(新疆喀什地区天旱少雨,居民喜爱户外生活,院落四周设廊,廊下砌土坑,上铺地毯,是平时待客及家人活动之处。福建永定县古竹乡圆土楼,为自卫防御而形成的一种封闭型聚居环形大楼,外墙用土造,厚达1米多,大楼一般为一环,高2~4层,每层16间,多的有32开间,内部各间有回廊相连,外部下层不开窗,第三、四层开小窗。)

北方寒冷,人口相对少,多四合院、三合院,空间大些。

南方炎热多雨,人口密集,住宅紧凑,多为楼房。

少数民族由于安全因素,以族为单位,居住大型集团住宅,形成各种形状的土楼,便于防御。

民居建筑的实用性大于精神性追求。

运用比较式结束,可以归纳总结知识的结构、联系与区别,要注意根据教

学内容,抓住比较内容的实质,在比较中理清关系。

三、巩固练习式

巩固练习式结束是教师通过提问或进行小测验等形式,使学生以口头或书面以及操作的形式对所学知识进行练习,从而达到理解、巩固、消化知识,把知识转化为技能的目的。

◎ 案例 13-5 "傲雪梅花"教学片段 1

展示部分学生课余搜集成册的有关梅花的诗词、小报;学生自由畅谈搜集的素材,并说说自然界和艺术作品中梅花给自己的感受,老师予以充分肯定。

师总结:同学们的知识真丰富!那么,今天老师还给同学们布置一个练习,尝试画一画梅,体会线条的疏密、花瓣的聚散和朝向、勾花与点花。

生体会练习画梅,教师巡回指导。

(多媒体展示不同画家的梅花作品及画家作画的精彩过程,学生再次体会笔墨的特点。)

◎ 案例 13-6 "多彩的学习生活——校园伙伴"教学片段

师:大家刚才观察了老师写生的步骤,第一步先画什么?(动态线)第二步再画什么?(大形体)然后再画什么?(深入刻画衣褶)最后怎么样?(调整完成)下面,请大家任选课本第8~9页上的一幅图片进行临摹练习。

学生临摹练习,教师巡视指导。(临摹书上的图片)

师总结:同学们的作品,大部分能够把握人体的比例、重心和重心线,动态线刻画得最好。但有几个同学在作品中对人体的比例没有把握好。总之,我们的整体水平很不错。

师:现在让我们一起来回顾一下,这节课我们主要学习了哪些内容呢?(老师引导学生答:不同姿态的人体比例有什么不同?什么是重心和重心线?人体重心大致在哪里?什么是动态线?)这节课大家表现得非常好,下节课我们请一名同学上来当模特学习写生与表现,大家准备好铅笔与画纸。最后谢谢同学们,再见!

运用巩固练习式结束,练习题的设计要紧紧抓住知识点,突出重点(体验)内容,注意启发学生,加强记忆,理解、掌握美术的知识和技能,由浅入深,层层递进,使学生真正对美术有所体验和理解,并能创造性地把美术运用到生活中去。

四、展开活动式

展开活动式结束是教师根据教学内容组织以全班或小组为单位的,以巩固、理解、掌握所学知识为目的的活动,如趣味游戏、知识竞赛、技能表演比赛、观察制作、小组讨论等。

运用展开活动式结束,准备要充分,组织要严密,活动内容要紧紧围绕教学内容,形式力求新颖,趣味性强;同时要力求突出知识重点,强化知识主线,力争让每一个同学都参与进来,并有所体验,有所收获。美术课堂教学中的展开活动式结束,不可偏离主线,为活动而活动,要适时、适度、恰到好处。

五、拓展延伸式

拓展延伸式结束是教师在总结归纳所学知识的同时与其他学科或以后将要学到的内容及生活实际等联系起来。把知识向其他方面拓展或延伸,能拓宽学生的知识面,激发学生学习、研究新知识的兴趣,或把前后知识串联起来,使所学知识系统化。

案例 13-7 "和平鸽"教学片段

教师总结:招贴画不仅是为了引起人们关注和理解,更是一种美的宣言,它映射出一个社会的文化。招贴画是社会化媒介,社会的喧嚣是招贴画想象的背景。社会的一切在昼夜不停地运动中,而招贴画却在社会空间的一隅处于静态,但是这处于静态的招贴画表达的却是动态的社会。请同学们回去后完成一个任务:针对你们身边发生的一些事情,如:发生在社区、家庭、学校、同学中的一些事情,做一个小小的调查,找一找它们发生的原因,寻找解决问题的方法,写一份调查报告。

案例 13-8 "傲雪梅花"教学片段 2

课外拓展

师:"以物寄情"是中国传统绘画里最常用的一种手法,同学们还知道梅花有哪些朋友也为无数仁人志士所喜爱呢?

生:岁寒三友:松、竹、梅;四君子:梅、兰、竹、菊;雪中四友:迎春、玉梅、水仙、山茶。

师:同学们知道有关这些花卉的画家吗?(多媒体展示部分佳作)

(由梅花拓展到同样表现人格精神的荷、兰、竹、菊等,丰富学生的知识面)

师：同学们的知识真丰富！那么，今天老师还给同学们布置一个课外练习，在学画梅花的基础上，运用中国画的表现方法，尝试画一画这些题材。我会把同学们的这些画作举办一个小型画展，大家有兴趣吗？

生：有！

……

上面的结束语，既抓住了本节课的知识重点，又恰到好处地激发了学生学习的兴趣。拓展延伸式结束，一定要抓住知识的重点，围绕知识结构的主线延伸，不可随意无边际、无休止地扩展。

第五节　结束技能的应用

一、应用结束技能的基本要求

一位高明的教师，常把重要的、最有趣的东西放在"末场"。越是临近"终场"，学生的注意力越是被情节吸引。的确，一个恰到好处的结束能够起到画龙点睛、承上启下、提炼升华乃至发人深省的作用，给学生留下难忘的记忆，激起对下一次教学的强烈渴望，同时给学生以启发引导，让他们的思维进入积极状态，主动地求索知识的真谛。

在实际的课堂教学中，要巧妙地运用结束技能，充分发挥课堂教学结束部分的作用，圆满地完成课堂教学的任务，使之体现科学性和艺术性，就必须遵守以下基本要求：

（一）自然贴切，水到渠成

课堂教学结束是一堂课发展的必然结果。它既反映了课堂教学内容的客观要求，又是课堂教学自身科学性的必然体现。因而，教师在课前要做好充分的准备，认真备课、钻研教材、明确目的、分清重难点，才能在课堂教学时，严格按照课前设计的教学计划，由前而后地顺利进行，力求做到有目的地调节课堂教学的节奏，张弛有度，有意识地照顾到课堂教学的结束，使课堂教学结束的水到渠成、自然妥帖。

（二）结构完整，首尾照应

教学是有客观规律可遵循的。依据教学的客观规律，课堂教学应是由几个环节紧密联系，环环相扣，组成的一个完整的有机统一体。教师在进行教学设计时，要加强前后环节的联系，保证教学结构的完整性，从而完成一定的教

学任务。结束部分要适当地照应开头部分,做到首尾相连、前后呼应,既给人浑然一体的感觉,又能充分发挥结束部分应该有的作用。切忌将结束部分孤立,有头无尾,或头大尾小,或头小尾大,以及互不相连的现象发生。

(三)语言精练,紧扣中心

课堂教学结束的语言一定要高度浓缩,直截了当,不拖泥带水,一语破的,而且要紧扣教学中心,梳理知识,总结要点,脉络分明,形成知识网络结构,起到画龙点睛的作用。同时要首尾呼应,突出重点,深化主题,让学生的认识由感性向理性飞跃,干净利落地结束全课。总之,教师应在课堂结束前几分钟的短暂时间内,以精练的语言使讲课的主题得以提炼升华,使学生对课堂所学知识了然于心,有一个既清晰完整又主题鲜明的认识。

(四)内外沟通,立疑开拓

在学校教学中,课堂教学只是教学的基本形式,而不是唯一的组织形式。课堂教学结束时,充分发挥各种教学组织形式在培养学生方面的协同作用,要注意课内与课外的沟通、学科课程与活动课程的沟通,以及美术学科与其他学科课程的沟通,帮助学生拓宽知识面,培养广泛的兴趣。教学是一个不断置疑、释疑、再置疑的过程。为了立疑激趣,引导学生不断思考,在课堂教学结束时,教师要注意给学生留有思考的余地,以激发学生的积极思维,培养学生的创造性思维能力。

(五)多种形式,综合运用

结尾无定法,妙在巧用中。绝妙精彩的结尾是科学内容与艺术形式完美的结合,有归纳总结、比较分析、拓展延伸、设置悬念、练习巩固、首尾呼应等。在实际教学中要根据教学内容的性质和要求,有所侧重、综合运用,选择合适的结束方法,努力做到归结全课、提炼升华、突出重点,尽可能地巧布悬念,使学生展开联想与想象的翅膀,收到扣人心弦、引人入胜的效果,一堂课结束了,但学生的求知欲不熄灭,课止而思不断。

二、应用结束技能应该避免的几个问题

在实际的教学活动中,很好地运用结束技能,能够突出重点,梳理知识要点,帮助学生记忆理解,充分发挥结束技能的作用。但是如果结束技能运用得不当或者课前没有进行周密的教学设计,则可能产生一些副作用。因此,在教学过程中,还要注意避免以下几种情况的发生:

(一)拖拉

讲授完教学内容,本该进行总结概括知识要点,却故弄玄虚,小题大做,拖

延时间,这样做不仅使学生感到厌烦,影响了师生之间的情感,冲淡或损害了教学效果,使结束技能没有发挥出应有的作用,还势必加重学生大脑的负担,影响良好思维效能的发挥和下节课的学习效果。所以,教学过程的结尾无论运用哪种结束方法,都切忌拖拉。

(二)仓促

由于教师没有很好地驾驭课堂,或者教师时间计划不周,教学节奏把握不好,没有留下足够的时间进行教学结束环节的实施,于是就慌忙、草率地结束,不讲什么艺术,对应该做的总结、复习、推论等也不去完成,使整个教学过程不能善始善终。或者是由于某些教师在完成了教学任务后,想赶快下课,于是就在有限的时间内,用三言两语仓促结束课程,学生既无法总结课堂所学的知识,也无法进一步消化理解。

(三)平淡

在教学结束的部分本该运用各种方法帮助学生进行总结概括,让学生对本节课的内容了然于胸,但是教师在实施时却轻描淡写,这样不仅无法给学生留下深刻的印象,更不能启发学生的思维,引起学生的回味,甚至淡化了主题,影响学生对教学内容的把握,因此淡而无味的结尾不仅影响课堂的教学效果,而且可能影响学生以后的学习兴趣。所以教学过程的结尾切忌平淡,要努力使其有滋有味,有声有色,让学生回味无穷,余音缭绕。

(四)矛盾

教学过程中,每一个环节的内容应该紧密联系,首尾相顾,环环相扣,给人浑然一体的美感。但是有的教师在结尾所讲的总结性内容与开始或过程中讲的内容、材料发生不一致,相冲突,这样的结尾不仅没有帮助学生理清知识,反而使学生感到困惑不解,阻碍学生对知识的掌握。在结尾处出现教学矛盾,不仅是结尾的失败,更是整个教学过程的失败。所以课前教师要进行周密的教学设计,在进行总结时,一定要回过来看下教学开始的内容,教学过程中有关环节的材料,使结尾与前面相呼应、相一致,融会贯通。

三、应用结束技能的原则

古人做诗行文,讲究"凤头、猪肚、豹尾",上课也一样,不仅要有良好的开端,还要有完美的结尾。运用好结束技能,系统概括、画龙点睛,有助于提高课堂教学效果。实施结束技能的时候,要注意如下原则:

(一)目的性

结束技能的目的要明确,课堂教学的结束部分必须以教学目的为依据来

确定"结束"内容的实施方法。课堂的结束小结要紧扣教学内容的目的、重点和知识结构,针对学生的知识掌握情况以及课堂教学情境等采取恰当方式,把所学新知识及时纳入学生已有的认知结构中,帮助学生形成知识网络。课堂的结束要简洁明快,突出重、难点,语言不拖泥带水,要有利于学生回忆、检索和运用。2

(二)启发性

兴趣是推动学生学习的动力,又是发展思维的催化剂。充满情趣的课堂结束方式能有效地激发学生的学习动机,使学生的身心得到放松,浓厚的兴趣得以保持。根据学生的年龄特点、心理特点,教师每讲一节内容都要设计出新颖别致的结束方式,或者概括总结,或者提出问题,或者设置悬念,不能千篇一律,令人索然无味。不管采取怎样的结束方式,都要给学生以启发,激起他们努力探索的积极性,自觉参与教学活动,这样学生才会感到快乐,效果才会显著。

(三)适时性

教学结束部分要严格控制时间,按时下课,既不可提前,也不可拖课。由于计划不周或组织不当,课堂教学节奏过快,给结束留的时间过多,造成"学生无事可干,教师随心所欲"的情况,生拉硬扯一些与本节课毫无关系的杂事来应付,既浪费宝贵的教学时间,也会冲淡或干扰本课的主题,影响学习效果。

学生最反感教师拖课,下课铃声一响,学生的注意力就不集中了,此时如果继续讲课、总结都不会取得太好效果。拖课会影响学生下节课的学习情绪,形成恶性循环,还会影响教师与学生之间的感情,得不偿失。总之,不论是提前下课还是拖课,都是违反课堂教学结束基本要求的不正确做法,教师应该避免这两种情况的发生,坚持做到铃响下课。

(四)多样性

采用结束技能的形式应多种多样,不同科目、不同课型需要选择不同的结束方式。例如,对揭示概念的课型一般可采用画龙点睛、概括要点的结束形式;对法则、定律推广练习一类的课型,可采用讨论、总结、归纳的结束形式;对巩固训练的范例课型,可采用点拨方法、提示要点的结束形式。

对于不同年级的学生,要根据其心理、生理特点选择不同的结束方式。低年级一般采用"启发谈话,回顾复述"的结束形式,高年级一般采用"抽象概括、整理归纳"的结束方式。同时,还可以安排一定的学生实践活动,如练习、口答和实验操作等。通过思维训练和实践活动,启发学生积极思维,培养学生的抽象能力、概括能力和口头与书面表达能力。

(五)巩固性

结束不是知识或讲解的简单重复,应概括本节课和本段知识的结构,深化

重要事实、情节、规律和概念,经过精心的加工而得出系统化、简约化和有效化的知识网络,能帮助学生把零散孤立的知识"串联"和"并联"起来,了解概念、规律的来龙去脉。因此,一个好的课堂结束,要求教师能够提纲挈领,抓住知识的要点和精髓,语言要简洁、准确,展示图表要简单明了,有些内容要拓展延伸,能进一步启发学生的思维。

第六节 结束技能评价单

日期_____   任课教师_____

请您在听课时对以下各项目评价,在恰当等级打"√"。

序号	评价项目	等级				权重
		优	良	中	差	
1	结束环节目的明确,紧扣教材内容。					0.15
2	结束环节有利于巩固、掌握知识,过程合理。					0.15
3	结束环节及时反馈了教学信息,画龙点睛、指明重点。					0.15
4	结束有利于促进学生思维。					0.10
5	结束安排学生活动。					0.10
6	教师语言清晰、简明扼要。					0.05
7	结束布置的作业及活动面向全体学生。					0.10
8	结束活动进一步激发学生的兴趣,且余味无穷。					0.10
9	结束时间安排紧凑。					0.10
您还有什么意见或建议:						

思考与练习

1. 什么是课堂教学的结束技能?它的目的是什么?
2. 结束技能包括哪些要素?谈谈你的体会。
3. 结束技能的应用原则与要点是什么?
4. 根据自己的教学实践,编写结束技能教案。

5.通过结束技能的学习与训练,你学到了什么?有哪些收获?

6.观看优秀教师的教学录像,注意学习他们关于"课的结束"、"知识小结"的具体方法,谈谈自己的感受。

第十四章
美术教学说课与评课技能

第一节 说课技能

一、说课技能概述

说课技能是实习教师在精心备课的基础上,以美术教育教学理论为指导,以口头表述为主,运用有关辅助手段向其他实习教师和指导教师阐述某一具体课题的教学设计,并与听课者共同就课程目标的达成、教学程序的安排、重点难点的把握及教学效果与教学质量的评价等方面进行预测或反思,共同研究探讨如何进一步改进和优化教学设计的教学研究活动。

说课一般由三个步骤组成:一是实习教师通过语言表述,呈现其对具体课题的教学设计,并呈现教学设计的依据;二是参加说课活动的其他实习教师和指导教师进行评议和讨论,提出修改和指导性意见;三是任课实习教师进一步改进和完善教学设计。

说课可分为课前说课和课后说课两种类型。课前说课就是教师在认真研读教材、领会编写意图、分析教学资源、初步完成教学设计基础上的一种说课形式,是实习教师个体深层次备课后的一种教学预言活动。从其对课堂教学的影响来看,通过课前说课活动,可以借助集体的智慧来预测课堂教学的实际效果,最终达到改进和优化教学设计的目的,因而,课前说课也是一次预测性和预设性说课活动。① 课前说课是实习较常接触到的一种说课形式。

课后说课是实习教师按照既定的教学设计进行上课,并在上课后向所有听课实习教师或指导教师阐述自己教学得失的一种说课形式。课后说课是建

---

① 杨九俊:《新课程说课、听课与评课》,教育科学出版社2004年版,第19页。

立在实习教师个体教学活动基础上的一种集体反思与研讨活动。正是在这种集体的反思与研讨中,使说课者个体和参与研讨的教师对教学的成败得失有了更加清醒的认识,也为进一步改进和优化教学设计提供了可能,因而课后说课也可被认为是一种反思性和验证性说课活动。①

说课是近年来基础教育领域影响较大的一件新生事物,是一种深层次备课活动后的展示。说课介于备课和讲课之间,具有机动灵活、短时高效、简单易行、理论性强等特点。说课既可以展现教师在备课中的思维过程,又可以显示教师对课程标准、教材及学生的掌握水平,还可以考察教师运用有关教育理论和教学原则分析处理教材、指导教学设计、优化课堂教学的能力。说课不仅成为中小学美术课堂教学研究活动的一个重要环节,也成为美术教育专业学生必须掌握的一项基本技能。

二、说课技能的作用

(一)有利于提高课堂效率

由于说课的对象不是学生,而是水平相对较高的其他教师和指导教师,这就促使任课实习教师在备课时认真对待,狠下工夫。无论是课前说课还是课后说课,都要接受听课的教师和专家的集体评议,这种评议可以帮助任课教师发现备课中存在的问题,进一步明确教学的重点、难点,理清教学的思路,并及时对课题的设计作进一步改进,从而有效提高课堂教学的效率。

(二)有利于提高教师的教学水平

说课不仅要说出一节课怎么上,而且要说出为什么要这么上,这就要求教师不断学习,自觉研究美术教育专业理论,以提高自己的理论水平。此外,说课要求教师用语言表达自己的设计思路,这也有助于提高其语言组织能力和表达能力。

(三)有利于促进教师间的相互交流和学习

说课是说课者与听课者的互动活动,说课活动中的评课环节把授课教师关于课题设计的静态的个人行为转化为动态的学术讨论。说课者要用清晰、准确的语言,有条理地述说课堂教学的设计思路,而听课者除了听课以外,还要给说课者做出恰当的评价,这种有效的信息交流,促进了教师之间的互相切磋、互相学习等良好风气的形成。

---

① 杨九俊:《新课程说课、听课与评课》,教育科学出版社2004年版,第19页。

三、说课与备课、上课的关系

（一）说课与备课的关系

说课与备课都是教学前的准备工作，其最终目的都是为美术课堂服务。从所涉及的内容来看，由于说课是一种深层次备课后的展示活动，所以两者的主要内容基本相同；从活动过程来看，两者都需要教师深入研究美术课程标准、分析具体教材、选择教法和学法、设计教学程序和板书，都要接受美术课堂教学实践的检验。①

说课与备课的不同点在于：②

1.内涵不同。一般来说，备课是教师个体独立进行的静态教学活动，而说课是一种教师集体进行的动态的教学研究活动。在对教学问题的研究与反思方面，说课比备课更为深入、细致、透彻。

2.要求不同。备课是教学准备的直接环节，是一种教学活动形式，其内容可直接投入到课堂教学中。备课的特点在于实用，它强调的是教学活动安排的科学、合理和全面。能为上课提供可操作性强、条理清晰的教学流程是备课的关键内容，因此，备课一般只需写出教什么，怎么教就可以了。说课是教师向其他实习教师或指导教师讲述某一具体课题的教学准备，说课的特点在于说明，不仅要说明具体的教学设计"做什么，怎么做"，而且要从理论角度阐明为什么这样教。它要求教师把备课过程中的内在思维活动外现出来，但有些内容（如为什么这样教的教育科学理论依据和教的结果怎样）不能直接表现于课堂教学中。

3.对象不同。备课一般是由实习教师个体独立进行教学设计，不直接面对学生或教师。而说课是面向其他实习教师和指导教师，说明备课及备课的依据。

4.目的不同。备课是为了能正常、规范、高效地开展教学活动，其主要目的是促使教师搞好教学设计、优化教学过程、提高课堂教学质量、促进学生发展。而说课面向教师，其主要目的是帮助实习教师学会教学反思，认识备课规律，提高备课能力。说课的最终目的是提高实习教师的教学能力，实现教师专业化发展。

5.效果不同。备课是课堂教学主观设计的蓝图，备课的成果在付诸课堂教学之前，属于"纸上谈兵"阶段，与课堂教学实际有一定距离，有时可能存在某些缺陷或失误。而说课通过现身说法的表述，把"教学设计"转化为"教学活动"，形

---

① 参见杨九俊：《新课程说课、听课与评课》，教育科学出版社2004年版，第21～22页。
② 参见杨九俊：《新课程说课、听课与评课》，教育科学出版社2004年版，第22～23页。

第十四章　美术教学说课与评课技能

成一种授课前的实际演习,并由任课的实习教师根据集体评议的结果对备课内容进行改进和优化,从而把教学中可能出现的缺点和失误消灭在授课之前。较之以前备课后直接上课,说课能极大地提高教学质量和教师的教学水平。

（二）说课与上课的关系

课前说课中所展示的教学目标、教学内容、教学方式、教学程序等,在上课时都会得到充分体现。课后说课中说课者进行反思活动时所涉及的内容,则更多的是上课时教学过程、师生活动的再现。

说课与上课的不同点在于：

1. 要求不同。上课主要解决教什么,怎么教以及学什么、怎么学的问题。而说课则不仅要解决上述问题,而且还要说出为什么这样教,为什么这样学。说课的重点是"为什么这样教"。要把教学设想及其理论依据说清楚。说课前,一般都要事先写说课教案,这也是一种深层次的备课过程。

2. 对象不同。上课的对象是学生,说课的对象是其他实习教师或指导教师。说课比上课更具有灵活性,它不受人数、空间的限制,不受教学进度的影响,不会干扰正常的教学。说课以教师为对象,是教师之间的交流互动,上课则是执教者以学生为对象,是面向学生的一种交流活动。

3. 目的不同。说课的目的更直接地表现为提高教师的美术学科知识水平和教学能力,上课的直接目的是将教学目标通过课堂传递给学生,使学生在学习的过程中运用适当的方法去认识所学的内容,提高能力,提高自身素质。

4. 内容不同。说课时,教师既要运用美术教材和其他信息材料,还要运用相关的美术教育科学理论、美术心理学理论进行解释和说明;而上课时,执教者更主要的是运用教材和其他教学工具、教学媒体开展教学活动。

5. 评价不同。在进行评价时,说课的评价是以教师整体素质作为标准的,而课堂教学的评价则更加侧重以学生的学习效果作为评价依据。

四、说课技能的内容

（一）说教材

教材是实施课堂教学的最基本依据,也是说课的基本依据。对教材的整体了解和局部把握是上好课也是说好课的一个重要方面。说教材应包括：简要说明说课的内容采用了哪个出版社的哪一学科、哪一册书、哪一章节;本课题内容在整个教材体系或本单元教材中的地位和作用;教材编排的意图和特点;本课题涉及的主要知识点及其与前后知识点的联系;本课的教学目标;确定课题重点与难点及其理由;执教者本人进行教材处理的打算以及进行修改、增减的理由和依据等等。

● 案例 14-1 "人像头像"说课稿片段

教材分析

1. 教材内容

从初中一年级下学期第四课开始,学生开始接触到人物画。说到人物画,学生并不陌生,他们在小学时儿童画曾多次接触,到了五六年级,又学习过人物结构和一般的比例关系,具有一定的正确性认识和经验。但这种认识往往还停留在感性认识上,还不成熟,几乎还带有强烈的儿童画的痕迹。本课将就人的面部特征进行初步研究,并通过人物头像的写生训练,使学生在了解整体的基础上,进一步对人物面部形象、结构和表情有所接触,掌握分析、比较的观察和描绘方法,形成较为完善、成熟的人物画。

本课教材主要通过传统的"八格图"和"三停五眼"等方法,向学生介绍人物面部的基本规律,包括头型特征、五官位置和表情变化等。按大纲要求,本教学内容为两课时,第一课时为讲授课,第二课时为技法练习课。但为了更好地让学生掌握人物画的画法,在第一课时我也安排了人物画的写生练习,但不是对真人的写生训练,而是面对照片进行练习,这一方面降低了写生的难度(对象可以保持不动),另一方面更利于对人物头像画的步骤进行更直观的讲解。这将为下一课时的真人头像写生打下基础。

2. 教学目的

①使学生了解并掌握人的脸形特征和五官的位置关系,以及人物面部表情的变化规律。

②初步掌握人物头像的观察方法和描绘方法。

3. 教学重点

掌握人物头像的写生方法和步骤。

4. 教学难点

①培养学生观察和表现人物的形象特形和性格特征,掌握人物头像的相关知识。

②掌握人物头像的写生方法和步骤。

5. 教具准备

多媒体教学课件。

● 案例 14-2 "形块的分割与构成"说课稿片段 1

说教材

第十四章　美术教学说课与评课技能

今天我说课的内容是九年制义务教育全日制中学美术课本第二册第3课形块的分割与构成，本课内容分两课时完成。

1.本课形块的分割与构成听起来比较抽象难懂（初一学生比较难理解，通过演示创设情景把题目改为木散为器，帛裁成衣较易理解），其实也比较容易，指是将原有的形象打散成一个个美的、单一的设计元素，然后将这些元素组合成全新的形态。这两个看似独立的步骤却是现代图案设计中的一个统一的过程，即变异过程，是现代图案设计的基本原理。通过这个形块的分割与构成的练习能基本了解图案设计过程，为后面学习图案设计打下基础。

2.前后知识联系：本课内容是在第一章"人类生活需要美的装点——基础图案"中学习图案设计的一个重点，从第一课的中国传统工艺美术欣赏，到第二课图案设计的基础点、线、面的构成，再从点、线、面的构成原理转入本课内容"形块的分割与构成"，结合后面的色彩的调配与运用原理，为最后的"写生、变化与构成"图案设计作铺垫。（形成一个简单而又完整的学习图案设计过程。）

3.本课教学内容：主要是分割和构成的概念，分割的规律，构成的方式，先临摹，再通过分割与构成独立完成一幅作品。

4.本课的教学目标：

（1）使学生了解什么是"分割与构成"，以及它在图案设计中的意义。

（2）通过"分割与构成"练习，提高学生的形象思维能力、构成能力和创造能力。

（3）同时培养学生对图案的装饰美的审美能力。

5.我认为教学重、难点最能体现课题目标，抓住重点，突破难点，根据本课的教学目标将本课的教学重难点确定如下：

（1）教学重点：掌握分割与构成的规律，为构成图案的需要而进行合理的分割。

（2）教学难点：形块的分割与构成，分割的规律，构成的方式。[1]

（二）说教法、学法

说教法就是根据本节课内容的特点和教学目标，说出选用的教学方法、教学手段及选用的依据和预期达到的效果。由于教学方法的制订与选择受到教材内容、学生特点、教学媒体、教师特长以及授课时间的制约，一般情况下应根据教材的知识内容确定主要的教学方法。无论以哪种教法为主，都应注意实

---

[1] 佚名：《形块的分割与构成》，快乐阅读网，http://www.zuowen.com/jiaoan/msja/gongzhongmeishujiaoan/200704/190211-2.html，2007-04-04。

效,不能生搬硬套某一种教学方法,要注意多种方法的有机结合。为了达到教学方法的优化,常常在现代美术教学理论的指导下,选择最基本的一种或几种教学方法综合使用。

学法是指学生学习知识、掌握知识的方法和途径。说学法就是说明在教学过程中,针对所授课内容的难易程度结合学生的实际情况,告诉学生掌握知识的方法或技巧。说课活动中虽然没有学生,看不到师生之间和学生之间的多边活动,但从教师的说课过程中要体现以学生为主体,充分发挥学生在学习活动中的作用,调动学生的学习积极性。说学法应说出针对本节教材特点及教学目的,学生宜采用怎样的学习方法来学习,这种学法的特点怎样;如何在课堂上进行操作;在本节课中,教师要做怎样的学法指导;怎样使学生在学会过程中达到会学;怎样在教学过程中恰到好处地融进学法指导等等。

案例 14-3 "形块的分割与构成"说课稿片段 2

说教法、学法

学生分析:初一学生心理刚开始成熟但又不成熟,思维习惯于对客观事物进行模仿、再现。而且对图案在头脑中还没有真正形成图案设计过程的观念。为开启学生丰富的想象力,使学生实现从再造思想到创造性思维的跃进,尝试着用分割与构成的创作练习,使学生体会到创造过程的甘苦。

为了激起学生更大的兴趣与热情,由被动变为主动,既要锻炼学生形象思维能力(脑)、构成能力、创造能力,也要锻炼学生的表现能力(手);同时提高学生的审美能力(眼)。真正体现眼脑手的协调并用的原则。

根据学生情况,我采取以下教学方法:

1.情境创设教学法

学生总是在一种情境氛围中接受知识时效果最好,通过创设与教材情感相符合的情境,使学生轻松地掌握知识。在导课的时候创设"桌面整理"的活动,看谁分块布置合理,使桌面既美观又便于使用,使学生初步了解分割与构成的观念。

2.观察、发现法

观察、发现法有助于发展学生的智力、思维的主动性,体现学生的主体意识,体会像科学家那样探索发现真理的滋味,是有效的学习方法。让学生观察"花瓶与人头"的图案画,使学生发现从不同角度观察会有不同的画面,激发学生进行分割练习的欲望。

3.演示、练习法

这是在美术课中最常用的方法,演示"人"的图案分割构成,教师演示只是让学生掌握其中的分割构成的方法,而不是让学生抄袭教师的想法,给学生建议,引导学生发挥自己的想象力。学生练习时,根据教师指导,对所学的知识实际运用,先选定要构成什么图案,再划分为几块,概括成几个几何形或自然形,分割裁剪,最后拼合成预定的图案。这个过程可以展示学生丰富的想象力。①

(三)说教学程序

说教学程序,即说明课堂教学过程和步骤安排以及这样安排的理论依据,这是说课中更为具体的内容,要说出教学过程中教学各环节的衔接和过渡、板书设计、教学媒体的应用等内容。

说课的过程,最能体现教师的教学基本功和素质,它反映着教师的教学思想、教学个性与风格。也只有通过对教学过程设计的阐述,才能看到其教学安排是否合理、科学,是否具有艺术性。说课教师要紧紧把握教材的重点、难点,围绕教学目标,切实处理好各教学环节的关系,进行精练、简捷的概述。说课的时间一般在十五分钟左右,说教学程序是说课的重点,要花费十分钟左右的时间。

○ **案例 14-4** "形块的分割与构成"说课稿片段3

说教学过程

本堂课有三个高潮分别在开始导入和中间讲解过程。

(以学生自己动手练习引入)师生问好后,教师巡视学生桌面上的用品,桌面上只有书、作业本、文具盒、尺、笔、圆规等用具,让学生在最短的时间内整理好,使"桌面"上既整洁、美观,又要便于使用,看学生怎么布置这个桌面。(学生准备,教师巡回指导讲评)这是桌面的分块与布置,再结合教室的布局,最后引申到课桌以及家具的制作方法和衣服的裁剪与缝纫。

同时板书:木散为器,帛裁成衣(5分钟)

新课讲解

教师讲解:这就是我们今天要学习的分割与构成。

板书:形块的分割与构成

1.请学生先自己来说说什么是分割,学生回答,教师引导补充:分割是将一个形分成若干等份;结合事例:如田地的分割、教室内部的分割、房子的空间分

---

① 佚名:《形块的分割与构成》,快乐阅读网,http://www.zuowen.com/jiaoan/msja/gongzhongmeishujiaoan/200704/190211－2.html,2007-04-04。

割,关键是怎么分。分为随意分割也就是自由分割(出示范画讲解,分割成自然形、几何图形),相对应的还有规则分割(把形按一定的规律分割,等量分割、等比分割等等),再是功能分割(就是刚才做的练习:按各自的功能分割)。

2. 构成又是什么意思?学生回答:指将各分散的元素组合成一个全新的形态。

把这两个步骤合起来就是一个完整的现代设计。其中的过程,被称为是变异过程,分割变异重构是现代设计中的一个基本原理。

板书:分割与构成指将原来的形象打散成一个个美的、单一的、变象的设计元素,然后将这些元素组合成新的形态。

3. 出示几个简单的构成图形,让学生用自己的语言来归纳,得出它们的构成方式:

①衔接的构成方式,几个相同或相似的单元形左右或上下相接。

②重叠的构成方式。

③减缺的构成方式。

④错位的构成方式。

⑤转换的构成方式。

⑥渐变的构成方式。

⑦分离的构成方式。

让学生能通过自己的创造性思维,通过自己的想象,创作出全新的一幅构成图案,采用剪裁的方法,来提高学生的动手能力,与眼、脑协调并用的能力。

教师以课堂直接示范:

1. 先让大家来回忆一下牛的头部大致有几个部分(角、眼等)。再进行简化为几个几何图形的组合,有计划地在一张方块纸上表示出来,教师示范在纸上画出牛头的几个部分的几何图形,然后直接剪裁,最后构成一幅完整的牛头形象。

2. 其次出示知了和狗的头部图案,教师要强调的是:先确定好你所要构成的是什么图案,再在纸上进行有规律的、合理的分割:要根据图案的需要进行有目的的分割。

3. 通过教师的演示,范画的出示:打开学生的创作天地,先定好鱼、树、狮子、小丑的图案,再确定为几个体块,概括成几个图形,合理地分布到一张纸上,这还有一定的难度。

4. 教师给学生总结分割的几种方法:

①两等形分割,产生正负形。

②多等形分割，产生对称群。
③不等形分割，组成意象形。
5.最后教师总结本堂课，出示本节学习目标，加深印象。①

五、说课技能的应用

(一)说课的方法和技巧

1.说"亮"点

说课作为教师之间的教学信息交流和对话的独特方式，应该遵循高效率的原则，尽可能减少无效信息。为此，说课的教师应着重讲出对有关问题比较特别的认识和理解。课程标准、教材已明确给出的内容和已成共识的问题，在说课中应少说或不说，而应对这个教学设计中有特色的"亮"点进行详细的阐述和分析，这样说课才具有鲜明的个性亮点，才能达到彼此交流和借鉴的目的，从而使自己的说课充满活力和特色。

2.结合教学实践，让教学理念贯穿说课的始终

说课不是宣讲教案，不是浓缩课堂教学过程。说课的核心在于说理，在于说清"为什么这样教"。因为没有理论指导的教学实践，永远是经验型的教学，只能是"高耗低效"的。因此，说课应该结合教学实践，强调切实可行的教学理念，让教学理念和教学思想贯穿说课的始终。反对向听课者抽象地阐述教育教学的理论，详细介绍某理论成果，生搬硬套一些教育教学理论的专业术语，这会给听课者产生"故弄玄虚、故作深奥"的感觉。

3.教法与学法并重，不可偏废

教师对各种教法的应用往往得心应手，而对如何向学生传授学习方法却说得不够。应当多考虑探究式学习方法、自主性学习方法、合作性学习方法等方法在教学中的合理应用。重视学法指导，还要结合教材的具体内容和学生的实际水平，研究如何发挥学生在课堂教学中的主体作用，如何根据不同层次学生的学习规律，合理调动各个层次学生的学习积极性和主动性，把学习方法传授给学生，从而提高学生的整体学习水平。

4.凝练语言、条理清晰

说课要语言简明，讲究语言组织的条理性和系统性，要让听课者能听得清楚、明白。知道这节课准备达到什么目标，并且为实现这些目标有哪些科学的

---

① 佚名：《形块的分割与构成》，快乐阅读网，http://www.zuowen.com/jiaoan/msja/gongzhongmeishujiaoan/200704/190211－2.html，2007-04-04。

学法、教法作保证。因此应该有一个事先准备好的说课稿,必要时配以演示文稿进行讲解和说明。

(二)说课的基本要求

按照现代教学观和方法论,成功的说课必须遵循如下几条原则:

1. 说理精辟,突出理论性

执教者必须认真学习教育教学理论,主动接受教育教学改革的新信息、新成果,并应用到课堂教学之中。

2. 客观再现,具有可操作性

说课的内容必须客观真实、科学合理,不能故弄玄虚、故作艰深,生搬硬套一些教育教学理论的专业术语。要真实地反映自己是怎样做的,为什么这样做。哪怕是并非科学、不完整的做法和想法,也要如实地说出来,引起听课者的思考,通过相互切磋,达成共识,进而完善说课者的教学设计。说课是为课堂教学实践服务的,说课中的一招一式、每一环节都应具有可操作性。如果说课仅仅是为说而说,不能在实际教学中落实,那就成了纸上谈兵、夸夸其谈的"花架子",使说课流于形式。

3. 不拘形式,富有灵活性

说课可以针对某一节课的内容进行,也可围绕某一单元、某一章节展开;可以同时说出目标的确定、教法的选择、学法的指导、教学程序的全部内容,也可只说其中的一项内容,还可只说某一概念的如何引入,或某一规律的如何得出,或某个演示实验的如何设计,或某一技能的如何使用等等。要做到说主不说次,说大不说小,说精不说粗,说难不说易;要坚持有话则长、无话则短、不拘形式、自由研讨的原则,防止囿于成规的教条式的倾向。同时,在说课中要体现教学设计的特色,展示自己的教学特长。

(三)说课应该注意避免的几个问题

1. 说课等同于读教案

说课与教案既有联系又有区别,教案是教师备课这个复杂思维过程的总结,是教师备课结果的记录,是教师进行课堂教学的操作性方案。它重在设定教师在教学中的具体内容和行为,即体现了"教什么"、"怎么教"。而说课虽也包括教案中的精要部分,但更重要的是要体现出执教者的教学思想、教学意图和理论依据,即思维内核。简单地说,说课不仅要精确地说出"教"、"学"内容,更重要的是要从理论和实践的结合上具体阐述"我为什么要这样教"。教案是平面的、单向的,而说课是立体的、多维的。

因此说课中教学理念应占有突出的地位,可以说是整个说课的灵魂所在。

第十四章 美术教学说课与评课技能

虽然教案的编写需要理念的支撑,但这时的理念往往是作为一种素养发挥着潜在性的作用或影响,而说课则要使教师的教学理念摆在灵魂的位置,发挥它的控制、指导功能和支撑作用。因此没有贯穿教学理念的说课,是没有分量、没有力度和光彩的。

2. 说课等同于上课

有部分教师说课过程中一直口若悬河,激动万分地给大家"上课"。讲解知识难点、分析教材、演示教具、介绍板书等,把讲给学生的东西照搬不误地拿来讲给下面在座的各位评委、同行们听。其实,如果他们今天准备的内容和课程安排面对的是学生,可能会是一节很成功的示范课。但说课绝不是上课,两者在对象、场合上具有实质性的区别,如何能等同?说课是"说"教师的教学思路轨迹,"说"教学方案是如何设计出来的,设计的优胜之处在哪里,如此设计的依据是什么,预定要达到怎样的教学目标,这好比一项工程的可行性报告,而不是施工过程本身。

3. 说课说得过于"悬"

说教学方法太过笼统,说学习方法有失规范。教学方法和学法指导是说课过程中不可缺少的环节,有些教师在这一环节中一言以蔽之:"我运用了启发式、直观式……教学法,学生运用自主探究法、讨论分析法"等等。至于教师如何启发学生,怎样操作,却不见了下文,甚至有的教师把"学法指导"理解为:解答学生疑问、学生习惯养成、简单的技能训练。如此将两者混为一谈,即是连什么是学法指导的概念都没弄清楚。

4. 说课手段、形式过于简单

说课过程没有任何辅助手段和材料,手段、形式单一。有的教师在说课过程中,既无说课文字稿,也没有幻灯片或运用任何辅助手段。说课者说得头头是道,洋洋洒洒,听者却听得云里雾里。这样的说课,是难以达到预期效果和目的的。更有甚者,明明说自己设计了网络型课件来辅助教学,但在说课过程中,始终不谈如何制作和应用课程网页,让大家不禁怀疑其真实性。所以,说课教师可以运用一定的辅助手段,如多媒体课件的制作,实物投影仪,说课文字稿,幻灯片等,在有限的时间里向同行及评委们说清楚课的设计方法和原理。

(四)说课案例

案例 14-5 "画夜景"说课稿

我说课的内容是人民美术出版社教材第四册中的第15课"画夜景"一课。下面,我着重从教材分析、教学方法、学法指导、教学程序和板书设计五个方面

327

来谈谈我对本课的教学设计。

一、教材分析

根据《美术新课程标准》所确立的阶段目标,"画夜景"一课属于"造型·表现"学习领域,即"通过看看、画画、做做等方法,大胆、自由地把所见所闻、所感所想的事物表现出来,体验造型活动的乐趣"。本课教学时数为1课时。

这节课要面对的教学对象是小学二年级的学生,这一学龄儿童是想象思维最为活跃的时期,他们那快乐的、充满童真、童趣的,不受制约的想象会像火山一样喷涌不止。因此,我根据美术课程总目标所倡导的"培养学生欣赏、评述能力,体验美术活动乐趣,表达自己的情感和思想,激发创新精神",并结合小学低年级儿童的学龄特点,本着使学生提高对美的感受能力和艺术创造能力,我确定本课的教学目标为:

1.认知目标:了解美妙的灯火使我们的生活变得绚丽多彩,感受到现实生活的美好与幸福。使学生了解颜色有深浅的变化,而深浅颜色会使画面产生强烈的对比效果。

2.操作目标:学习表现夜色的几种基本方法,能运用明亮色和暗色的对比关系来表现美妙的夜色,进而创作出大胆、生动的画面来。

3.情感目标:引导学生体验美术学习活动的乐趣,在创作中激发探索欲,培养个性。

明确了教学目标,本课的重难点就显而易见了:

教学重点是:认识深浅色使画面产生的对比效果,通过对夜景的观察、回忆和感受,表现夜景的美感。

教学难点是:颜色深浅对比在画面中的实际运用。

二、教法运用

针对小学低年级儿童天真烂漫、活泼好动,注意力不集中的特点,在教学中,创设与教材相适应的乐学氛围,使学生在特定的情境中产生浓厚的学习兴趣,积极主动地参与教学活动,变无意注意为有意注意。遵循"教为主导,学为主体"的教育思想,我打算以下面两种方法为主进行教学:

1.情境激励法

根据本课的特点和学生的认知规律,我采用"欣赏、交谈、想象"为主要教学手段创设情境。通过把学生带入艺术的空间里,引导学生不受限制、敢于打破常规、自由大胆地进行遐想,激发学生的创新欲望,使他们的个性得以张扬,从而有力地解决了本课的重点。

2.德育渗透法

教育部副部长王湛在《建立具有中国特色的基础教育课程体系》一文中指出:"各门课程之间要结合自身特点,对学生渗透德育教育。"因此,教学时通过欣赏家乡夜景对学生渗透热爱家乡、建设家乡的思想品德教育。

三、学法分析

本课以"启发学生感受并表现周围生活中的美好事物"为主要目的,因此,我准备采用下面两种方法为主进行学法指导:

1. 自主探究学习法

苏霍姆林斯基说过:"在人的心灵深处都有一种根深蒂固的需要,这就是希望自己是一个发现者、研究者、探索者。而在儿童的精神世界中,这种需要特别强烈。"因此,在教学中,运用探究式学习方法培养学生的自主学习能力,训练学生发现问题、解决问题的能力。在教学本课难点——认识颜色明暗对比这个问题时,引导学生自主探究,了解对比的多种方法。

2. 合作交流法

在学习活动中,让学生通过相互交流,大胆表达自己的奇思妙想,目的是给学生提供不同的学习对象,听取不同的看法,分享彼此的经验,拓宽学生思路,达成教学目标。

四、教学过程

《美术课程标准》提出:"美术课程应特别重视对学生个性与创新精神的培养,采取多种方法,使学生思维的流畅性、灵活性和独特性得到发展,最大限度地开发学生的创造潜能,并重视实践能力的培养,使学生具有将创新观念转化为具体成果的能力。"因此,教师必须精心设计一堂课的每一个环节,使全体学生都能够在视、听、说、做、思等行为环节中经历美术创作的过程,体验审美的快乐,促进学生在多种形式的学习活动中形成创新意识,培养个性。为了顺利达成教学目标,突出重点,突破难点,我设计的教学流程如下:

(一) 组织、导入

1. 组织教学:引导学生做好准备。

2. 欣赏导入:

出示课件:请学生欣赏夜景图片,利用学生的好奇心激发学生对夜景的兴趣。

3. 引出本课课题——画夜景。

(二) 创设情境,认识明暗

1. 创设情境

营造学习氛围,创设教学情景。请数位穿同色系衣服的同学上台模仿服装展示,其他同学讨论比较衣服颜色,找出哪些是亮色,哪些是暗色,然后请一

两位同学上台将模特按衣服颜色深浅顺序排队。通过直观、生动的生活实际让学生了解亮色与暗色的差别。

2. 引发思考

质疑：颜色的深浅是绝对的吗？

教师随机找两位模特，请学生比较衣服颜色深浅，再用浅色与另一位模特衣服比较深浅。启发学生思考：颜色的深浅是相对而言的，是利用颜色对比产生的。一种颜色只有和其他颜色相比较时才能分辨深浅。在美术中，把它们叫做颜色的明暗。

3. 语言表述

通过语言表述与语文课相结合，培养学生的口头表达能力。在教学活动中，我准备利用各种颜色的小花为奖励品，奖励给一些有独到见解、敢于表现的学生，以此来调动学生勇于表现、释放个性的积极性，让学生真切地体验到学习的成功与快乐。

(三) 质疑讨论，自主探究

1. 欣赏、感受。

我先整体表扬学生的学习精神，接着用一种兴奋的语气告诉学生：你们想不想看看兰州的夜景呢？出示课件：请学生欣赏一组兰州夜景与白天景色的对比图片，引导学生欣赏、感受家乡美景。

2. 质疑，引发思考。

白天和夜晚，同一景物有什么不同？

学生分组讨论，自由发表自己的看法。让学生汇报自己小组的意见。（我设计这一教学环节的目的就是要引导学生了解深浅颜色对比会使画面产生强烈效果）。

3. 德育教育，引入绘画方法。

引出问题：咱们兰州的夜色是这样美丽，同学们想不想用自己手中的画笔把它画下来？那么咱们能用什么方法描绘出夜景呢？

4. 学生分组讨论绘画方法，发挥想象力，找出描绘夜景的好办法。

5. 学生发表个人意见后，教师介绍并演示不同的绘画方法。

(1) 用油画棒直接在深色卡纸上绘画。

(2) 先用浅色油画棒绘画景物，再用深色水彩涂抹背景。

(四) 欣赏评述，提高审美能力

1. 欣赏作品

在学生有了自己的想法后，播放课件，目的是创设学习情境，通过借鉴大

师作品,引导学生发现美,培养学生表达自己对美术作品的感受,并在欣赏中获得新方法、新思路。

2.布置实践任务

现在就让我们用手中的画笔来描绘兰州美丽的夜景吧!

(五)大胆创作,点拨引导

给学生一个自由发挥、创造的空间。鼓励学生用自己喜欢的绘画工具进行描绘,注意色彩的运用。并播放轻音乐,营造轻松的学习氛围,让学生在优美的旋律中展开思路、大胆表现,体验造型活动所带来的乐趣,提高教学质量。

学生在绘画创作过程中会遇到各种各样的问题,教师引导学生相互讨论,大胆发表自己的看法,帮助解决诸如构图、色彩搭配等问题,教师适当引导突破。

(六)展示评价,交流经验

采用自评为主,互评与教师简评为辅的方法进行评价,让学生参与到教学中,培养学生的自信心,体验成功的喜悦。

1.自评:让学生把自己的作品放在展示仪上展示,说说自己的画面内容,觉得自己的画画得好不好,什么地方画得棒,什么地方还需要改进。

2.互评:学生之间互相谈谈自己的看法,让他们在共同的参与过程中产生思想的交流和碰撞,提高审美能力。文学与艺术相结合。并请学生把作品贴于"小画家"展示栏里,培养学生的自信心和成就感,注意给能力较弱、性格内向的学生展示的机会,找出其优点,甚至扩大其优点,并发自内心赞扬他们,使他们摆脱自卑心理,相信"我能行"。这样,让全体学生都成为"学习的主人"。

3.教师评价:根据激励性的原则,结合学生作品的不同特点,肯定孩子们的一切努力,保护和激励他们所有的创新意识。

(七)课堂小结,拓展延伸

科学精练的结束语能起到"课虽尽,但趣无穷"的效果,因此,我先整体表扬学生的创新精神;其次,要求学生回去后把画给家人看看,并把自己绘画过程中的故事说给他们听听,培养学生主动参与亲情沟通的情感意识。

五、板书设计

根据教学活动的安排,板书设计分三部分:课题、奖励区和展示区。①

---

① 佚名:《画夜景论课稿》,小学课堂网,http://www.xxkt.cn/zhxk/2007/15750.html,2007-05-24。

六、说课技能评价单

日期_____　　任课教师_____

请您在听课时对以下各项目评价,在恰当等级打"√"。

	序号	评价项目	等级				权重
			优	良	中	差	
说教材	1	全面理解、把握美术课程标准。					0.05
	2	能准确、恰当地说出教学重点、难点并说明突出重点、突破难点的有效措施。					0.05
说教法	3	教学方法采用一法为主,多法结合,并说出选择其理论根据。					0.05
	4	教法设想符合教材特点和学生实际,有利于突出重点,突破难点。					0.05
说学法	5	学法指导明确、具体,紧扣教法,符合学情。					0.05
	6	注意启发学生思维,课堂提问设计巧妙,能引起学生的学习兴趣。					0.05
说教学程序	7	教学思路清晰,教学程序安排合理,各环节之间过渡自然、严谨巧妙。					0.1
	8	知识容量适当、难易程度合适,时间分配合理。					0.05
	9	能抓住关键,突出重点,突破难点。					0.05
	10	教学媒体的选择有效实用。					0.05
板书设计	11	设计思路清晰、结构严谨、文字精当。					0.05
	12	体现说课思路,配合讲解,边说边写,及时展示。					0.05
教学基本功	13	吐字清楚,措辞精当,叙述流畅。					0.05
	14	语言生动、形象,表述准确无误。					0.05
	15	表情自然不紧张,举止得体有风度,态度谦和端庄。					0.05
	16	讲述节奏恰当,快慢适度。					0.05
	17	应变能力强,善于调控,能根据说课现场需要合理增删内容。					0.05
	18	范画范例无误,能给学生带来美的享受。					0.05

您还有什么意见或建议?

第二节　评课技能

一、评课技能概述

评课也称课堂教学评价,是在听课活动结束之后,对任课实习教师的课堂教学是否确立现代教学观,并对其课堂教学的得失、成败进行评议的一种活动。评课是教学评价的重要组成部分,评课技能是美术教育专业学生必须掌握的基本技能。

客观、公正、科学地评课,有利于调动实习教师工作的积极性和主动性,促进实习教师对教育教学理论的学习和掌握;有利于教学信息的及时反馈、评价与调控;有利于提高课堂教学效率,促进学生全面发展;有利于提高实习教师的专业水平,深化课程改革。

二、评课技能的作用

（一）导向作用

评课时,任课教师与其他实习教师及指导教师以讨论的形式,针对课堂教学中的优点和不足提出意见和建议,并在此基础上形成集体的共识,为教师的"教"和学生的"学"指明方向,这在一定意义上对以后的课堂教学起到了导向的作用。通过评课过程的不断反馈和调节,可以使教师了解学生达到目标的程度,发现教学中存在的问题,使教师的教学不断改进。

（二）互助作用

评课的过程也是实习教师之间、实习教师和指导教师之间互动的过程。这种互动有利于实习教师之间互相学习、切磋技艺和交流心得。

（三）鉴定作用

评课能对实习教师的教学行为、学习行为和教学结果进行价值判断。通过评课来比较、区分实习教师的教学能力和学生的学习效果,获得确定学生水平和教学有效性的证据,以便制订周密的计划,有利于今后的指导和培养。

三、评课的内容①

(一)评教学目标

包括教学目标的制订是否全面、具体、适宜;教学目标是否明确地体现在每一教学环节中;教学手段是否都紧密地围绕目标,为实现目标服务。

(二)评教学程序

1.看教学思路设计。看教学思路设计符不符合教学内容实际和学生实际;是否具有一定的独创性,给学生以新鲜的感受;层次脉络是否清晰。

2.看课堂结构安排。课堂结构也称为教学环节或步骤,是指一节课的教学过程各部分的确立,以及它们之间的联系、顺序和时间分配。课堂结构的安排是否合理,可以看教学环节时间分配和衔接是否恰当,有无前松后紧或前紧后松现象;看教师活动与学生活动时间的分配、学生个人活动时间与集体活动时间的分配是否合理等等。

(三)评教学方法和手段

教学是一种复杂多变的系统工程,教学活动的复杂性决定了教学方法必须是灵活多样的。所以评课既要看教师是否能够面向实际恰当选择、灵活运用教学方法,同时还要看教师能否在教学方法多样性上下一番工夫,使课堂教学富有艺术性、创新性。

(四)评教学基本功

1.看板书。看板书设计是否科学合理、言简意赅、条理性强。

2.看教态。看教师是否仪表端庄,举止从容。

3.看语言。看语言运用是否准确清楚、精当简练、抑扬顿挫、生动形象、有启发性。

4.看操作。看教师运用教具、操作多媒体等的熟练程度。

(五)评教学效果

看学生能力的培养和对知识的掌握程度是否达到预期效果,学生的学习情绪是否高涨,学生是否思维活跃,气氛热烈。

---

① 参见李玉国:《评课内容与要求》,仙桃教科研网,http://www.xtjky.com/Article/ShowArticle.asp? ArticleID=179,2007-08-13。

听课记录表

班级 （学校）		授课教师		课时		听课时间	
科目		课题					

教　学　过　程	听　课　意　见

课堂观察表(学生行为)

授课时间：_____年_____月_____日 （星期___） 第___节课
授课教师：_____ 班级：_____
课题：_____ 观摩教师：_____

视角	观察点	观察结果
倾听	有多少学生能倾听老师的讲课,倾听多长时间?	
	有多少学生能倾听同学的发言?	
	倾听时,学生有哪些辅助行为(记笔记、查阅、回应),有多少人发生这些行为?	
互动	有哪些互动行为?	
	参与提问和回答的人数、时间、对象、过程、质量如何?	
	参与小组讨论的人数、时间、对象、过程、质量如何?	
	参与课堂互动(——个人、小组)的人数、时间、对象、过程、质量如何?	
自主	学生可以自主学习的时间有多少,有多少人参与,学困生的表现?	
	学生自主学习形式(探究、记笔记、阅读、思考)有哪些?	
	学生自主学习有序吗?	
	学生有无自主探究活动?	
	学生自主学习的质量如何?	

第十四章 美术教学说课与评课技能

课堂观察记录(教师行为)

执教者	姓名		学校	
观察者	姓名		学院	
课题				
观察中心				
观察记录	视 角		单项评价	备 注
	1.能否有效调控学习气氛？			
	2.能否有效激发学生的学习兴趣？			
	3.课堂教学语言用辞是否浅显易懂，讲解是否有效(清晰/结构/契合主题/简洁/语速/音量/节奏)？			
	4.非言语行为(表情/移动/体态语)呈现是否合理,效果怎么样？			
	5.是否指导学生学习(如自主、合作、探究学习),是否有效？			
	6.是否倾听学生发言,是否作出即时评价？			
	7.能否通过恰当问题(如评价等)引导对学习主题的深入思考？			
	8.媒体(板书、课件等)呈现是否合理,是否为学生学习提供了帮助？			
	9.教态是否自然、沉稳、愉快？			
	10.教学机智表现如何？			
总体评价				

四、评课技能的应用

（一）实事求是

评课者应做到实话实说。评课对任课实习教师和其他实习教师都是一个很好的学习借鉴机会。只有本着客观公正、实事求是的精神，评课才有实际的意义，才能达到评课的目的。评课切不能蜻蜓点水、敷衍了事。

（二）突出重点

评课不要"眉毛胡子一把抓"，要兼顾整体、把握重点，不可事无巨细、面面俱到。应集中主要问题进行评议和研究，如教学思想问题、学法指导问题、能力培养问题、目标达成问题等等。不要面面俱到，泛泛而谈。

（三）激励为主

评课的目的之一就是要激励任课教师尽快成长，任课教师通过评课可以看到自己的成绩和不足，找到成功和失败的原因，促使他们发扬优点，克服缺点，调动教与学的积极性，不断改进教与学。因此评课应以肯定成绩、帮助提高、鼓励改革为主。提出问题和发展目标既要客观，又要考虑任课实习教师的心理承受和综合素质能力，切忌讽刺挖苦、恶语伤人。

（四）讲究艺术

评课时要创建宽松、融洽的氛围，要真诚、虚心，以商量的口吻和任课实习教师交换意见，这样才有助于执教者在较为轻松的心理状态下接受评课者的意见和建议。此外，评课时切忌根据个人好恶给一节课下结论，也不要轻易下"成功课"或"失败课"的评语，更不能因课而议论人。对于成功之处要懂得赞赏，对于不足之处要从探讨、帮助、促进的角度去考虑，评课者要站在执教者与帮助促进者的角度去分析考虑问题，提出中肯的指导意见。① 此外还需注意的是，为了使评课更科学、规范、正确、有效，评课时应力求做到：在预知授课内容的情况下，先熟悉美术课标、教材编排位置和教材教参等的基本要求，这样对所评课的内容才能做到心中有数。听课时应做好听课记录，注意记录应详略得当，好的做法或不足之处要做详细记载，并加批注，以增强评价和指导性。听课结束后，在认真回顾、思考的基础上拟出评课提纲并写出评课稿。提纲的内容可包括：本节课的主要优点或经验或特色是什么，本节课的主要特点或不足或需要探讨的问题是什么，建议是什么，如改进教学的建议，推广经验的建

---

① 参见参见杨九俊：《新课程说课、听课与评课》，教育科学出版社2004年版，第85页。

议等等。

案例 14-6 美术评课稿"动物面具"

这堂由胜利小学李莉老师执教的"动物面具"一课是人美版教材第五册中的第九课，本课属于造型·表现的学习领域，内容和形式贴近儿童生活，符合学生心理。

首先，李老师从备课、教具准备来看，都进行了精心的安排和设计；从课堂教学来看，通过灵活多样的教学活动和组织形式，来指导学生积极参与活动。教师能很好地把握教材的要求，始终以引导学生善于观察的习惯，感受利用各种材料来制作所带来的形式美感，学习制作方法，培养能力为目标，做到教学目标明确。

李老师整堂课的结构分如下几块来完成：

1.创设情境，说一说：通过为动物王国选举国王这一情境导入，让学生来说一说选谁做国王，并讲出理由。

2.观看图片，谈一谈：教师通过多媒体展示各类动物形象的面具，丰富学生视觉，让学生谈一谈面具的起源、历史和作用。

3.欣赏范作，学一学：通过展示示范作品，让学生分析制作的材料和方法，主动探究出要掌握的知识和技能。

4.思考方法，做一做：以小组的形式先思考后制作，同学间互相帮助。

5.展示作品，评一评：让学生带上已做好的动物面具来发表动物演讲，参加竞选，学生和教师对动物形象加以讲评。

在课堂上，李老师以她特有的教学风格为学生营造了一个民主、平等的课堂氛围，让人感到亲切、自然，应该说，这是一堂重主体、重合作、重过程、重生活、重创新，在新课程背景下洋溢着现代教育气息的美术课，让人感到耳目一新。

本节课的亮点具体表现在以下几个方面：

1.营造开放自由的课堂氛围

美术教学是一个预设和开放并存的系统，很多时候我们的教学都属于"封闭教学"，按部就班，缺少开拓精神，随着新课标的落实，由"封闭教学"走向"开放教学"已是一种必然。李老师打破了常规的课堂教学形式，以为动物做代言人这样的导入来激发学生活动的兴趣，营造了一个和谐、互动、探究、创新的良好学习环境和氛围，并做到静中有动、动而有序、活而不乱。在情境中，通过多媒体图片的欣赏，老师的提问和引导，学生选择喜欢的材料制作喜爱的动物，并发表动物演讲参加竞选。在这样一个轻松、活泼的情境中,学生乐于尝试,不知不觉中学习到了美术的知识和技能,并获得了丰富多彩的体验,品尝到了美术活动的乐趣,身心得到舒展,情感得到释放,同时,他们的个性化创意得到了体现和展示。尽管他们的作品还不够成熟,但是每件作品都蕴涵着极其丰富的情感、理想和创造性。

2.采用"互助互动"的学习方式

"互助互动"的学习,是一种同伴之间为达到一定的教育目标而展开的学习方式,可以增进同学之间的信息交流,培养学生之间团结合作、互相帮助的精神,促进学生自主学习的积极性。李老师在本节课的教学过程中,充分实施了这一方式。第一,根据课型"互助互动",本课"动物面具"是一门活动性很强的课,每一个环节无不突出互助互动。第二,根据重难点"互助互动",在抓住制作中的难点展开时,提出问题:老鼠头部的圆锥部分如何来制作?通过互助互动,由学生上前演示,解决了难点。第三,结合作业"互助互动",美术作业与其他作业不同,每个学生的想象力和表现能力不同,对同一题材的表现也不同,因此,作业的完成应从封闭走向开放,由个体走向合作,共同完成作品可以促进同学之间的交流,提高作品的质量。第四,结合评价"互助互动",评价时,同伴之间进行借鉴学习,有利于培养他们宽容的合作精神和敏锐的审美鉴赏力。

3.树立学生主体理念,坚持"授之以渔"

课改中非常强调学生在学习过程中的主体地位,我们教育的对象是有思想、意识、情感、欲望、需求的活生生的人,教育与教育研究的基本出发点和最终归宿都应该是人,我们不仅要将学生视为教育的主体,更应切实地将他们看作教育过程的平等参与者、合作者。教,关键在于"授之以渔",教师给予学生的不应是"鱼",而应该是捉鱼的方法。李老师在指导学生制作方法时采用让学生欣赏范图,并让学生自己分析思考,获得制作方法,了解所需的材料。李老师已经改变了原有灌输现成知识的教学方法,让学生拿着自己的"杯子",用自己的方法不断找到适合他的"水",即学会学习,形成一种"可持续发展"的学习能力。

由于美术课有着不同的活动形式和评价标准,每个老师对美术教育的认识是不同的,也就是说,各有不同的评价标准,因此,我在赏评这堂课时,认为本节课的教学还有一些缺憾:

第一,作为一门动手性极强的学科,美术课的示范教学是指导学生理解制作方法,掌握技能的重要环节,示范教学贵在"活"字,活而得法,往往事半功倍。李老师在此环节上有些疏忽,我认为可以在学生制作前,老师也展示一个

自己制作的动物面具，教师的作品往往给学生的视觉冲击是最大的，影响也是最深的，在动物演讲这一环节中，教师也可以代表自己制作的动物进行演讲，与学生一起互动。

第二，本课的开始与结束没有做到首尾呼应。导入时教师创设的情境是"为动物王国选举国王"，在评价时，并未明确地选出哪个动物是国王，也就是说动物王国产生的问题并没有得到解决，我建议教师可利用1～2分钟时间来投票选举最终产生的动物国王，这样课就更加丰满、完善了。

教师如果在课堂教学中正确地把握这两点，就一定会更加深切地体验到课改带给美术教育的无限生机。①

五、评课技能评价单

日期_____   任课教师_____

请您在听课时对以下各项目评价，在恰当等级打"√"。

序号	评价项目	等级				权重
		优	良	中	差	
1	客观公正、实事求是。					0.25
2	站在执教者与促进者的角度思考问题，态度诚恳。					0.15
3	兼顾整体、把握重点。					0.15
4	语言精当、批评尺度适宜。					0.15
5	理论联系实际，评课有理有据。					0.15
6	发现问题并提出解决方法或建议，指导性强。					0.15
您还有什么意见或建议：						

思考与练习

1.什么是说课？掌握说课技能有何意义？说课、备课、上课三者之间有何关系？

---

① 王守洪：《动物面具美术评课稿》，守洪网页，http://hi.baidu.com/dxlxxwsh，2006-10-27。

2.说课有哪些要求？说课包括哪些内容？

3.试写一份说课稿，课题自选，内容包括：说教材、说教法、说学法、说教学程序，并制作 ppt 文档。

5.什么是评课？评课应遵循哪些原则？

6.评课包括哪些内容？试着就你听过的某一节中学美术课写一份评课稿。

参考文献

1. 马达主编:《音乐微格教学》,厦门大学出版社 2007 年版。
2. 刘恭祥主编:《地理微格教学》,厦门大学出版社 2007 年版。
3. 俞如旺主编:《生物微格教学》,厦门大学出版社 2007 年版。
4. 胡志刚主编:《化学微格教学》,厦门大学出版社 2007 年版。
5. 孙家镇主编:《中学地理微格教学教程》,科学出版社 1999 年版。
6. 袁昌寰主编:《中学英语微格教学教程》,科学出版社 1999 年版。
7. 孙立仁主编:《微格教学理论与实践研究》,科学出版社 1999 年版。
8. 顾平编著:《美术教育学导论》,凤凰出版传媒集团、江苏美术出版社 2006 年版。
9. 尹少淳著:《美术教育:理想与现实中的徜徉》,高等教育出版社 2005 年版。
10. 杨建滨主编:《初中美术新课程教学论》,高等教育出版社 2003 年版。
11. 孙乃树、程明太编著:《新编美术教学论》,华东师范大学出版社 2006 年版。
12. 教育部基础教育司、教育部师范教育司组编:《普通高中新课程教师研修手册——美术课程标准研修》,高等教育出版社 2004 年版。
13. 相毅敏主编,《新课程教学设计——美术》,首都师范大学出版社 2004 年版。
14. 教育部体育卫生与艺术教育司组编:《中小学美术教学简论》,广西美术出版社 2006 年版。
15. 教育部基础教育司、教育部师范教育司组编:《美术课程标准解读》,北京师范大学出版社 2004 年版。
16. 陈卫和主编,陈玉萍副主编:《高中新课程教与学——美术》,北京大学出版社 2007 年版。
17. 王大根编著:《美术教案设计》,上海人民美术出版社 2007 年版。
18. 杨辛、甘霖著:《美学原理》,北京大学出版社 2001 年版。

19.王大根著:《美术教学论》,华东师范大学出版社 2004 年版。
20.王大根主编:《高中美术新课程理念与实施》,海南出版社 2004 年版。
21.谢雱主编:《中学美术教材教法》,高等教育出版社 2002 年版。
22.尹少淳主编:《走进课堂——美术新课程案例与评析》,高等教育出版社 2005 年版。
23.赵紫峰著:《雪地飞龙》,高等教育出版社 2004 年版。
24.常锐伦主编:《义务教育课程标准实验教科书美术教学参考用书 13》,人民美术出版社 2002 年版。
25.杨九俊主编:《新课程说课、听课、评课》,教育科学出版社 2004 年版。
26.尹智孟、王焕博编写:《优化课堂教学方法丛书——教态变化技能》,中国人事出版社 1998 年版。
27.高明主编:《美术教学论》,陕西师范大学出版社 2008 年版。
28.福建高中新课程,http://www.gzkg.cn 教学案例
29.快乐阅读网,http://www.zuowenw.com 美术教案
30.守洪网页,http://hi.baidu.com/dxlxxwsh
31.小学课堂网,http://www.xxkt.cn
32.富阳教研信息网,http://www.fyjy.net
33.金川集团第一高中分部体艺组网,http://www.ty121,net
34.教育资源网,http://www.flacai.com
35.哈尔滨市花园小学校网,http://www.hyxx.hledu.net
36.中国范文网,http://www.todaytest.com
37.天天加油网,http://www.ttadd.com
38.js3000 教育资源网,http://www.js3000.cn
39.中国美术教育信息网,http://www.arteduinfo.com
40.我要 100 分网,http://www.51e100.com
41.公文易教育资源网,http://www.govyi.com
42.BOKEE 博客网,http://xianfeng71512.bokee.com
43.开平美术教育网,http://www.artkp.com
44.3edu 教育网,http://www.3edu.net
45.中小学教学资源网,http://www.i3721.com

后 记

　　本书是福建师范大学重点教学改革与创新项目《福建师范大学教师教育专业微格教学课程建设》(2007)的成果之一。美术微格教学课程是美术师范生进行美术课堂教学技能训练的一门必修课程,通过每项美术教学技能的训练,使学生熟悉和掌握美术教师所必备的教学技能,为顺利适应美术教育实习工作和毕业后的美术教学工作打下基础。因此,本课程的开设对培养未来合格的美术教师具有重要的意义。

　　本书在参考了国内有限的有关微格教学研究资料的基础上,根据美术学科教学的特点,对每种美术教学技能的概念、作用、类型、应用和评价等作了可操作性的阐述,课例的运用力图结合当前基础美术教育新课程改革的现状,采用了中小学美术新课程改革的一些典型课例作为本书编写的案例,以求与当前中小学美术新课程改革相衔接。

　　在编写过程中大量吸收和借鉴了许多兄弟院校专家和一线教师的研究成果和教学案例,在此表示衷心的感谢,由于篇幅有限,未列出间接引用的文献,谨此对这些文献的作者表示谢忱并敬请谅解。同时本书的出版受到了各方面尤其是厦门大学出版社的大力支持和指导,我们致以诚挚的谢意。具体分工如下:第一章至第二章由福建师范大学教育科学院黄宇星教授编写,内容提要、第三章至第十四章、后记由福建师范大学美术学院黄培蓉老师编写。

　　由于《美术微格教学》教材的编写在我国尚无先例,我的工作是初步的尝试,所能参考的资料有限,再加上时间紧和编者的水平有限,我们努力和追求的最终结果如何,尚祈使用者鉴定,对其他问题也望惠予指教。

黄培蓉

2008 年 1 月

图书在版编目(CIP)数据

美术微格教学/黄培蓉编著.—2版.—厦门:厦门大学出版社,2015.6
(教师教育专业课堂教学技能训练系列教材/黄汉升主编)
ISBN 978-7-5615-5557-6

Ⅰ.①美… Ⅱ.①黄… Ⅲ.①中学－美术课－微格教学－师范大学－教材
Ⅳ.①G633.955.2

中国版本图书馆CIP数据核字(2015)第121148号

官方合作网络销售商:

厦门大学出版社出版发行
(地址:厦门市软件园二期望海路39号　邮编:361008)
总 编 办 电话:0592-2182177　传真:0592-2181253
营销中心电话:0592-2184458　传真:0592-2181365
网址:http://www.xmupress.com
邮箱:xmup @ xmupress.com
南平市武夷美彩印中心
2015年6月第2版　2015年6月第1次印刷
开本:787×960　1/16　印张:22.5　插页:2
字数:395千字　印数:6 500～9 500册
定价:32.00元
本书如有印装质量问题请直接寄承印厂调换